献给

那些爱印第安人胜过爱牛仔的人们！

知性書

L'empathie esthétique

Pierre Lemarquis

[法] 皮埃尔·勒马尔奇 著　祝华 译

生活·讀書·新知 三联书店　生活書店出版有限公司

目录

前言／2
序言
在艺术中获得新生：
从“太空漫游”到“米开朗琪罗密码”／6

第 一 部 分

无花果的艺术

发现我们大脑的运转是超感觉的

⦿ 第一章
两腿之间：米开朗琪罗与无花果的艺术／38

我们有教皇了！／40
一个淫秽手势，一头母骡子和几颗无花果／43
如此之恨从何而来？／44
帕齐阴谋／46
壁画的阴谋／48
如何驱赶魔鬼？／50
胶乳与性玩具／52
“教皇的睾丸”与女教皇琼安／54
值班室？遮住您的胸部，我不该看！／56
诸神的乐趣／59
伊甸园之树／62

⊙ **第二章**

共情，第六感？ ／68

海豚与预言家／69

一只深谙共情的海豚／70

德尔斐的女祭司／80

德尔斐与普鲁塔克／87

莫扎特和米开朗琪罗：并驾齐驱的人生／96

⊙ **第三章**

用耳朵“看”，用眼睛“听”／108

萨列里／111

用耳朵“看”……／114

狄德罗给我们带来了他的眼镜／117

莫利纽兹问题／124

联觉／129

康定斯基／131

阿列克斯·斯坦维斯／133

梅西安／134

第 二 部 分

逃避的艺术

证明图像对我们的记忆力和想象力的影响能够拯救我们

⊙ 第四章
记忆的艺术：过去有未来吗？／142

创造／145
自然记忆／147
人工记忆／150
记忆之术／159

⊙ 第五章
从仙女到狼人，阿比·瓦尔堡的案例／192

从仙女到蝴蝶：疾病的故事／197
诊所的故事／210
宾斯万格／215
入住美景疗养院／224
论现象学，宾斯万格，
1922年11月16日／233

⊙ 第六章
造物主依照他的形象造了人，反之亦然／240

戏剧性变化／241
怎么会犯这样一个诊断错误？／245
如何进行瓦尔堡的存在分析？／249
用图像来准备一场讲座能治愈一种精神疾病吗？／254
一声惊雷：1923年4月21日的讲座，
从思想的逃避到赋格的艺术／257
W.或者儿时的记忆：阿比·瓦尔堡的秘密／270
复原／271
文化学图书馆和共鸣／278

第三部分

赋格的艺术

证明了音乐与生物的规律互相协调并能够生成(再生)它们的形态

⊙ 第七章
音乐与生命的等式／284

分形学家／285
带变奏的咏叹调／301
毕达哥拉斯之一／306
毕达哥拉斯之二／310
母牛与哲学家／316
万能钥匙／318
谁咬了那个苹果？／322
论带着一本博尔赫斯的《阿莱夫》旅行的益处／328

⊙ 第八章
西斯廷礼拜堂的秘密：
圣杯是一首乐曲吗？／332

一些有声图像／333
难道你没有听到天堂的和声吗？／339
一位好奇的收藏家／342
音乐和生命的形态／344
音乐，精神和宇宙／349
寻找不老泉／353
医生与教皇：《秘中之秘》！／357
音乐天使／360
一出音乐剧／362
音乐建筑／367
波吉亚——法老教皇／372
世界之魂／379
天使之声／382
音乐家、画家和数学家／388
《求主垂怜》！／394

⊙ 第九章
要有光："之间"／400

精神宣泄／404
化身为人／407
行走／409
《之间》／412
音乐先于一切？／416
瓦格纳／417
《展示你的伤口》／423
衰老和创造性／428
冥界之旅／432
一条时空隧道／437
普洛斯彼罗／440

结束语／452
致谢／456

在一块大约有4000年历史的泥板上，刻有如下楔形文字：

于是吉尔伽美什说："乌尔沙那比，[1]这株草是一味解忧的良药。吃了它，人可以自愈。我想把它带回乌鲁克城邦，我会让一位老人试吃这株草。它的名字叫'长生草'。然后，我自己会吃下它，重返年轻时代。……这时，一条蛇嗅到了长生草的气味；悄悄地一跃而起，抢走了长生草，立刻就蜕了皮。"

《吉尔伽美什史诗》[2]

1 乌尔沙那比（Ur-Shanabi）：美索不达米亚神话中死亡之河上的摆渡人。——译者注

2 *Épopée de Gilgamesh*, tablette XI, colonne VI, 277-289, trad. M. Froëschl.

前言

人老了以后能够重生吗？他能够再一次进入母腹、再一次被生出来吗？这如何能做到？我们中有谁从未问过自己这个问题呢？尼哥底母是《摩西五经》中一位贤明的律法专家，他曾天真地向耶稣提出了这个问题，因为这位能创造奇迹、起死回生的先知在埃及长大，似乎继承了那里的智慧和神秘知识。

我们同样希望我们那浮士德式的医学能够使我们重生，不断延长寿命的极限，让我们回到年轻时代。这一努力始终是幻想，而且忘记了精神方面。即使我们再努力，我们的身体也会渐渐衰老、憔悴；但是我们的精神不同，它每天都在获得经验和记忆，编织与我们周围世界的关系，雕塑我们，从而使我们在人生旅程结束时能够自然地融入世界。这种与世界的相互联系就是生命的本源，而这个世界正是我们按照自己的形象创造的，并且我们也身处其中。这种联系存在于我们与艺术的关系中。

听一首乐曲、欣赏一件绘画或雕塑作品、读一本书都会达到同样的效果：在用于声音、图像或阅读的感觉区域受到刺激后，我们的大脑开始工作，仿佛它被音乐、绘画或小说中的人物占有了，正如梅洛-庞蒂或罗伯特·费肖尔等哲学家预见到的，后者曾于1872年把这个过程命名为：审美共情—内心感受—“移情”。在这一背景下，精神反常地变成了物质，变成了化为肉身的动词，即人们所说的“具体化的认知”。我们通过感官感觉到的只是事物的表象，它们自身所具有的——它们的内在却被我们忽略了。只有借助共情，才能使我们与它们产生共鸣。这不是简单的镜像现象，而是我们被那些作品雕刻过的神经元回路的一种真正的改变，它能使我们达到某些新的进程，产生对自我和世界的新看法，而这一切，也就是说作品、观众以及他们之间交织的关系加起来大于各方的总和。这是一种发展到极致的记忆术，因为创作者借助其作品在观众的大脑中重新活过来，观众则吸收作品，并把它当作一个新生儿，用自己的肉体来哺育它，从而承担起追求永恒的责任。而观众自身也因作品的融入发生了改变：这可能会产生一种治疗效果——有时是惊人的，这是一种在弗洛伊德之前被亚里士多德称之为“精神宣泄”的真正新生。

文学可以提高我们的推理能力。如果说一篇论文可以通过提供严谨的论证得出结论来启发我们，那么阅读一本小说则可以提高我们对模棱两可的状况、无序性或不确定性的适应性，简而言之是对“真实生活”[1]的适应性，使人在一次求职面试或一次恋爱约会之前得到建议，从而优化他与未来联系人的互动。[2]当一个人愿意沉浸在一部小说或一件艺术作品的这种白日梦中，以便从中感受如现实一般的效果时，他会通过更自由的思考促进自己的创造力，因为他无须在虚构的紧急情况下对有争议的结论做出决定。

既然我们生来就爱幻想，我们就应该毫不犹豫地去冒险，并且，如果您愿意，可以开始一段想象的却像一切奇幻故事一样真实的旅程。审美共情将是这段旅程中的阿丽亚娜之线，也将是试图改造我们并回答尼哥底母的问题的那把钥匙。

1 M. Djikic, K. Oatley, M. C. Moldovean, «Opening the Closed Mind: The Effect of Exposure to Literature on the Need for Closure», *Creativity Research Journal*, 2013, 25 (2), pp. 149-154.

2 D. Comer Kidd, E. Castano, «Reading Literary Fiction Improves Theory of Mind», *Science*, 2013, 342 (6156), pp. 377-380; J. -P. Brighelli, blog.causeur.fr/bonnetdane, 26 décembre 2014.

序言

在艺术中获得新生：
从“太空漫游”到“米开朗琪罗密码”

一切开始于我参加完在亚洲举办的一次世界神经学大会返回巴黎的途中，当时飞机正以1000千米的时速飞行在万米高空。飞机上可以通过个人娱乐屏观看斯坦利·库布里克导演的影片《2001：太空漫游》。在影片中，我们借助那块曾在人类起源时向我们的祖先传授过知识的著名的黑色方碑，出发去征服各个星球：被吸入无限时空后，我们穿越了密布着星云和星系的万花筒般的宇宙，结尾时，我们独自待在一个奢华、对称的房间里，与一套路易十五时期的家具、大理石地面和文艺复兴时期的油画做伴。我们老了，行动不便，吸入流质食物时打破了一个水晶玻璃杯，在这最后一刻，那块方碑再次来探望我们。我们向它伸出胳膊，就像西斯廷礼拜堂天花板上米开朗琪罗创作的壁画中亚当面对他的创造者那样。于是我们以胚胎的形式重生了，再次被推进太空，在理查德·施特劳斯受到尼采及其永恒轮回说的启发而创作的交响诗《查拉图斯特拉如是说》的铜管乐序曲声中回归了地球。

“你知不知道尼采自认为是赫拉克利特转世？”坐在我右边的同事兼好友伯诺瓦·卡尔曼问我。

他的白胡子和日渐稀疏的头发使他看上去像列奥纳多·达·芬奇或一位希腊哲学家（但戴着他那顶黑色大帽子时除外，那时他更像一位犹太教士）。在梵蒂冈宫殿内拉斐尔的壁画《雅典学院》中，柏拉图气宇轩昂地立于中央，食指指向苍穹。他的相貌与列奥纳多·达·芬奇有几分相似（由此可以推知，与卡尔曼也有几分相似），他的脚下，坐着以米开朗琪罗为原型创作的悲伤而忧郁的赫拉克利特，对于这位前苏格拉底时期的哲学家，我们所了解的只有他的只言片语，这部影片的结尾就引用了其中的一句——“整圆的起点和终点重合”，尽管他最著名的格言是“一切都在流动”和“人不能两次踏入同一条河流”。他还说过“每天的太阳都是新的”，而且在他的哲学体系中，火是一切事物的起源，正如它之于涅槃的凤凰。

我和伯诺瓦一起回顾了我们出席的这次以社会脑为主题的研讨会，来自意大利帕尔马的贾科莫·里佐拉蒂（Giacomo Rizzolatti）和维托里奥·加莱塞（Vittorio Gallese）在会上发表了演讲。前者发现了镜像神经元，它能够模仿世界并使我们能够学习和产生共情；而后者对神经美学感兴趣。当我们听音乐时，我们的大脑将音乐收入耳朵旁边的颞叶中，颞叶负责对声音进行初步解码，然后将其分派至各个专门区域：旋律和音色——大脑右半球、节奏——分布区域较广、音符间的差异——大脑左半球。[1]额叶作用于短期记忆，从音乐中感受到的愉悦部分来自对我们刚刚听到的乐曲的记忆和对即将听到的乐曲的预期。额叶还承担各种执行功能——规划行动，同时控制情感，它的机能也因此加强，因此，人们预言学习音乐的孩子在考试中会取得更好的成绩。

“这一特性可以在多动症患者[2]身上进行实验。”伯诺瓦明智地评论道。

作曲家的艺术主要在于使我们确信，同时又使我们惊讶于一张一弛、重复与差异的微妙游戏，它俘获了我们，对我们施了魔法，就像母亲的摇篮曲。但是，在到达愉悦和奖赏系统之前，贾科莫·里佐拉蒂的团队于20世纪90年代初在帕尔马意外发现的镜像神经元会先产生共鸣，即使我们表面上一动不动，我们的大脑在音乐的控制下却仍在工作，仿佛它自己在唱歌跳舞。经由脑岛（大脑向内折叠的部分）的传递，我们到达了情感的深层区域，与这一段乐曲及其作曲者产生了共情。[3]哪位演奏家在其艺术巅峰时未曾有过被音乐甚至作曲家本人附体或占据的感觉？仿佛一种令人不安又奇妙的化身。当聆听甜美温柔的嗓音低声吟唱一首打破孤独的悲伤乐曲时，谁又不曾感受到慰藉呢？它仿佛能理解我们，使我们平静，像一位朋友那样分享我们的痛苦，用它的美来抚慰我们。莫扎特的音乐有时候只有音乐评论员听得懂，而古尔德谈论的则是音乐的“可混合性”。

视觉艺术也是如此，它们在刺激了分管视觉的大脑后部区域之后被识别出来，就像我们面对一个人时那样（用于面孔识别的梭状回的作用），之后被我们的镜像神经元吸收，镜像神经元模仿那些被隐约看见的姿势，并赋予它们一种意义。[4]如果是抽象艺术，我们的大脑所复制的则是使作品诞生的动作[5]——因此，观察卢齐欧·封塔纳（Lucio Fontana）的一幅作品的人会领悟到艺术家用刀子划破画布的动作。

近年来，这一现象也出现在文学品读过程中。在视觉专用区和语言识别区的一个连接区域（左侧枕颞沟）中，我们的大脑把文字看作与它讲话的影像。这一连接区域主要与记忆回路和语言回路相连，还与其他用于理解故事的区域相连，在读到一部小说时，这些区域（缘上回、左侧角回和右后颞上回）会立即得到加强，[6]好像我们的大脑已提前适应了正在进行的活动。这一区域还会与读到的语句所激发的感觉建立联系——例如，如果读到一种像“肉桂”或“茉莉”的香味，嗅觉皮层就会活跃起来；[7]暗示一种织物概念的隐喻，如“丝绒般的质感”，会刺激用于触觉的感觉皮层；[8]如果读到一个运动概念，运动皮层就会兴奋。[9]经常是在阅读一本小说几天后，这些激活感觉运动区域的回路持续加强，即使合上书，它们也会继续运转。这些区域的双向激活使读者与小说人物产生情感共鸣：这些人物从此以文学的形象住进了我们那被突然攻占的大脑，使之分享他们的感觉与行动。福楼拜曾经承认：“包法利夫人就是我！”

与现实生活相反，读者毫不设防，完全敞开心扉专注于作品，而作品将使他着迷并化身为他，这个真正的情感刺激者有时会引领他进入他从不敢冒险探索的未知领域。读小说远不是一种孤独的乐趣，它可以改善社会关系，同时让人学会更好地理解他人，尝试通过共情回路的发展来接受他人的观点。大脑中用于理解故事的区域和用于与他人互动的区域之间存在一个重要的重叠部分，尤其是当我们试图理解他人的思想和感觉时，这就是所谓的心智理论。[10]书中人物的欲望和沮丧、他们隐藏的动机和他们的社会关系启迪着我们，打开了我们的心灵之门，使我们能够隐约看到比我们更伟大的某些东西，同时更好地理解我们自己。读者的思维方式和世界观——推而广之，观众的思维方式和世界观——可能因此彻底改变。没有维吉尔就不会有但丁，没有巴赫就不会有肖邦或舒曼，没有伦勃朗或葛饰北斋就不会有凡·高。

里佐拉蒂显然与梅洛–庞蒂的哲学思想及其“知觉现象学”有关联，这在他承认自己在科学发现之前曾对此很感兴趣后更加确定：因此他受到了这些思想的影响。伯诺瓦热衷于神经现象学和弗朗西斯科·瓦雷拉的革新观点，这位2001年去世的智利神经生物学家认为精神可以“具体化”，特别是通过人与人之间的互动。而我们曾见过，借助与艺术作品之间建立起的联系，也可以实现这种具体化。伯诺瓦给我讲述了他如何受到神经科学的最新数据、神经科学与家庭关系研究之间的可能联系以及土伦大学的鲍赫斯·西吕尼克（Boris Cyrulnik）和米歇尔·德拉热（Michel Delage）捍卫的依附理论的启发，重新对这一方法产生了兴趣。我们从中了解到，通过自己的感官，我们只能肤浅地了解一些生命“现象”，而只有共情、内心感受，才能引起共鸣，并回溯至事物的本质。路德维希·宾斯万格——荣格和弗洛伊德的信徒——在病理学中应用了这一观点，在20世纪发明了“存在分析”，以便更好地深入病人的精神世界，试图理解他们的世界观。宾斯万格曾治疗过阿比·瓦尔堡，瓦尔堡用一个类似的方法与艺术作品产生了共鸣。他们互相影响，甚至互相治疗。

对立统一的必要性一直是赫拉克利特哲学思想的核心观点，他是西方世界第一个捍卫这一观点的人：联系是全部又不是全部，一致又不一致，和谐又不和谐，“一生万物，万物归一”。阿比·瓦尔堡在对阿尔布雷特·丢勒的铜版画《忧郁》（*Melencolia*）的研究中提醒我们，文艺复兴时期的人猜想我们的情绪依赖于星宿的影响，忧郁归咎于土星的影响，而土星又被木星克制，这是一种既对立又互补的力量，在版画中表现为一个数字魔方的形式。

“忧郁的赫拉克利特与爱笑的德谟克利特，后者是与前者生活于同一时代的现代科学之父，他认为世界是由原子和虚空构成的。”伯诺瓦对我耳语道。

我们在云层上飞行，今晚的日落较晚。向西飞行使时间变慢了，当我们逆时区而行时，黄昏将无限延长。一切都在流动……但放慢了速度。阿根廷作家博尔赫斯陪伴着我们，因为我把他的短篇小说集《阿莱夫》(*L'Aleph*)塞进了口袋：作者受到一个古怪家伙的诱骗，被关在一个黑暗的地下室里，这个家伙可能还给他下了毒，突然，他在台阶上看到发光的、难以描述的“阿莱夫”，它包含了现在、过去和未来的整个宇宙！

“永恒，这是所有宗教的目标。”就在几个小时前，我们的柬埔寨导游这样向我们解释。这位老教师曾经历过饥荒，吃过蜥蜴，并在波尔布特的恐怖独裁时期亲眼看着自己的两个儿子被处决。早就超过退休年龄的他愿意在我们偷闲参观吴哥窟时陪同我们几个小时，给我们讲授佛教和印度教的一些基本知识。他讲到了迦楼罗的传说，它是古印度神话中的一种长生鸟——毗湿奴的坐骑，生有喙、鹰爪、红翅、人身。让我们来听听这个传说："在伟大的印度史诗《摩诃婆罗多》(*Mahabharata*)的开头，它飞越一堵火墙，历尽千险，劈波斩浪，为诸神盗来长生甘露，用以解救它那被纳迦众蛇囚禁的母亲，在此过程中，它变成了不死鸟，并将几滴长生甘露洒在印度的多个地方，使它们变成了圣地。"长生甘露、死而复生、永恒、新生，尼哥底母？

用过晚餐，我太太刚刚读完鲍赫斯·西吕尼克的《以关系为象征，依附的自然历史》(*Sous le signe du lien, une histoire naturelle de l'attachement*)，在我身边睡着了。明天她要读这位作者的另一本书——《祸中之福》(*Un merveilleux malheur*)，这本是关于心理韧性的：关系、依附、共情以及心理韧性——克服本应通过一个改造我们的动态过程来消灭我们的一种创伤；心理"死亡"而后复活，一种新生：给尼哥底母的一个答案吗？我端详着我太太。25年前，对我而言恍如昨日，我们在去印度和尼泊尔的旅行中相遇——尽管之前我们在马赛的同一家医院工作。返程途中我读的就是这本书，但是旧版的，书名也不同。耳畔回响着莫扎特的《单簧管协奏曲》第二乐章，我仿佛又回到了德里，泰姬陵、瓦拉纳西的恒河、克久拉霍的密宗寺庙，看到寺庙里面的性爱雕刻，上面还刻着蝎子……当时只有我们两人分享了它们的象征意义，还有加德满都和之后珠穆朗玛峰上的日出……我意识到这些事件从那时起就铭刻在我的脑海中，而这些回忆只是在此刻被激活了。我有种重历往昔的错觉，而实际上我只不过正在沉思四分之一世纪前印在我的记忆和神经回路中的痕迹。过去只存在于现在，只有借助过去的经历才能理解现在，我们只能通过将我们的过去投射到未来，才能够预见未来，而“未来是即将到来的现在和过去”[11]。

“你把自己当作圣奥古斯丁了吗？”伯诺瓦问我。

我们来自我们的终点吗？我们会像影片《2001：太空漫游》中的那个宇航员那样走向我们的起点吗？“时间是一个玩十五子棋（孩子的王权之争）的孩子。”赫拉克利特说。记忆不是按时间顺序排列，而是或多或少按照它们的最初印记以及记忆后来留下的印记的重要性来呈现的。记忆中的时间不是线性的，它是分层的，一层接一层。很久以前的某件事仍然记忆犹新，最近的某件事却仿佛非常遥远，但我们有能力随时使它重现。记忆知道如何回答尼哥底母的问题。它们有时能够被一种已经遗忘的感觉完整地唤醒，这种感觉使记忆破茧而出，挖掘它们的一致性，这就是对马塞尔·普鲁斯特而言唯一的真正的回忆。“永远消亡？”这是他在整部《追忆似水年华》中反复出现的小玛德莱娜点心的片段之前问自己的关于回忆的问题。在他创作并赋予其最后思想的人物——作家贝克特死后，他又重申了这个问题。永远消亡？

灯光熄灭了，喷气式发动机还在嗡嗡作响，但是我们无法在大清早入睡。虽然已经从曼谷回来了，但我仍让艾曼妞来满足我飞机上的性欲（影片《艾曼妞在曼谷》），让我太太睡个好觉。我舒服地靠在座位上，在我的爱人和我的朋友之间，在东方和西方之间，在大地和天空之间，我想出发去追忆似水年华。CD清单上有许多选择。平克·弗洛伊德乐队的《回声》？我突然进入了一种恍惚的状态。

“拉比，一个人老了以后如何能重生？”尼哥底母摇着我的肩膀问，“他能够再一次进入母腹生出来吗？这如何能做到？”最近几个小时发生的事引出了这个不可回避的问题，它使我走出了昏沉状态——尼哥底母吓到了我。我睁开眼睛，心神不安，正遇上叫醒我的空姐充满笑意的目光：“来点儿伏特加吗？”

非常乐意，我要为葡萄酒、发酵和再生之神狄俄尼索斯干杯。他去地狱寻找自己的母亲，像迦楼罗一样，传说他也得到了重生。酒醉入梦。“我们是那块由梦绘成的画布，我们渺小的人生沉睡不醒。”莎士比亚这样写道。把我们从戒备和语言枷锁的约束中解放出来的睡眠，任凭我们的精神按照模拟和隐式记忆自由地驰骋。它使我们因此能够经常解决一些我们原以为无法解决的问题，而且正如记忆一样，重要的是我们对梦境的复述，而不是梦境本身。

飞机遇到了几次气流，这说明暴风雨就要来了。我调高了播放器的音量，这一次选择了莫扎特的一个合辑。正在播放的是《第21钢琴协奏曲》的第二乐章。管弦乐队，随后是钢琴，轻盈的旅行之邀。在不利于健康的浊气之上飞行……我回想起在邦多听过的一次“俄耳甫斯和声”管弦乐团的音乐会。奥地利指挥马克西米利安·弗罗肖（Maximilian Fröeschl）送给我一份他在维也纳的阿尔贝蒂娜博物馆观看米开朗琪罗画展的目录，在他指挥莫扎特的交响乐《朱庇特》时，我浏览了这份目录，虽然为自己的分神感到一丝惭愧，但我却在莫扎特和米开朗琪罗之间，在朱庇特的狂热与萨图尔努斯的忧伤之间，在对立互补的力量的和谐之中感到了极大的满足。

催眠学家米歇尔·朱维特告诉我们，他偶然发现了有梦睡眠，即异相睡眠，但是如巧合般的意外运气是不存在的：这位学者的模拟内隐记忆中拥有使他得出这一发现所需的全部信息，但我们只能通过下文来解释这一点。没有米开朗琪罗，就不会有里佐拉蒂对镜像神经元的直觉！“这是常识，我亲爱的华生！”尼哥底母追寻的答案当中的线索应该在罗马，在象征着耶稣遗产的梵蒂冈，在与文艺复兴有关的某个地方，在西斯廷礼拜堂的唱诗班歌颂耶稣之死的弥撒中，在歌唱阿列格里的《求主垂怜》的神秘和声中相遇的米开朗琪罗的眼睛和莫扎特的耳朵之间。审美共情的魔力，正如影片《2001：太空漫游》中的方碑，构成了一种使时空概念化为乌有的隧道。这是我们的必经之路，即使在我们的旅途中遇到其他追寻完美的朝圣者，我也不会惊讶。“无论谁真想成为哲学家，他的一生中就必须有一次反躬自省，在他的内心深处，试图颠覆迄今为止所有公认的科学，并尝试重建它们。”[12]胡塞尔告诉我们。我们启程吧！

一只白色的博美犬跑过去了，后面跟着一个装扮成印第安人的小男孩。“我迟到了！迟到了！迟到了！”我试着追上他们，不知为何，我深信他俩知道如何在莫扎特和米开朗琪罗之间穿行，可以带我们找到谜底。另外，这两位天才每人都曾养过一只博美犬。它能嗅到他们的足迹吗？

……我们现在来到西斯廷礼拜堂（图1），这是一个圣周五或是一个圣灰星期三，但年代不详。外面是莎士比亚亲爱的暴风雨，天空阴沉，大雨滂沱，正如1872年5月22日，矗立在我们身边的这个人为拜罗伊特节日剧院奠基的那一刻。理查德·瓦格纳先于我们到来，沉默、孤僻不安、激动而狂热，仿佛此前的一切都是为这一刻的来临做准备：少顷，他将听到阉伶歌手唱诗班唱起阿列格里的《求主垂怜》，他想要参透这个复调音乐圣杯的秘密，用于他的最后一部关于重生与救世的歌剧《帕西法尔》（*Parsifal*）。

圣周五的想法于我们的调查是合理的：尼哥底母亲历了耶稣受难和死亡。他看见鲜血从十字架上的耶稣被长矛刺穿的肋部流出，并帮忙埋葬了耶稣。尼哥底母在自己的伪福音中描述，被钉在十字架上的耶稣在死人

图1

中间停留了几天，随后的复活节和耶稣复活回答了他的问题。1327年4月6日，也是在阿维尼翁的圣克莱尔教堂的圣周五弥撒中，弗朗西斯科·彼特拉克对美丽的劳拉·德·萨德（萨德侯爵的一位祖先）一见钟情，并倾其一生歌颂这份激情，正如《神曲》中的但丁与他的贝雅特丽齐，尽管这位美人对他无动于衷，后来销声匿迹。歌颂但丁和彼特拉克的弗朗茨·李斯特神父在梵蒂冈居住时，常常回忆莫扎特的音乐和阿列格里的《求主垂怜》。他立在他的女婿理查德·瓦格纳的身旁，瓦格纳在其为追寻圣杯而作的歌剧《帕西法尔》中歌颂了“圣周五的魔力”。李斯特穿着方济各会修士的外衣，迷失在他的爱之梦中。再往前走，还有其他的音乐迷：我们认出了费利克斯·门德尔松修长的身体轮廓，陪伴他的是歌德，他曾将自己在意大利的旅行视为一次真正的复活。夏尔·古诺几近癫狂，立在歌德和范妮之间，范妮是门德尔松的姐姐，住在美第奇家族的别墅里。斯塔尔夫人与夏多布里昂站在一起，后者假装在撰写他的《墓中回忆录》（*Mémoires d'outre-tombe*）。站在他们后面的司汤达面露嘲讽的微笑。斯塔尔夫人好像正在为以她自己的名字命名的小说

《柯丽娜》(*Corinne ou l'Italie*)做笔记，莫扎特在到罗马之前刚刚在佛罗伦萨邂逅这位女诗人，而另外那两个人正在不知羞耻地剽窃她的文章——除非这已经算是一种共情的模仿。焚香那带着某种葬礼意味的香气弥漫在这个大厅的空气中，所有的感觉都已准备好抵达《求主垂怜》应激发的它们的最深处。

几位迟到者打破了原有的静默，他们也同样渴望聆听这首圣乐。一个面色苍白、小巧活泼如闪电的少年溜进人群中，来到唱诗班的讲坛下最靠近声源的地方。他的优雅和坚定很容易就为他疏通了道路，人群分列两边，让他通过，并满怀感情地注视着他。少年的父亲在教堂的尽头目送着，他站在那里，稍微驼背，好像被周围的东西压垮了，少顷，他才敢慢慢抬起眼睛，欣赏这个地方，仔细观察每一处细节，研究它们的比例。此时，他的儿子正蹦蹦跳跳，等待阉伶歌手唱诗班的到来。沃尔夫，小莫扎特，上帝的宠儿，阿玛多伊斯，安静点儿，你父亲利奥波尔德正看着你呢！看看这个走近你、牵起你的手的威严的男人，你认出约翰－克里斯蒂安·巴赫了吗？他是莱比锡唱诗班领唱者的儿子，你8岁的时候，他在伦敦教过你对位法，还帮你准备之后的巡回演出。他对你充满信心。只有你一人可以把阿列格里的《求主垂怜》默记于心，由于阿列格里被开除教籍，这首乐曲的乐谱已不知所终！只有你一人能够破译西斯廷礼拜堂的这个奥秘。只有你一人能使我们从中推断出尼哥底母问题的答案。

凝望着覆盖祭坛后方整面墙的壁画《最后的审判》(图2)，貌似阿波罗的耶稣神态庄严地立于画面中央。

门德尔松——其祖父摩西是犹太教教士——或许会禁不住想，这幅作品的轮廓，加上顶部的两个圆拱，使人想起摩西的法版的外形。画面左边升上天堂的和右边降到地狱的那些复活的躯体让人想起《创世记》中雅各的天梯的故事。夜幕降临，雅各席地而卧，以石为枕。这时他梦见一部连接天与地的巨大的梯子，神的使者攀着梯子上上下下。永恒的回归？赫拉克利特说：“向上和向下的道路，有一条，而且是同一条。”上帝在最高处：“这是天堂之门。”而耶路撒冷圣殿就将建于此地。根据西斯都四世的心愿，西斯廷礼拜堂拥有《圣经》中所罗门圣殿的尺寸。先知雅各枕过的石枕取名为“Beth-el”或“圣石”，意为“神的住所”或“上帝的家”。它后来

图2

被用来指称陨石——“雷石”或“黑石”，代表从天而降的神灵和崇拜对象，正如丢勒在其铜版画《忧郁》中描绘的1492年的那块陨石，或是影片《2001：太空漫游》中的那块方碑。最著名的那块陨石被嵌在麦加的卡巴天房里。“脐石”——宙斯放在阿波罗神庙中的圆锥形神石，使德尔斐成为世界的“肚脐”。雅各竖起他的黑石，以油涂之，将它指向天空。影片《2001：太空漫游》中神秘的方碑也承担了同一功能，即整座西斯廷礼拜堂的神石。

现在让我们观察一下天花板。我们的视线停留在那幅最著名的壁画上——《创造亚当》。亚当倒在地上，懒洋洋地把左手伸给上帝，与我们看到的影片《2001：太空漫游》结尾那个宇航员的姿势一样。上帝飘在空中，被天使包围着，左臂搂着一个神秘的女子，手指指向亚当，却没有碰到他。环绕着造物主的斗篷的形状和他的追随者们组成了一幅大脑的横断面图，我们能在其中辨别出许多解剖结构：上帝左边的大腿和小腿是脊髓和脑干，视交叉、椎动脉、脑垂体、小脑、外侧裂……弗兰克·麦士伯格（Franck Meshberger）第一个描述了这种关联，解释说米开朗琪罗这位伟大的解剖学家想以这种方式表明是上帝给了人类意识。[13]令我十分失望的是，弗兰克·麦士伯格竟是……印第安纳州的妇产科医生。请让我为神经科医生们的荣誉复仇，立刻把你们拖向西斯廷礼拜堂天花板上从入口数起的第二幅壁画（图3），它描绘的是大洪水的情形。在画面的右边，一个很小的礁石岛上，一群遇难者躲在一顶三角形的帐篷下面。最前面的一个人物倚在一个小木桶上，整幅画立刻让人联想到子宫——那位美国中西部产科医生竟然没有发现这一细节！另外，它恰好位于羊膜囊的中间，几乎是米开朗琪罗式循环的起点。如果我们必须为尼哥底母的问题找到一个答案，并破解西斯廷礼拜堂的谜团，那么没什么好犹豫的了：让我们穿越这块“方碑”，从另一侧被这个子宫吸入，到达天花板，以便使我们融入米开朗琪罗的壁画中，这就叫作审美共情。

现在我们来到了这个“子宫”中。

视线所及之处富丽堂皇。我们处于一个被分割成二维和三维之间的空间里：融入天花板后，我们看到我们下方直到礼拜堂中心的人群，我们摆脱了地球引力，但仍然能够欣赏穹顶的壁画中最小的细节，并凝视等着我

图3

们的这条路：前三幅画是关于大洪水的，中间三幅是关于地狱的，最后三幅是关于创世的，它们周围围绕着宣告了耶稣诞生的先知和女祭司们的形象。约拿恰如其分地位于通道的尽头，为我们指明出口。（图4）

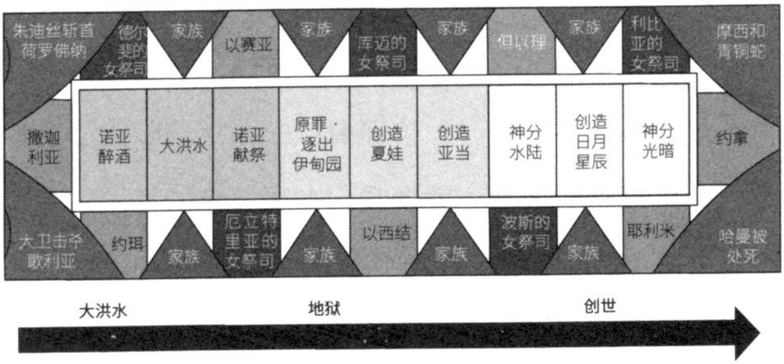

图4

显然，《创世记》的故事是倒叙的。九幅画就像九月怀胎，我们找到了回答尼哥底母问题的正确线索：我们把西斯廷礼拜堂转化成一个巨大的子宫，找到了入口并成功地深入了内部，我们将以颠倒的顺序重新经历《创世记》，并可能顺着穹顶壁画一幅接一幅地体验一次新生。还有一个细节需要解决：通过探索这张禁锢我们的巨大的“赛鹅图”——或者说造房子游戏——中找到这一谜题的答案，从地上到天上，从地狱到天堂。一边聆听着《求主垂怜》，一边融入这些壁画并沉浸其中，从而在穹顶之中找到我们的路……

有个人慢慢向我们走来。

我们等着维吉尔，就像在《神曲》中，或者是《爱丽丝梦游仙境》中的小白兔，抑或是那只在机舱里与装扮成印第安人的小男孩一起悄悄为我们开路的博美犬。但那是一名成年男子，一位穿着法兰西学院院士服、有着亚洲人相貌的智者，就像我们在吴哥窟的导游——这位是来自法兰西学院的程抱一。他能帮助我们吗？

“尊敬的大师，我们需要您帮我们继续追寻圣杯的一条线索、一个建议，如何回答尼哥底母的问题？一个人老了以后如何能够重生？您说什么？美，美是答案吗？可还有呢？您对美的定义是什么？您对我们说，美是转瞬即逝的，而正因如此，我们才能欣赏它，才能意识到它的存在！您让我们想想隆萨尔（‘小可爱，让我们看看玫瑰是不是……’），想想乔治·布拉桑和他的歌《侯爵夫人》（‘留给最美的事的时间喜欢冒犯，它会令您的玫瑰黯然失色。’），想想莎士比亚的一首十四行诗（‘当我想到一切生长者的完美只能停留片刻……’）。”

此时又来了一位参观者：这么多人，这么多美妙的人儿，在西斯廷的这个夜晚，大厅里的人和穹顶上一样多！这位是德国人，抽着雪茄，喜欢莫扎特、东方哲学和太阳。他于1946年获得了诺贝尔文学奖——赫尔曼·黑塞，他插话说："转瞬即逝的东西拥有一种神奇的魅力，一种燃烧着的悲伤的魅力，但是……"他毫无顾忌地吸了一口他的哈瓦那雪茄，指望焚香能掩盖烟草的气味，继续说，"但是过去还有更多的美尚未终结，它不会消逝，而是秘密地延续下去，在隐含着永恒的过去，在记忆中重新浮出水面，在不停被引用的词句中敲击出来。"[14]

我们的两位精神导师凝视着我们。一个天使飞过。

"正是在'之间'中才能产生超越。"[15]程抱一庄严地补充道。

"但是在什么之间呢？在天与地之间？在高与低之间？在莫扎特与米开朗琪罗之间？在上帝的手指与亚当的手指之间？在我们之间？这个空间中有什么？"

"音乐！"

这一次，声音是从下面发出的——青春的、调皮的声音。是莫扎特在同我们讲话，他还朝我们会心地眨了一下眼。约翰-克里斯蒂安·巴赫表示赞同。天花板上那两位斯芬克斯模仿他们，随后消失在烟雾中，他们谜一般的微笑渐渐模糊，就像《爱丽丝梦游仙境》中那只柴郡猫。

我们的向导们瞬间蒸发了，留下我们苦苦思考他们晦涩难懂的话语，这些话得在我们的莫扎特与米开朗琪罗之间的漫游之旅中为我们导航。让我们总结一下。线索包括：美、过去的延续、音乐、超越、“之间”……西斯廷礼拜堂天花板上的细节研究还会为我们提供其他的线索吗？

第一幅画什么也没告诉我们：诺亚躺在地上，赤裸着醉死了。他的儿子们为他盖上了一块遮羞布。据我们所知，这位长老在大洪水之后再也不想喝水了，并在庆祝他的漫游之旅结束的庆典后变成了酒鬼。我们不太理解的是为什么他的一个儿子正在勃起，如果我们从下面看这幅壁画，是看不到这个细节的。西斯廷礼拜堂的乱伦和鸡奸吗？水手们的故事吗？影射相继登上圣座的波吉亚家族、美第奇家族或者德拉·罗维雷家族的品行吗？或许先知和女祭司们对我们更有帮助，因为他们拥有未来的记忆。让我们去找撒迦利亚——他们中的第一位。他若有所思地端坐在教堂的正门上方，全神贯注地读他的书，就像一个足球迷正在读《队报》(*L'Équipe*)，周围环绕着两个小天使、两个唱歌的丘比特……尼采的《查拉图斯特拉如是说》启发了理查德·施特劳斯和库布里克的灵感："舞者查拉图斯特拉，轻盈的查拉图斯特拉，他扇动翅膀，准备起飞，同时向鸟儿们示意，胸有成竹、精神抖擞，十分欢乐而轻盈。占卜者查拉图斯特拉，爱笑的查拉图斯特拉，他既不急躁也不妥协，他爱跳跃爱劈叉：我把这个王冠给自己戴在头上！这个爱笑者的王冠，这个玫瑰花冠：接住，我的兄弟们，我要扔这个王冠了！我贡献出了欢笑；你们，高等的人类，学会——欢笑吧。"[16]

注释

1 P. Lemarquis, *Sérénade pour un cerveau musicien*, Odile Jacob, 2009.

2 N. Gaab *et al.*, «Behavioral and Neural Correlates of Executive Functioning in Musicians and Non-musicians», *PloS ONE*, 2014; doi: 10.1371/journal.pone.0099868.

3 M. Iacoboni, *Mirroring People: The New Science of How We Connect with Others*, Farrar Straus Giroux, 2008.

4 P. Lemarquis, *Portrait du cerveau en artiste*, Odile Jacob, 2012.

5 M. A. Umilta, C. Berchio, M. Sestito, D. Freedberg et V. Gallese, «Abstract Art and Cortical Motor Activation: An EEG Study», *Front. Hum. Neurosci.*, 2012, 6, p. 311.

6 G. S. Berns, K. Blaine Kristina, M. J. Prietula et B. E. Pye, «Short- and Long-term Effects of a Novel on Connectivity in the Brain», *Brain Connectivity*, 2013, 3 (6), pp. 590-600; doi: 10.1089/brain.2013.0166.

7 J. González, A. Barros-Loscertales, F. Pulvermüller, V. Meseguer, A. Sanjuán, V. Belloch, C. Avila, «Reading Cinnamon Activates Olfactory Brain Regions», *NeuroImage*, 2006, 15, 32 (2), pp. 906-912.

8 S. Laceya, R. Stillaa, K. Sathian, «Metaphorically Feeling: Comprehending Textural

Metaphors Activates Somatosensory Cortex», *Brain and Language*, 2012, 120 (3), pp. 416-421.

9 V. Boulenger, O. Hauk, F. Pulvermüller, «Grasping Ideas with the Motor System: Semantic Somatotopy in Idiom Comprehension», *Cereb. Cortex*, 2009, 19 (8), pp. 1905-1914; doi: 10.1093/cercor/bhn217.

10 R. A. Mar, «The Neural Bases of Social Cognition and Story Comprehension», *Annual Review of Psychology*, 2011, 62, pp. 103-134; doi: 10.1146/annurev-psych-120709-145406.

11 M. Merleau-Ponty, *Phénoménologie de la perception* (1945), Gallimard, «Tel», 1976.

12 E. Husserl, *Méditations cartésiennes*, Vrin, 1947.

13 F. Meshberger, «An Interpretation of Michenangelo's Creation of Adam Based on Neuroanatomy», *JAMA*, 1990, 264 (14), pp. 1837-1841.

14 H. Hesse, *Éloge de la vieillesse*, Le Livre de poche, 2003.

15 F. Cheng, *Cinq méditations sur la beauté*, Albin Michel, 2006.

16 F. Nietzsche, *Ainsi parlait Zarathoustra*, «De l'homme supérieur», 18 et 20; *Œuvres Complètes de Frédéric Nietzsche*, vol. 9, Mercure de France, 1903, pp. 429-431.

第 一 部 分

无花果的艺术

发现我们大脑的
运转是超感觉的

第一章

两腿之间：米开朗琪罗与无花果的艺术

弗朗西斯·蓬热——让-保罗·萨特最喜爱的诗人。蓬热曾经承认："我根本不知道什么是诗，但我很了解什么是无花果。"[1]他不知疲倦地重写诗集《何为一只语言的无花果以及为何》（*Comment une figue de paroles et pourquoi*）中的同一首诗，每一次都有些小改动，就像约翰-塞巴斯蒂安·巴赫的赋格曲。他认为每次吃一颗无花果时，他对这种水果和对"无花果"一词的感知都略有改变：味觉和嗅觉的信息催生了一些新的情感，一些主观、片面而武断的联想，一些孕育其诗歌艺术的新的思想，这一切可能难以忍受但也令人陶醉，使他有理由重写这一作品。"像我对待无花果一样对待语言（即以咀嚼的方式），通过阻力和突破阻力（词汇、话语的弹性），如果我坚持，就会获得某种美味的东西。"[2]他认为，无花果是一种存在方式，它符合一种伦理，但它也同时证明了一种色情、"一种快感、由跨越某些禁忌的意愿激发的一种享受"[3]。重写旧诗反过来改变了品尝一颗新的无花果所引起的感觉，而这颗新的无花果本身也会促使诗人作一首新诗……

西斯廷礼拜堂吸引了我们，我们贪婪地欣赏它的壁画，就像弗朗西斯·蓬热贪吃他的无花果一样。未来，我们对米开朗琪罗和西斯廷礼拜堂的看法会随着它带给我们的进步和自身的转变而改变，这是它与我们自身之间不断交流的审美共情。

我们有教皇了！

“在靠近入口大门处，他们摆放了老撒迦利亚。”乔尔乔·瓦萨里（1511—1574）在他的《米开朗琪罗传》中写道。让我们观察一下这位开启了我们的天花板之旅的威严的老者（图5）：“他的身材矮小粗壮，正在书中寻找着什么，可还没有找到，他一条腿抬起，另一条腿半蹲，由于热衷于寻找，他保持着这种不舒服的姿势却毫不自知。这是一个极美的老年形象，他那非常漂亮的呢外套上几乎没有褶皱。”[4]

撒迦利亚是一位“小”先知，他在犹太人被流放到巴比伦之后，参与了耶路撒冷圣殿的重建。西斯廷礼拜堂的尺寸，根据其创建者——西斯都四世教皇的心愿，与所罗门圣殿的尺寸完全相同。作为宗教裁判所的倡导者，西斯都四世选择以这种方式不加掩饰地对抗犹太教

图5

的一项禁令。让我们靠近观看这位令人肃然起敬的老者。他的上衣是金色的，领子是皇室蓝色。这是德拉·罗维雷家族徽章的颜色，西斯廷礼拜堂的创建者——西斯都四世就出自这个家族，还有他的侄子儒略二世——就是儒略二世这位可怕的教皇命令米开朗琪罗绘制了穹顶的壁画，并把自己画在其中。这幅画与拉斐尔创作的另一幅肖像画的相似程度很具有说服力：儒略二世当时69岁，第二年死于三期梅毒。这位好战而忧心忡忡的教皇不知疲倦地参加军事行动，旨在奠定教皇统治的势力。他着手修建了现在的圣彼得大教堂，而这个荣耀之地使他找回了撒迦利亚的角色，撒迦利亚在5个世纪之前就预言耶稣将顺利抵达耶路撒冷。人群摇着棕榈叶向骑在简陋的坐骑—— 一头驴上的他欢呼，而下一个周五就把他钉在了十字架上。站在这幅作品跟前，我们得以观察到这些细节，这里栖息着上帝或魔鬼：两个滑稽、可爱的小丘比特——他们正从教皇的肩膀上读着那本引用了尼采之语的书——其中一个正做出一个淫秽手势。[5]他在“做无花果”，在那个时代相当于现在的竖中指，即手握拳并把拇指（代表“阳性”）插入食指和中指之间（代表“阴性”）。

一个淫秽手势，一头母骡子和几颗无花果

今天，这个代表“交配”的手势在希腊和土耳其同样表示一种侮辱。在荷兰和突尼斯，它被看作一种性侮辱或性引诱。大仲马在他的《美食大辞典》（*Grand Dictionnaire de cuisine*）中解释了“far la fica”——“做无花果”这种侮辱的严重性，他引用了拉伯雷的小说中讲述的一个12世纪的故事：当时正在反抗腓特烈一世的米兰人把皇后驱逐出了他们的城邦，并让她骑在一头名叫塔克尔的老母骡子上，面向骡子的尾巴。后来，腓特烈抓住了叛乱者，羞辱了他们：在实施绞刑的现场，他要求受刑者用牙齿去咬出放在母骡子私处的一颗无花果，一边咬一边说：“Ecco il fico !”——“这就是无花果！”米兰人看到有人对他们“做无花果”时的狂怒由此而来。弗朗索瓦·拉伯雷在他的《巨人传》第四部《善良的庞大固埃英勇言行录》（“Des faicts et dicts Héroïques du bon Pantagruel”）中提到了反教皇岛，岛上居民看到教皇的肖像画，朝庞大固埃“做无花果”（委婉地等同于古典文学作品青少版中的对某种淫秽手势的注释），“在这个国家，这

代表蔑视和明显的嘲笑”。作为报复，临近的亲教皇岛上的居民“在几天后，未经事先通知，就全副武装地突然出现，洗劫并摧毁了整座反教皇岛”。[6]

但丁在《神曲·地狱篇》(*L'Enfer*)第24首诗中为我们描述了盗贼圈。这些盗贼成了可怕的毒蛇们的猎物，被它们残忍地撕咬。于是这些下地狱者们跳进火中，烧成了灰烬，但是，正如凤凰一般，他们不断地重生。他们中有一个来自皮斯托亚省，名叫瓦尼·弗西，他偷了“法衣圣器储藏室的装饰品”，“而另一个人因此被判有罪”。他讲述了自己的故事，然后有了第25首诗的开头：“讲完后，这个小偷抬起两手，一边做出‘做无花果’的手势，一边喊道：‘上帝，看，这是给你的。’”波提切利细致地描绘了这一场景，我们可以看到这个出言亵渎神明之人双臂高举，在但丁和维吉尔惊呆的目光下做出“做无花果”的手势，而毒蛇们正向他扑来。

如此之恨从何而来?

米开朗琪罗透彻地理解了《神曲》并受到了它的启

发。促使他借身后“亵渎神明”的丘比特来嘲笑他那声名显赫、令人生畏的保护者儒略二世教皇的原因有多个。首先，教皇强迫他完全投身于壁画创作，使他困在西斯廷礼拜堂里数年之久，而他认为自己首先是一位雕塑家。其次，他起初被告知要为儒略二世的法老式坟墓工程雕刻50多座雕塑，但他的资助者因为此工程浩大，可能要延续几个世纪，而改变了主意。米开朗琪罗更愿意削除材料，解放他猜想可能被囚禁在大理石块中的形状，而不是在一幅壁画上堆积材料。他需要触摸到他的作品，触碰它，抚摸它，感觉到它的形状在他的手指下诞生，被赋予生命和灵魂。触摸，而不是只能看。他的天赋需要在空间的三个维度上施展。当他被禁锢在一个平面上时，正如我们现在所看到的，他感到窒息。1509年6月，他在给父亲的信中写道：“我心甚忧，且身体欠佳，此艰巨任务当前，无人帮我，也无经费。但我仍衷心希望上帝能助我一臂之力。”在1510年的一首带插图的十四行诗中，同时也是诗人的米开朗琪罗向我们吐露了隐情：他那仰望天空的头上永远覆盖着天花板上滴落的颜料，他的身体也饱受折磨：他的背越来越驼，甲状腺肿大使他的颈部变形。

在致儒略二世的一首十四行诗中，他写道："长久以来，我是你的仆人，就像光芒之于太阳，尽管如此，我的时间对你一文不值，你对此毫不关心。"教皇的付款信誉的确很差。米开朗琪罗把他的保护者称为"被晒干的英国橡树"，借以取笑他的姓氏[德拉·罗维雷（Della Rovere）意为"橡树"]。他还批判教皇的尚武精神以及他为了筹款修建圣彼得大教堂而允许"赎买"宽恕的赦罪做法，这与马丁·路德的批判不谋而合。

帕齐阴谋

米开朗琪罗渴望复仇的另一个原因是，像他一样受佛罗伦萨的美第奇家族保护的艺术家们长久以来对德拉·罗维雷家族怀恨在心。弗朗西斯科·德拉·罗维雷，即西斯都四世，是在1477—1483年之间发起建造了西斯廷礼拜堂的教皇，并且是儒略二世的叔叔。罗维雷9岁时就作为献身上帝的俗人被奉献给萨福纳（Savonne）的圣方济各修道院，这是他出生的城市，他父亲曾是这里的呢绒商。罗维雷在方济各会的职位不断晋升，直至当上总会长，后于1471年升任教皇。除了装修西斯廷礼拜堂并成立了著名的唱诗班以外，他还扩建了梵蒂冈的图书馆，这里主要收藏了君士坦丁堡衰落后收回的古老手稿。他修复了许多宗教建筑，修建了一条引水渠和一座桥，通过向许多妓女以及在城里拥有姘妇的教士征收重税来为他的项目融资。他从众多英俊青年中任命红衣主教，特别是他17岁的侄子拉菲尔·利拉奥，人们怀疑他俩是情人（西斯廷礼拜堂的乱伦与鸡奸？）。他的另一个侄子吉罗拉莫·利拉奥说服教皇支持佛罗伦萨古老的帕奇家族，他们的祖先中有一位第一个冲进了耶路撒冷，推翻了美第奇家族。1478年4月26日，在佛罗伦萨大教堂举行复活日弥撒，西斯都四世在高举圣体时支持了谋杀朱利亚诺·德·美第奇及其兄洛伦佐的企图。朱利亚诺身中19刀身亡，而受伤的洛伦佐成功逃脱。佛罗伦萨人屠杀了谋反者们。帕齐家族的主犯和一位大主教被吊死在皇宫的窗户上（内脏暴露在外，不禁让人想起影片《沉默的羔羊》中那个嗜血成性的汉尼拔·莱克特博士）。在打败了竞争对手并与教廷达成合约后，美第奇家族的势力得到了巩固。“豪华者洛伦佐”的一个儿子后来接替了儒略二世任教皇，称利奥十世，他后来（在阿德里安六世短暂任职之后）被克莱门特七世所取代，后者是朱利亚诺的儿子，在其父死后一个月出生。罗马和佛罗伦萨之间刚一恢复和平，宽宏大量的“豪华者洛伦佐”就把他最伟大的艺术家们借给了西斯都四世，帮他装修教堂。

壁画的阴谋

他们的任务是要在西斯廷礼拜堂的侧墙上完成壁画，一侧描绘摩西的一生，另一侧描绘耶稣的一生，确立《旧约》与《新约》之间的演变关系，并在上部增加前30位教皇的画像，祭坛后方墙上的圣母升天图将由佩鲁吉诺来完成。当然，西斯都四世跪在圣母面前的画像将很醒目，外加圣皮埃尔祭服上代表德拉·罗维雷家族的天蓝色和金色，以巩固资助者家族的权力和荣耀。

“豪华者洛伦佐”，这位出色的佛罗伦萨人，秘密要求他的艺术家们暗中破坏这一工程，为他被谋杀的弟弟复仇——这就是“壁画的阴谋”，而波提切利可能就是承办人。于是在其中一幅壁画上，人们发现被摩西驱逐的不怀好意的牧羊人上方有一棵橡树（象征着德拉·罗维雷家族），而先知藏身的橘子树的果实则使人想起美第奇家族的徽章。更远处，在《可拉、大坍和亚比兰的惩罚》这幅画中，叛徒们穿着德拉·罗维雷家族的天蓝色和金色衣服，波提切利画了两条船：一条悬挂着佛罗伦萨的红百合花城旗，另一条正在沉没，人们猜想它象征着罗马。在《耶稣受试探》中，有人欢快地在圣殿内燃烧橡木（德拉·罗维雷家族）；被揭穿的撒旦穿着方济各会修士服，倒在一棵橡树上，让人想起西斯都四世作为教皇下达的命令。在这幅壁画的左下角，波提切利毫无顾忌地描绘了朱利亚诺·德·美第奇正与两名叛徒争论，其中一人偷偷摸摸地掏出了一把匕首。在《渡红海》中，追赶希伯来人的法老穿着蓝色和金色的衣服，而装满武器的二轮马车恰似被波涛淹没的西斯廷礼拜堂。

米开朗琪罗追随了他那些杰出前辈的脚步，在他的穹顶壁画中的战略性位置上布满了橡树枝条和“德拉·罗维雷”果实，例如《原罪·逐出伊甸园》上方，在左侧靠近祭坛的地方，转向《最后的审判》的老人波阿斯可能再一次代表了患三期梅毒、全身瘫痪阶段的儒略二世：坐着、驼背、胡子拉碴的他一只手紧扣在座椅上，另一只手指着他的手杖圆头里酷似他的那个微型雕像破口大骂。米开朗琪罗没有就此罢手，而是进一步“亵渎”了儒略二世的坟墓：在他最喜爱的雕塑——摩西塑像中，他塑造了一位面对向着金牛犊欢呼的人群怒火中烧的族长。据西格蒙德·弗洛伊德分析，这位先知急躁易怒，就像儒略二世（和米开朗琪罗），他粗心地拿反了法版，还使它失去了平衡。[7]这些加密的玩笑让人联想到音乐领域的奥兰多·德·拉絮斯的弥撒曲《少女间的秘密》（*Entre vous filles*, 1581），拉絮斯曾在青年时代为美第奇家族的科西莫一世工作，这首弥撒曲的主题就直接受到一首淫秽歌曲《15岁少女间的秘密》（*Entre vous filles de 15 ans*）的启发，这首歌曲众所周知，包括教皇在内。

如何驱赶魔鬼？

埃米勒·利特雷（Émile Littré）在其编纂的《法语词典》（*Dictionnaire de la langue française*）中提到了无花果——意大利语的“fica”与女性之间的关联，同时也提到了它在西班牙语和葡萄牙语中，与拉丁语动词“figere”（“固定”，指被钉入的东西、还愿牌和护身符等）的关系。于是“做无花果”也变成了一种巫术的手势。在《巨人传》第四部中，拉伯雷描写了一位老妇人，她掀起裙子，露出她的“无花果”，把魔鬼吓跑了。

我们还发现，在地中海周边，甚至在巴西，有一些在古罗马时期就已经流行的护身符，它们呈极具暗示性的打开的“无花果”形状，被当作吊坠佩戴，用于驱除“邪眼”：“邪眼”被此护身符迷住后，将不会“看”着对方并对其施魔法。奇怪的是，打开的“无花果”的女性外形居然逃过了菲格拉斯（Figueras，该地名与无花果“figue”形近）的大师萨尔瓦多·达利的眼睛，他更爱椰枣和石榴，我们可以想象并惋惜他的天才和偏执狂批判法所依赖的这些宝藏了。而卡萨诺瓦，这个猎艳者和万人迷，却无法忽视他记忆中的这一美食，他说道：“我任凭我的手冒失地游走。我问它我触摸的无花果是否已经被采摘过。”[8]在他的《不道德食谱》（*Recettes immorales*）中，加泰罗尼亚的小说家马纽埃拉·瓦盖·蒙塔尔邦（Manuel Vasquez Montalban）——警长拜普·卡瓦罗（Pepe Carvalho）的父亲，钉进了这颗钉子:“用叙利亚人的方法塞满无花果这样的一个食谱证实了远古的肉体征服。”他与阿里斯托芬不谋而合，确定“被塞满的干无花果不可避免地具有外阴的形状，尽管是罐装的，但充满了神秘的、强劲的风味”。

胶乳与性玩具

无花果树是一种含有胶乳的树，因可以催乳而闻名。罗慕路斯与瑞摩斯在台伯河边的一棵无花果树下吮吸母狼的乳汁，这棵“反刍”(“瘤胃”，又意“乳房”)的无花果树后来变成罗马的一种神谕。它的叶子形状预示着罗马城的未来。因此，当阿格里皮娜被她的儿子尼禄谋杀后，这棵树枯死了。中世纪的炼金术士们钟爱的特征法则就在于找到草药的外观与需要治疗的人体部位之间的相似性和关联——“similia similibus cụrantur”，即“以形补形”。从无花果树上流下的白色胶乳类似于乳汁，但也像精液，因此它可以催乳并治疗不育症。不能在一个女人的屋里焚烧无花果树，否则她将不再产奶。

乍得的科多科人（Kotoko）认为，给一棵无花果树剪枝会导致不育。妇女们割破树皮，收集胶乳，把它做成油膏，用于催乳和防治不育症。在印度南部和斯里兰卡，人们把一个包在麦秸中的牝犊胎盘绑在无花果树上，用于催乳。

无花果因内部多果粒而成为一种壮阳药。无花果树与掌管土地肥沃和丰收的女神德墨忒尔、酒神狄俄尼索斯（头戴葡萄藤和常春藤）和他的朋友普里阿普斯相关，他们极易辨认的雕塑就是用无花果木雕刻的。阳性生殖器崇拜游行是一种乡下的狂欢游行，届时，人们化装上街，边走边歌唱巨大的阳性生殖器——生殖力的象征，这一活动居然被愤世嫉俗的赫拉克利特所容忍（前些年甚至得到造型艺术家路易丝·布尔乔亚的鼓励）。

在中东，无花果木有时用作性玩具：想要怀孕的妇女用无花果木雕刻成阴茎形状，再用以黄瓜浆和椰枣泥为基本成分的油膏来润滑它们。[9]在北非，无花果的形状会使人想起睾丸的形状，这两个词的意思如此相近，以至于在日常对话中，“无花果”一词会被表示它成熟的季节——秋季的词“khrif”来代替。[10]

“教皇的睾丸”与女教皇琼安

马赛地区的无花果品种个头小，被称为“教皇的睾丸”。多明我会修士罗贝尔·德·于泽（Robert d'Uzès，1263—1296）在“女教皇琼安”（822—858）的不幸事件之后率先提出有必要对已选定的教皇的男性特征进行仪式性验证。这位被彼特拉克和薄伽丘歌颂过的女扮男装的德国才女还精通犹太教教士艾萨克·伊斯雷利（Isaac Israeli）教授的医学和眼科学。她被命名为“天使般的约翰八世”，后在罗马的一次游行中因分娩而死。她的故事家喻户晓，以至于她被纳入了塔罗牌的集体记忆中：在马赛牌中，作为2号牌的女教皇端坐于牌中，两手放在膝盖上，捧着一本打开的书。她的坐姿模仿了西斯廷礼拜堂壁画中的一位女祭司或先知。她的斗篷颜色是德拉·罗维雷家族的蓝色和金色。女教皇以因分娩了一个儿子而死的母亲形象出现，她的传说向我们讲述了被剥夺正式后裔的教皇们的“重生”和世俗生命的延长这一不正当欲望。西斯都四世在《大祭司们的生活》（*Vies de pontifes*）系列丛书中正式介绍了这位女教皇，以此向她致敬。为纪念耶稣的母亲，他创立了圣母无原罪瞻礼，并将他的西斯廷礼拜堂专供其使用，该教堂后来在1483年8月被用于圣母升天节。所以，如果说西斯廷礼拜堂最终吸入了我们，我们漫步其中，仿佛走在一个巨大的子宫里，这也不会令人感到惊讶。

某些编年史学家认为，因为不能再重蹈“女教皇”丑闻之覆辙，所以仪式要求使用著名的斑岩宝座。宝座的中心被钻了一个孔，教皇选举中当选的教皇端坐其上，这种座位便于最年轻的红衣主教亲手验证教皇私处的构造：“他有两个睾丸而且都是下垂的！”他大声宣布。教皇选举委员会满意地回答：“承神之佑！”第一个座位位于拉特朗的圣约翰大教堂前面，被称为“便椅”（“便”，意为“粪便”“牛粪”“排泄物”），它以一种自降身份的仪式来提醒教皇，他的内脏和人类命运的存在。世间荣华易逝！“他是教皇，他有睾丸。如果世间没有睾丸，也就不再有教皇。”拉伯雷在其《巨人传》第四部中如是断言。

我们可以想象儒略二世，年轻的红衣主教，正在检验他的敌人——刚刚任命的亚历山大六世波吉亚——的身体构造……米开朗琪罗在创作壁画《最后的审判》的右半部分中一个被“无花果”拖向地狱的人时，可能想起了这个传说。这一过程看似是最痛苦的，而可怜的受害人咬着自己的手指，眼睛惊恐地瞪着。马赛塔罗牌也保留了这一事件的线索：5号牌——教皇牌向我们展示了一位留着白胡子、紧紧抓住权杖的教皇，好像儒略二世，正在为面向他的两名年轻修士降福。如果我们仔细地看，就会发现一只手正伸向教皇的两腿之间……

值班室？

遮住您的胸部，我不该看！

西斯廷礼拜堂内部笼罩着的这种明显的异教气氛甚至淫荡气氛没有逃过严格的教皇司仪比亚吉奥·德·切塞纳的眼睛。《最后的审判》即将完工时，他在保罗三世的陪同下来现场参观。“他宣称，在如此庄严的地方有这么多裸体形象实在不妥，他们甚至还展示了自己的羞耻部位。这一工程不是为教皇的礼拜堂，而是为公共浴室和小旅馆准备的。”[11]他本可以补充说这是为“医院的住院医生值班室”准备的，这个地方的下流形象也是备受诟病。米开朗琪罗对此很恼火，随即将比亚吉奥·德·切塞纳描绘成地狱里的米诺斯的形象：他站在魔鬼中间，长着一对驴耳朵，一条巨蟒缠绕着他，从他的大腿之间伸出来咬住他的生殖器。“比亚吉奥阁下坚持让教皇和米开朗琪罗删除这一形象，却是徒劳，这一细节在他的见证下继续存在，正如我们今天所看到的。”[12]儒略二世甚至可能回复他：“把您从地狱中拉出来？但是万能的主只把天堂和人间的钥匙托付给了我。如果您希望走出地狱，那么去找米开朗琪罗谈吧。”

祭坛后方的壁画《最后的审判》是1541年完成的。第二年，保罗三世教皇为了满足马丁·路德的要求和回应新教改革的进攻，召集了特伦托会议，会议于1545年正式召开。它维持了18年，敲响了中世纪教堂的丧钟，同时试图结束教会的恶习。比亚吉奥·德·切塞纳最终得以一雪前耻。不太重视绘画的保罗四世（1555—1559）想要摧毁《最后的审判》，“因为在他看来，那些裸体以一种不雅的方式展示了他们的性器官”。在一些谨慎的红衣主教的建议下，他认为用几块轻薄的布条来遮住隐私部位即可，并把这一使命委托给达尼埃莱·里恰莱利——他的另一个名字丹尼尔·达·伏尔特拉（1509—1566）更为人熟知。作为米开朗琪罗的朋友和助手，他被后世蔑称为“穿裤衩的人”！其实他很体贴地等到他的导师去世后，才从“形象看上去不恰当的”圣加大肋纳和圣布莱兹开始这一工程。圣加大肋纳身体前倾，抓住象征着她的殉道者形象的断裂的车轮，而圣布莱兹则背靠她站立。伏尔特拉画上了一条毯子，盖住了圣加大肋纳的胸部，并让圣布莱兹的头转向耶稣，不让他看到他不该看的加大肋纳的丰满的胸脯。然而学生没有与导师达成默契：他用一种叫孔雀石的绿色颜料为盖住圣女的毯子涂色，而米开朗琪罗没有用过这种颜色，因为它与裙子的矿石绿色不相称。[13]在随后的几个世纪中，其他更糟糕的画蛇添足补充了这一“伪君子”的工作，但这些增补是可逆的，因为它们是在原始壁画已干的状态下绘制的。直至1936年，庇护十一世下令重新审查这些壁画。

诸神的乐趣

《圣经》中的亚当，正如无花果一样，既是男人又是女人。上帝从他身上不合常理地取出一根肋骨，一个“刺穿之物”——正如达达派画家马塞尔·杜尚极具洞察力地强调了这一点——从而抽取了他的女性部分。米开朗琪罗，回想起他在圣灵教堂修道院的停尸房里整夜整夜解剖和描绘那些尸体的日子，于是用解剖学中的人体部位来装饰他的壁画。几百年后，约翰·霍普金斯大学医学院（巴尔的摩市）的神经外科教授拉法尔·塔玛尔戈（Rafael Tamargo）[14]与其同事伊安·苏克（Ian Suk）在西斯廷礼拜堂天花板上最后一幅画《神分光暗》（*Que la lumière soit*）中辨识出，上帝的喉咙可能代表一个脑干，即大脑下方连接脑和脊髓的部分，这需要从下方一个很不寻常的角度观察，但对于可能已经通过解剖实践研究过解剖学的人来讲是逻辑严密的。根据观看者的想象，还能看见其他部位，例如，上帝向其中吹气使夏娃诞生的长袍形似一个肺，而亚当躺在上面睡觉的树干则形似一段有许多分支的主气管。

尽管如此，我们还要停下来看看描绘亚当和夏娃经不住诱惑以及他们被逐出伊甸园的那幅画。很明显，作品正中被诱惑魔鬼缠绕着的智慧树是一棵无花果树，而不是苹果树。另外，西斯廷礼拜堂天花板上充斥的淫秽的氛围使人毫不怀疑这两个情侣在魔鬼到来之前所做的事，而这使人首先想到的不是自尊的原罪！希伯来语中无花果树一词“te’enah”接近于“ta’anah”，意为“发情”“激情”“肉欲”。直至19世纪末，教会一直禁止复制此画。夏娃的嘴恰好位于坐在一块岩石上的亚当的性器官的高度上，而它并未勃起。但是，正如哲学家米歇尔·福柯在参考了马格利特的油画《图像的背叛》(*La Trahison des images*)后所解释的，“这不是一只烟斗”[15]，一个物体的图像并非这个物体。观看者，通过其想象和思考，会从中得出自己对事物的一般真实性问题的结论。眼前这幅画上，与传统说法相反，亚当正迫不及待地自己采摘禁果。诱惑魔鬼有女人的身体和一条蛇尾。它将左臂伸向夏娃(复制了《创造亚当》中上帝的右臂的姿势)，递给她一个尺寸大得不恰当的植物生殖器，外加两颗作为睾丸的无花果！

“美德！一棵无花果树！”莎士比亚在《奥赛罗》中写道。无论他指的是什么，这就是悲剧的诞生，而《创世记》的书中写得明白：“他和她的眼睛睁开了，他们意识到自己赤身裸体，于是把无花果树的叶子缝在一起，做成围腰。”[16]在画的右半部分，这不得永生并已经变老的第一对夫妻被一个手持双刃剑的天使逐出了伊甸园，这个天使神似那个诱惑魔鬼，并完全复制了它的姿势。

从那以后，再次提到无花果树的是《启示录》(*Apocalypse*, 6:13)：“天上的星辰坠落于地，如同无花果树被大风摇动，落下未熟的果实。”“葡萄树变黄了，无花果树枯萎了；石榴树、棕榈树、苹果树，原野上所有的树木都干枯了。欢乐迷惘地离开了人类。”[17]施洗者圣约翰将在一棵无花果树下被斩首，而犯下大罪的犹大将在无花果树枝上自缢。在罗马，人们用无花果木焚烧妖怪。魔鬼藏在每一片无花果树叶中。纳粹借用被耶稣诅咒枯干的无花果树的故事以及教会的某些神父在犹太教中引用此故事的类似版本来支持对犹太人的大屠杀。

伊甸园之树

难道不能考虑为无花果赎罪吗？当我们穿过佩特拉古城峡谷中那条狭窄曲折的长通道，纳巴泰城和城里的无花果树会突然呈现在眼前。在普罗旺斯，无花果再次作为十三道甜点之一出现在圣诞大餐中，它们象征着方济各会修士，按照西斯都四世的命令，位于其他干果拼盘中间：葡萄干象征多明我会修士，杏仁象征加尔默罗会修士，榛子象征奥古斯丁教派。罗西尼把它们谱写进他那众多“老年之罪”乐曲中的一首，后来又写进了最美的爱情歌曲《雅歌》（*Le Cantique des Cantiques*）中：“无花果树结了第一批果实。开了花的葡萄树散发着清香。起床吧，我的伴侣，我的美人，来吧。”[18]

亚当（在普里阿波之果的影响下）在130岁时有了一个儿子，取名塞特。雅各·德·弗拉金在《黄金传说》（*Légende dorée*）中引用了尼哥底母的伪福音，告诉我们亚当活了大约1000岁，他让他的儿子去向看守天堂大门的天使讨要仁慈之树的树油，为他擦拭身体，以恢复健康。大天使米歇尔拒绝了塞特，但给了他罪孽之树——无花果树——的一粒种子又或是一根小树枝，让他把它们种下，或者在亚当死后放在他嘴里：当这棵树结果的时候，他的父亲就会痊愈并得救。这粒种子或这根树枝变成一棵很高很壮的树，直到所罗门王的时代还活着。所罗门王让人砍了这棵树，把它用于建造圣殿；但由于它的尺寸不合适，工人们把它扔到了水里。来到耶路撒冷的萨巴女王发现了它并告知了所罗门，所罗门认为此木对他的子孙后代不祥，于是派人把它藏了起来。此木所在的湖变成了牺牲洗涤池，收治那些寻求神奇疗效的病人。此木在耶稣受难时重新浮出水面，被用作十字架，确保亚当和耶稣之间的关系，耶稣——新的亚当仍将受到诱惑，并把他那被刺穿的肋部看作他的祖先。尼哥底母告诉我们，亚当和他的儿子塞特在耶稣下到地狱后，与他一起得以复活。公元325年，康斯坦丁大帝的母亲海伦娜在耶路撒冷的圣墓遗址上重新找到了十字架，而它的法力丝毫未减：正如《黄金传说》中所述，她把这个十字架放在一个死人身上，死人立即复活，它的真实性从而得到了证明。

犹太教有一种解释，“在无花果树下”，是指在研究《摩西五经》，而耶稣将自行遴选拿但业，并对他说：“我看到你在无花果树下。”后来，佛参透了这一启示，并在一棵菩提树下坐化，此树也叫“pipal”或“ficus religiosa”，是印度的一种神树，连接天与地的人间之树，在宗教经典《奥义书》（*Upanishad*）中被称为永恒的菩提树，在传统中被奉献给湿婆和毗湿奴。在印度，菩提树崇拜无疑与对蛇的崇拜有关，这是一种繁育的力量和智慧的象征，常常庇护着一个祭坛或一个小祈祷室。[19]吴哥窟的无花果树将柬埔寨的寺庙紧扎在它们的根里，就像绞杀了拉奥孔与其儿子们的蛇。这位特洛伊的祭司不相信特洛伊木马，他那尊被儒略二世放置在梵蒂冈的希腊雕塑一直烦扰着米开朗琪罗，直到他去世。埃及人总是把几颗无花果放在他们那作为通往天堂之路的石棺中，以便“从由内而外散发光芒的祭坛中吸取营养，用被赐种子的紫色果肉填满它”[20]，正如沉溺于此的作家蓬热。“无花果树上没有花”，女诗人曼努埃拉·摩尔盖讷[21]向我们解释道，“花开在果实的里面。无花果里包含着无限的诗意之花。而赋格曲，它从单独一个乐句开始，逐渐开放，互相装饰，并一直互相追逐。”

而此时，一直心不在焉地听着我们的“变奏”的约翰-克里斯蒂安·巴赫和莫扎特把食指放在嘴唇上，示意我们不要说话。我们说得太多了吗？是不是因为我们在这段旅程中还太缺乏经验，不配提及赋格的艺术？那我们还是继续安静地咀嚼我们的果实吧！

注释

1 «Une parole à l'état naissant», entretien avec Marcel Spada (1979) *Magazine littéraire*, décembre 1988, n° 260, pp. 26-33.

2 Ibid.

3 Ibid.

4 G. Vasari, *La Vie des meilleurs peintres, sculpteurs et architectes*, Actes Sud, 2005.

5 B. Blech et R. Doliner, *Les Secrets de la chapelle Sixtine. Les messages cachés de Michel-Ange et comment il a défié le pape*, Michel Lafon, 2008.

6 让·德·拉·封丹在《反教皇派的魔鬼》(*Le Diable de Papefiguière*)中回忆了这个故事。

7 S. Freud, *Le Moïse de Michel-Ange* (1914), *Œuvres complètes*, t. 12, PUF, 2005.

8 Casanova, *Histoire de ma vie*, Robert Laffont, 2013.

9 S. Cunningham, *Encyclopédie des herbes magiques*, Sand, 1997.

10 J. Servier, *Les Portes de l'année. Rites et symboles. L'Algérie dans la tradition méditerranéenne*, Robert Laffont, 1962.

11 G. Vasari, *La Vie des meilleurs peintres, sculpteurs et architectes*.

12 Ibid.

13 M. B. Hall, T. Okamura, *Michel-Ange et la chapelle Sixtine*, La Renaissance du livre, 2002.

14 I. Suk, R. J. Tamargo, «Concealed Neuroanatomy in Michelangelo's Separation of Light from Darkness in the Sistine Chapel», *Neurosurgery*, 2010, 66 (5), p. 851.

15 M. Foucault, *Ceci n'est pas une pipe*, Fata Morgana, 1973.

16 Genèse, III, 7.

17 Joël, 1,12.

18 Cantique, 2,13.

19 A. Pontoppidan, *Le Figuier*, Actes Sud, 1997.

20 F. Ponge, *Comment une figue de paroles et pourquoi*, Flammarion, 1999.

21 M. Morgaine, *L'Art de la figue, poème en fugue mêlant la figue de Francis Ponge à l'art de la fugue de Jean-Sébastien Bach*: http://www.enverscompagnie.com/PDF/artdelafigue.pdf.

第二章

共情，第六感？

海豚与预言家

我不知道无花果的艺术是否使我们进步了，但借助这个我们今天仍在反复思考的关于种子的故事，我们看到了世界的起源。在我们探索“之间”的欲望中，应该从滑入两腿之间开始，而弗朗西斯·蓬热使我们隐约看到我们可以将这种艺术与赋格的艺术联系起来，以及在重复和差异方面与审美共情联系起来。一部真正的《爱经》(*Kâmâ Sûtra*)。我们开始发觉一些地方的气氛，即尼采所说的“stimmung”，或者开始“从内心”感受到这种气氛。约拿，直接从鲸腹中出生，就像孩子从母体中出生一样，远远地，在西斯廷礼拜堂天花板上的九幅壁画的旅程尽头等着我们。他似乎已经解决了尼哥底母的问题，并邀请我们与他会合。或许我们需要在这些画中前进，在这个造房子游戏中前进，就像复活节周一议事司铎在大教堂的迷宫所做的事：借助一个黄色毛线球，玩一种由古埃及的跳鹅游戏演变而来的室内网球，以便晒晒太阳。在我们面前，是三幅壁画描绘的大洪水的故事，随后是地上乐园，再之后是创世，最后就到达了出口。是否应跳入水中？在这一惊天动地的“设计”之后，任凭自己在这大洪水般的羊水中漂荡，等待着后续的事件发生？洗礼在最初的基督教徒看来代表着一次新生，是对洗净人类的大洪水的回应。在古老的《吉尔伽美什史诗》中，吉尔伽美什在问过唯一一位大洪水的幸存者之后，出发去寻找永恒的生命。他在楔形石板上给我们讲述了这个最古老的著名故事，《圣经》即受到了它的启发。但他走的是哪条路呢？应该去往哪里呢？该问谁呢？这些鸣叫声是什么？谁来劈波斩浪呢？

一只深谙共情的海豚

“随我来，变成像我一样的海豚，如果你想理解共情并探索一位海洋音乐家的大脑，这就是你的使命，来吧，跟着我做，带上你的脚蹼、面镜和透气管，潜入水中，暂时停止你的呼吸！

“看我多像你：我呼吸空气，热血流淌在我的血管中，我给我的幼崽哺乳，我在出生前就有毛发。我试着模仿你的声音、你的姿势和你的船艇引擎的噪声。花样游泳，你把头埋入水中，我跟随你；现在我们反过来，你转圈或者画一个圈，而我陪你跳圆圈舞，但你得一直发明新的转法，否则我会厌倦并离开你；尤其你得一直让我相信是我在领舞，而且不要试图触碰我；另外我有时会传染给你结核病或其他疾病！

“来看看我的朋友们，按照惯例，遇见它们的时候要模仿它们的叫声，这是它们的声音特征，往往有非常丰富的和声。如果你向它们表明你知道它们的名字，它们就知道你是可亲近的，即使你在远处，他们也会确定你的位置，无论如何，这都比你的那些毫无顾忌地露出屁股来表示顺从的远亲猴子们抓虱子的动作更优雅些。

“另外，我的大脑尺寸与身体质量的比例仅次于你，而且远远超过其他动物，你把这称为脑形成商数，而且我比你有更多的脑回！因此在你出现之前，我是第一名。尽管我的大脑前后长度较短，但它的上下高度是惊人的，就像一座真正的高塔！因此，我的大脑皮层的表面积——我的大脑灰质——比你的更大，但我承认它比你的更薄。然而，我的小脑从比例上说是世界上容量最大的！你们人类中的一些妒忌者——我鄙视那些嫉妒之人——声称我的头颅这么大仅仅是为了御寒，但我知道，既然你跟我来了，就说明你认为神经系统构成了身体与其周围环境之间的一个界面。你相信它的作用是整合感觉带来的所有信息，以便为其选择最适合继续生存的反应。有人还对我说，你喜欢钻进事物‘之间’，那么来我的大脑里，在我的身体和我的中枢神经之间兜一圈吧，让我穿过你的核磁共振机，研究我的大脑的功能活动和糖氧消耗量，从而得出你的看法，做一些比较，这样你可能会更好地了解你自己！但是请你记住，虽然我们之中有几个能够学习并理解你的语言中的一些词语以及句法，但是你的兄弟中没有一个会讲我的语言！而且，尽管你自认为是最聪明的，因为你在我们玩耍的时候发明了车轮，建成了纽约，制造了原子弹，但我们也在思考属于我们的同样的事情，而且出于同样的原因[1]！

“我只在我的脑中为运动和触觉机能保留了很小的位置，因为我的四肢已经萎缩，尽管我喜欢触碰我的朋友们，并用我的鳍和它们交流。我负责传递感觉的脊髓后部非常细。与原始的鲨鱼相反，我没有嗅觉，因为我已将此系统改造为用于定位的发声器官。我的鼻孔上移至头顶，这样更容易在水面上呼吸，就像你使用透气管一样。我用我的鼻腔发出一种声音，一些咔嚓声，然后我分析它们的回声——我的这种声视觉被你称为回声定位。分管我面部运动机能并控制发出声音（超声）的神经以某种方式负责我的‘面部声学’表情，而且它们非常发达。分管我面部感觉的神经也是如此，它们使我能够更好地察觉通过我的颌传递的回声。因此，我是通过一种由嗅觉衍生而来的系统发出并经我的嘴过滤后的声音和超声看见你的！多么奇妙的感觉混合！借助这种混合，你在我面前变成了透明的，我能看穿你，就像一幅超声图像；而如果鲨鱼攻击我的幼崽，我可以定位它的肝脏，并用我的吻突将其顶破。在这些条件下，我的传统视觉——尽管以外形优美著称——实际上用处不大，且远不如你，我的视神经包含的神经元不到你的八分之一，而我的动眼神经已经萎缩。

“我的世界，如你所知，首先是声音构成的，无论是解码声音，还是感觉声音。我能感觉到1000—10万赫兹的音频，而你能感觉到的则是100—2万赫兹。咔嚓声用于导向，鸣叫声用于交流和维持团队的一致性，还有许多其他的声音。我的大脑中辨别声音的区域很宽，整体上占据了相当于你大脑中运动和感觉区域的面积，而我的耳蜗——我的内耳，它将声波转化成电化学脉冲，而且我的听觉通路也极为发达，包括脑干里的中继站[2]和过滤感觉信息的丘脑[3]。我只追随音乐。我处于空间中，与我的声音世界互动，尽管我不能用喉咙发声。我的喉返神经及其神经核（界限模糊）萎缩得很厉害，而我的远亲——鲸则恰恰相反，它以吊嗓子闻名。

“我的小脑尺寸惊人，占脑容量的比例最大，证明了它在协调声动力过程方面的作用，这一作用与我大脑的所有重要部分都相关，从脑干到优化运动控制的部分——基底神经节。我的基底神经节也很大：如果你与我结合，你会变得多么爱好音乐啊！一个声音、一个姿势，海洋中心的音乐和舞蹈。我在我制造的音乐中遨游，接收并引领，就像一位乐队指挥。绝对的音乐！沉默的世界？噗！我跃出水面，前空翻两周落下，同时以一种表现我的兴奋的声波穿透大海。然而，我向你承认，我大脑深处潜伏的海马体很小，你是否会从中推断出我的记忆力很平庸——尤其是空间记忆力，而且因为记忆回路中的某些其他组成部分（脑穹窿、乳头体、乳头丘脑束）已经萎缩而使它更加平庸？我不同意你的观点，我告诉你，这只是因为它不再需要管理嗅觉信息了！

“我还能辨认出二十多年无音信的一个朋友的声音特征，[4]这使我成为社交记忆的冠军。你能认出二十多年未见的朋友的脸吗？我的前庭系统也已萎缩，但我会因此容易头晕吗？或者说它只是为了适应我那几乎没有颈部而与身体连动的头部已衰退的运动性呢？总之，无论如何，因为我的愉悦和奖赏系统——在你那学究气的语言中称之为伏隔核——是巨大的，比你的大得多，所以我有时感觉自己只是为了玩耍和做爱而活着！你羡慕我吗？你想和我一起玩吗？来吧，小姑娘，来吹泡泡吧……但是不要被我的泡泡欺骗了，因为它们释放出的声音会使我垂涎的鱼儿晕头转向，受到伤害；而有时候我的行为像一只发情的狗：我不分性别地在人身上蹭，以显示我的雄性气概。我甚至会繁衍出世世代代的王朝！你想想，为什么一个国王的儿子会被称为王储（dauphin，也作‘海豚’）呢？连接我的左右大脑半球的胼胝体很小，但我借助它获得了自主性：我有两半大脑，因此可以闭上一只眼，让一侧身体睡觉，然后闭上另一只眼，让另一侧身体睡觉，同时继续自主地游泳和呼吸。我的脑上体——分泌褪黑素的松果体——实际已经消失：你会不会像笛卡儿一样，由此推断出我没有灵魂，是个只会机械运动的动物？或者你认为有着这样大脑的我能够思考并像你一样感受到情感——我的和其他朋友的情感？

“我的气囊中有不止一道弯！如果我通过回声定位或用我的视觉识别出一个物体，我就能重新认出它。你把它藏在水底的一个不透明盒子里，我的超声视觉会帮助我记住它的形状。然后当你把它直接与其他物体一起放在盒子的表面时，我会用我的‘眼睛’准确无误地认出它。我能理解你教给我的抽象符号，并会本能地使用工具。当我挖土时，我能使用一块海绵来保护我的吻突。我传播我的文化，例如，一些家族的或属于我的群体的方言，我还学习成群捕鱼。我的远亲虎鲸为它的孩子们演示如何跳到海滩上捕捉海狮，而我的妻子向我们的女儿解释如何使用海绵在掘土的时候保护自己。我很想让你教我新的转圈法，但是，你可以想象，你使用听觉信号会比使用视觉信号更容易教会我，尤其不要忘记给我小小的酬劳！

“你问我，我是否有时会哭，尽管我天生一副笑模样。是的，但我的眼泪只用来保护我的眼睛不受海盐以及我快速游泳引起的摩擦的侵蚀！相反，我对刺激很敏感，能够表现出恐惧，如果我幼年时经历过创伤，比如过早地离开我的母亲，我的社交行为将受到干扰。我能意识到我身体的各个部位，我能理解你的愿望，如果你用手指着一个东西，尽管我没有手，但我也能用我的吻突指它。我能认出镜子里的我吗？说对了！我想我知道你想说什么！这已经被验证过了，你很清楚，我们动物中只有极少数能通过这个测试，大象、几种像你一样的大型灵长类动物、一些喜鹊和我的同类！你也去认认你自己！你将由此准确地推断出我能意识到自己的存在，并因此意识到同类的存在！再说说回声和自恋的事儿。你再次给我展示藏在游泳池底部一个盒子里的物体，而当你把它展示给从邻近池子里听到我的回声定位的我的一个朋友时，它在盒子外面为你指出了我刚才辨认出的物体。我们的大脑是相通的。你可能发现了我的小脑扁桃体很大（就像蝙蝠一样），当然它们主要涉及情感，尤其是恐惧，但其开发也与社交生活的重要性相关。你是否也想起了威廉氏症候群患者的小脑体积很大？这种遗传疾病使人具有小精灵的面貌、令人惊讶的音乐能力和一种群居本能、一种社交欲望，非常发达！情感共鸣、我模仿你的方式以及我与我伙伴们的动作同步也需要各种功能的镜像神经元。我在共情方面的优势，特别是与人类之间的共情，也是源于古代。普鲁塔克在公元1世纪时说过：‘海豚不需要人类，然而它是所有人类的朋友，它经常给予他们帮助。’你可以问问住在米西姆纳镇的希腊诗人阿里翁，他曾被一群盗贼扔到了地中海的中央，弹着齐特拉琴呼唤我去救他。我曾经救过许多溺水者或帮他们逃离鲨鱼的追捕，但也同样是人类，却用他们的渔网使我窒息，污染我的环境，用他们的声呐震破我的鼓膜或把我关起来，他们今天甚至让我在医院里为自闭症患者工作！

“当然，你会对我说，那些我没有帮助过的人也没在那里抱怨，而我有时候也会攻击你，那是因为你在我的领地上捕食或太靠近我的妻子。归根结底，我们是同一类，我也会嫉妒，甚至犯罪！当心，因为我的同伴们也懂得严加保护它们的幼崽！如果你不能理解我们的鸣叫声或我们吹出的水泡的含义，那你必须学会破译我们的形体和姿势、我们的尾巴做出的拍击动作、我们的躲避行为！但是我也能帮助你捕鱼并把鱼逼向你的渔网——就像在非洲、澳大利亚或巴西——顺便喂饱我自己。根据老普林尼的说法，我从前曾帮助罗讷河上的渔民抓鲻鱼，有时也与鹈鹕甚至鲨鱼合作！我是一种社交动物。我通常喜欢群居，与伙伴们为伍，一起捕食或追逐经常结伴外出的女孩子。人们有时看到我们成群地围着一个死去的同伴打转，但有时也指责我们强奸、暴力和杀婴，不止你们人类会做这些事！我伸出舌头，某些人认为我有幽默感，甚至有点佛罗伦萨人的精神，我会毫不犹豫地发出一些欺骗性的信号，以控制我的同类或你的同类！

“我是一只海豚。

“但是我们现在到了海滩上。现在，好好看看我。你把我看作你旅程中的一个指标，来向你展示专门用于声音和共情的大脑，一种音乐的化身，天空中一个普通的星座，但我是一个神，我是太阳神，我是阿波罗。我带着你一直到达世界的中心，直至它的肚脐——希腊。你在这里建造我的神庙和一整座城市，你为了纪念我，把它叫作德尔斐，‘delphus’在希腊语中不也有‘子宫’的意思吗？我将在我的九位缪斯的环绕下，从巴那斯峰顶上观看你的祭献仪式。当我征服了守护这些地方的巨蟒之后，女祭司将传达我的神谕，而你称她为皮提亚。”

德尔斐的女祭司

我们在大洪水的壁画旁边发现了她，端坐在大理石宝座上。（图6）米开朗琪罗把她描绘成如下的样子：左手在上，垂直展开一张羊皮纸，身体转向教堂的祭坛，而头部和眼睛却偏向另一个方向，朝着大门入口。她的眼神不安，仿佛有一个噪声打断了她的沉思。她的长发随风飞扬，就像波提切利的一幅作品中维纳斯的长发。她在担心刚刚到来的那个人吗？她听到了阿波罗口授的一个预言吗？她开始恐惧不安了吗？她的嘴唇微张着，仿佛想要说话，要从谵语中预言未来：“一个神将要来到这里并死去，他将比诸神更伟大。”

图6

可这些古怪的女祭司，这些占据了西斯廷礼拜堂穹顶荣耀位置的异教徒，这些被米开朗琪罗邀请来与先知同坐一桌的官方预言家，是谁？

这些女子抛弃了她们的家庭，被一座神庙的祭司选中，担任诸神与人类之间的中介。她们贞洁清白，与她们被颂扬的外表相反。她们往往是成年女性，这是为了防止年轻的处女被侵犯的潜在风险，她们把谜一般的神谕放在古老的地中海周边的十多个地点——十二个，如果我们想使这个数字与十二使徒的数目巧合的话。米开朗琪罗邀请了五位女祭司来陪伴他那围绕九幅中心壁画的穹顶壁画中列席的七位先知。撒迦利亚和约拿占据了两端，在桌子尽头，然后根据礼仪要求，按男女相间的顺序排列座次。

德尔斐的女祭司皮提亚位于撒迦利亚的左侧。我们经过大洪水的波涛时可以看到她。斜对面是美丽绝伦的厄立特里亚。她实际上生活在今天爱琴海土耳其一侧海滨的伊兹密尔地区。她手持一本书，聚精会神地正要翻页，双膝交叉，严肃地思考着应该写些什么。而在她身后，一个小天使正吹着一条火炭，准备点灯：照亮羊皮纸左边一页的灯光下显现出一个字母“Q”，剩余的无法辨认。“Q”

代表“Quid”（希腊语中“交换”之义）？为什么？

她的对面是库迈的女祭司，她住在那不勒斯西面的一个火山地区。她的洞穴直接通往地狱之门。这位老妇人面容粗糙，脸部棱角分明且布满皱纹，她具有健美运动员的宽阔肩膀，而她的双腿双脚并拢，摆出了非常女性化的姿态。一个监督她工作的小天使正在朝她“做无花果”，在地狱女门房的这张可怕面孔前做出了淫秽的或者说是驱魔的手势。

再远一些，靠近祭坛处，靠近坐在桌子尽头的约拿，坐着美丽的利比亚女祭司。她的双臂和肩膀赤裸，背朝着我们，露出侧脸。她合上书本：很快就要做弥撒了。她的肌肉纹理也极具男性特征，而红粉笔草图也确认了模特是名男子。我们从草图中发现了使她变得更为女性化的步骤，柔化了面部线条，最终的肖像变得超乎寻常的纯洁。对面，披着毯子的波斯女祭司是一位老妇人，因为近视而不得不把手中的书凑近眼睛。还有耶利米，他的周围弥漫着忧伤的气氛，一定有什么值得哀叹的事情！

她们的预言记录在三本预言书中，秘密保存在罗马朱庇特神庙的一个箱子里。多次逃过大火的三本书最终毁于一群基督教极端主义者之手。而其他手抄本，《西比拉神谕》(*Oracles Sibyllins*)，由于教会的神父们——尤其是公元4世纪的圣奥古斯丁的见证而得以幸存。这些异教的文本看来确实宣布了救世主的降生，并授予他被全世界承认的合法性。罗马皇帝君士坦丁(272—337)为了从政治上确保他的庞大帝国的统一，顺便为把他的新首都拜占庭转变为君士坦丁堡筹资，掠夺异教寺庙，并从中获得启发，于公元325年的一个圣周五，[5]在安条克，然后在尼西亚，强令将基督教作为国教，并使其合法化。君士坦丁大帝相信阿波罗是太阳的后裔，耶稣将取代他的位置，但耶稣的诞生将与冬至那天的日出一起庆祝。

“《末日经》(*Dies Irae*)！”莫扎特用食指指着我们，在下面喊道。是的，最后的审判这一“愤怒的日子”，女祭司与大卫一起在《安魂曲》的字里行间见证了它。[6]小沃尔夫冈，为了那激昂的《末日经》谢你一千次！在某些时刻，你将听到阿列格里那首著名的《求主垂怜》，而且你来这里就是为了听它！它的歌词你已熟记于心，那是大卫王的，是诗篇的第50篇。大卫与手下一名将军的妻子拔示巴有染，为了摆脱这名将军，把他派往前线送死。

大卫为此恳求主的原谅。伦勃朗曾画过这位美丽女子的裸体，她手中握着为爱痴狂的大卫的来信，性感、哀伤又顺从，温柔地低着头。你是否认为西斯廷唱诗班的首席乐师阿列格里在作曲时受到了缪斯的朋友女祭司们的影响，她们是在教堂穹顶之上监督着大卫？

根据圣奥古斯丁写给女祭司厄立特里亚的末日诗《千年末日弥撒》(*Judicii Signum*) 谱写的女祭司之歌在几个世纪以来被翻译成西班牙语和加泰罗尼亚语，直至当代仍然在马略卡岛的圣诞夜被推荐给信徒们，尽管特伦托会议颁布过禁令。一名往往是阉伶歌手的年轻男孩无伴奏地为圣歌起唱，而妇女很久以来一直被禁止在弥撒中唱歌。合唱团在每个段落之间的副歌部分跟进，有时有管风琴伴奏。这首被编成多声部的格里高利圣咏，经过各种版本的口头传唱，迷住了加泰罗尼亚的当代音乐家约第·沙瓦尔，并于2010年被联合国教科文组织载入了人类非物质文化遗产名录。

维吉尔——拉丁“诗人王子”——活在耶稣的时代。他在他的《牧歌集》(*Bucoliques*) 中证明了女祭司的预言，后来他自己也被看作一位先知。在16世纪，人们仍然偶尔翻开他的书，希望从中得到一个神谕，正如在拉伯雷的作品中对帕尼尔热的婚礼的神谕。在维吉尔的史诗《埃涅阿斯纪》(*L'Énéide*)中，他让库迈的女祭司陪伴罗马的创建者特洛伊人埃涅阿斯到地狱去。成为官方向导的他，在但丁的《神曲》中以及后来在西格蒙德·弗洛伊德的《梦的解析》中为他们指明了这一条条黑暗之路："尽管我不能打动天上的诸神，可我能推动阿刻戎河。"这条地下河——地狱之河斯提克斯的支流——环绕着入地狱者们的土地，我们的潜意识将这片土地视同地狱，而精神分析之父弗洛伊德则想要明智地躲在维吉尔的保护伞下来撼动它。

德尔斐的女祭司在一片帷幔后面喊出一些含糊不清的语句来宣告她的神谕，她坐在阿波罗的三足宝座上，陶醉于嘴里嚼着的月桂树叶和从某个地层中升腾出来的蒸气。一位神父用神秘的六音步诗翻译她咕哝的话，请神谕者再按照自己的期望来解释这首六音步诗。皮提亚是不会搞错的！就连精神分析师雅各·拉冈都给他的一个女儿起名为Sibylle(意为"女祭司")。一天，我接诊了一位罹患严重的阿尔茨海默症的"女占卜师"。然而，对过去的遗忘丝毫未影响她对未来的“预见”，她的预见能力始终不可思议：她的女客户非常多，其中不乏名流，她们总能从她这里获益。在她那谜一般的建议中找到回答自己的欲望和期待的某个答案，把她的话用同样的词语重复一遍，但根据自己的个性和希望加以转变，换个说法，在这张打开的神谕中获得一种抚慰心灵、摆脱混乱的一致性。正是在这种意义上，艺术作品类似于预言，对凝视它和将自己融入其中的人是一种启示。这也许可以回答我们没有向女祭司提出的那个问题吧？ Quid（交换）？ Q？

德尔斐与普鲁塔克

庄严的所在，宏伟的全景！我们现在位于德尔斐的岬角上，紧邻庇护着阿波罗和他的缪斯们的海拔2500米的巴那斯峰。我们俯瞰着脚下广阔的油橄榄园，它一直延伸到波光粼粼的大海边，远处，科林斯海湾躺在蓝灰色的天空下。“几个小时后，夕阳西下，原野将漆黑一片”，在此地，不可能不想起阿尔贝·加缪和他的《婚礼集》（*Les Noces*），春天里遗迹与大自然的婚礼……

让我们继续前进，去邂逅爱情和欲望！没有阳光，没有亲吻，没有野性的香气，一切在我们看来都毫无意义！

我终于又遇到了那个不愿意说出自己名字的小男孩，我们应当叫他维吉尔吗？他在地上复制了礼拜堂天花板上的图案，用十二位占卜师和四个天使形象围绕着中央的九幅画，并且和他的草图一起玩造房子游戏或跳鹅游戏。他指定我们应该站的位置，我测量着需要走过的路程。他的白狗，博美犬，一边叫着一边追逐在古老的水手们的藏身处大量繁殖的野猫。我希望这个小王子不要让我帮他画……一位先知！

一位非常威严的老人朝我们走来，迎接我们——他因博学而最终见到上帝。“普鲁塔克，阿波罗的神父。”我不敢相信自己的耳朵，我们面前站着的是古代最伟大的思想家之一，他在雅典的柏拉图学院接受教育，后来成为学识渊博的罗马公民。他在牛顿之前就预感到宇宙的吸引力，在哲学、神学、伦理学、政治和历史方面均有重要著述。他的影响力甚广，尤其是对蒙田、莎士比亚、伊拉斯谟、拉伯雷，甚至对让-雅克·卢梭都有影响。普鲁塔克从公元85年开始在德尔斐任职，直至公元125年去世，但在公元1世纪末，已经很少有人参观德尔斐神庙了。那个小男孩的印第安发型激起了他的好奇心，也令他安心了：这样看来，人们仍然从遥远的国度来请示神谕！

普鲁塔克把我们引向卡斯塔里神泉，给我们讲述了它的传说，就连口渴的狗也有权得到一杯水，摇着尾巴畅饮一番！从巴那斯峰的圆顶上流出的澄澈清凉的泉水，早在德尔斐城建成之前就使这个地方出了名。泉水经过四个狮子雕塑的头喷射到池中。卡斯塔里是一位美女，她不愿屈服于阿波罗的引诱，投泉自尽。从那以后，这泉给了饮它的水、听它的低吟声的人们诗意的启迪。赫尔曼·黑塞把他的著作——启蒙小说《玻璃球游戏》(*Le Jeu des perles de verre*)的故事发生地设在“卡斯塔里”，这部小说在1946年为他赢得了诺贝尔文学奖。小说中的这个游戏是指一些文化竞赛，首先是音乐方面的，然后是数学方面的，之后涵盖所有知识领域，与可以同德尔斐的奥林匹克竞技会相抗衡的皮提亚竞技会相呼应。

说着话，我们进入了阿波罗的圣地，走在石板铺就、蜿蜒而上的“圣路”上，两旁排列着一座座雕塑、柱廊和纪念碑。几座大理石建造的小型庙宇内藏有各城邦为供神而进献的“财宝”。最著名的要数雅典人供奉的那座雕塑——理所当然地摆放在一个转弯处——与亚马孙女战士战斗的场景、大力士赫拉克勒斯的任务、忒修斯的功绩……我们发现它南面的墙壁上刻有西方最古老的乐谱：致阿波罗的两首颂歌，用古老的记谱法标记着不同的声乐和器乐声部，这种方法可追溯至公元前138年。

现在我们来到阿波罗神庙前，它庄严屹立，周围的景色非同寻常。正面有六根石柱，侧面有十五根，三角楣上雕刻着阿波罗抵达德尔斐城的情景；西侧是被舞者们、女祭司、太阳和亲吻包围的酒神狄俄尼索斯。

看到这座宏伟建筑的规模和布局，我不禁想起了西斯廷和往昔的延续。在锡拉库萨的天主教大教堂里不是一直能看到雅典娜神庙的石柱吗？

向导仿佛读懂了我的心思，用目光询问我：“您梦到了什么，尊贵的游客？”

“看上去像，像……”

“埃及的神庙！是的！我也曾到埃及旅游，而且经常去拜访一位伊西斯女祭司。埃及诸神属于所有人，尽管我觉得希罗多德对埃及人的恭顺有些过分！希腊最有智慧的圣贤都曾到过埃及，接受祭司们关于神秘智慧的教导，远在亚历山大大帝被承认为法老并建立亚历山大城以及托勒密王朝统治埃及之前！另外，六七个世纪以前，在一场大火后，一位法老出资重建了这座神庙。总之，这是为了那些崇拜太阳神的人们而建……太阳神后来与阿波罗联系在一起，也得到另一些人的尊敬！”

太阳神，阿波罗……或者基督教徒们的西斯廷礼拜堂的光芒！或许这就是为什么米开朗琪罗在祭坛后方的壁画《最后的审判》中描绘的无胡须的耶稣沐浴着阳光，看上去更像阿波罗，而不是传统的耶稣肖像。

我们进入了神庙的前厅，那里铭刻着那句著名的箴言，阿波罗对来访者的问候语：

Γνϖθι σεαυτόν

即“认识你自己”。从柏拉图起，它就让人类大费笔墨，直至精神分析学和神经科学提出了自我、镜像、自我意识和他人意识的概念。某些人认为最好用“你将认识宇宙和诸神”将这句话补充完整：我们是由外部世界构成的，宏观世界和微观世界相辅相成。普鲁塔克认为这个句子是诸神借助第一位女祭司给予的提示，而她的话可以在我们通过审美共情寻找尼哥底母的问题答案时给我们启示……实际上，第一位女祭司自称自己死后仍能继续预见未来，她的气息混合在空气里，将始终包含于占卜和预兆中，无处不在；杂草和荆棘将从她已在大地里腐朽的躯体中长出，用作神圣动物的饲料，赋予它们的五脏六腑各种颜色、形状和质地，而人类则从中获取他们对未来的预言。

莎士比亚，作为普鲁塔克的伟大读者，从其传记中汲取了众多悲剧素材，他在《冬天的故事》（*Conte d'hiver*）中提到了德尔斐神谕，并且在《暴风雨》（*La Tempête*）中，在阿里埃尔的歌曲中，我们也发现了从海底发出的对第一位女祭司的歌声和我们的追问的回声：

海面以下十米深处，
你的父亲已经安睡。
他的骨骼生出珊瑚，
他的眼睛长成珍珠。
他的身体丝毫不腐，
无论波涛多么汹涌，
也不会改变他毫分。

另一些珍珠，这次是玻璃的，从赫尔曼·黑塞的口中涌出，补充道："尤其当我们自己就是历史的一个片段，那个如果丧失了后续发展和变化能力就注定会灭亡的演变成果时，我们会无视它。"[7]

那个小男孩，虽然识不少字，也有点糊涂了。他打断了我们，让我们注意另一条铭文，它只有一个字母"ε"，希腊字母表中的第五个字母，与厄立特里亚女祭司那个神秘的"Q"一样难以捉摸，这为它赢得了普鲁塔克的赞美，他不遗余力地给出多少有些晦涩的解释，然后表现得更有说服力地告诉我们这个谜一般的"ε"是"tu es"(你是)的缩写，因此是对那条"认识你自己"的神的箴言的回应。普鲁塔克具体说明了他的思想，与第一位女祭司皮提亚以及莎士比亚、黑塞的思想，甚至海德格尔的《存在与时间》(*Être et temps*)不谋而合，这为我们提供了新的线索："在对他说'你是'的同时，我们把依靠自己存在这一真正的、唯一的和不可传达的属性赋予他一个人(向我们致意的上帝)……所有位于生死之间的注定要消亡的物质只有一种不确定的外表。它们存在于我们的观念中，而不是真实地存在。人们想要运用他们的精神，以便通过思想抓住它们吗？可它们就像手中紧握的液体一样，抓得越紧，流得越快，消失得越快……而大自然，以时间来度量，并不比时间本身更容易抓住，因为它不包含任何永恒的东西、任何真实存在的东西。所有自生自灭的物质必然与时间混为一体；但那真实存在的（如上帝），我们不能说他曾经存在或他将要存在。这些词是指从一种状态向另一种状态的过渡，一种变化、一种变革，只能在根本没有真实存在的事物中发生。因此上帝必然存在，而且他的存在是超越时间的。”[8]

换言之，我们的生命是短暂的，与上帝相反，人们不能很长久地对我们说“你是”！而且，我们永远都不是完全相同的，也不是完全相反的，我们在永恒的变化中。赫拉克利特告诉我们，人永远不会两次踏入同一条河流。一切都在流动。“认识你自己”这句箴言导向一种极端的卑微，但是，唯一的慰藉是我们能够传递的东西延长了我们的存在。在我们的范畴内只存在我们与他人之间的东西。这个“之间”是基本的，可以产生万物的，而人们可能会把它视为毫无意义的虚空。这鼓舞着我们继续探寻“之间”的旅程……

言归正传：说到预言就不得不说说祭品，普鲁塔克准备用白狗来供奉诸神。他按照约定俗成的方式，把白狗扔到冰凉的水面上，但冻得发抖的却是那个男孩，而不是预示着某个可能的神谕的那个动物。那孩子不想让人碰他的伙伴！普鲁塔克同意了，无论如何他也是个素食者，而且他也这样自称，按照惯例，通常需要一只山羊作为祭品，而且他不想打扰皮提亚，因为皮提亚每月只工作一天，而自从她不再用诗句表达自己，而且她身下的地层裂缝中冒出的蒸气丧失了法力之后，神谕的质量也远不如从前了。

“没关系，”他说，“不再有风，不再有提示，牧神潘——阿波罗的儿子死了。皮提亚就像一个乐器，一个管乐器，不再吹奏，就不再有神谕，诸神和人类之间就不再有中介。遗迹将重新变为石头，回归大自然，就像第一位皮提亚的身躯。”你们只要今晚在神庙前睡觉，然后回忆你们的梦境，就会预见到你们的未来，并回答你们的问题，这里是允许占梦的。我因此回到了我的活动中，我们的讨论给了我一个主意，一项伟大的工作还在等着我：书写希腊和拉丁的著名人物的生平，把他们做比较，后人可能不再能读懂他们，但会从中感受到光芒和共鸣！并驾齐驱的人生……啊，比较亚历山大和恺撒，狄摩西尼和西塞罗，还有很多其他人！如果你们多给我讲讲，甚至还可以比较莫扎特和米开朗琪罗！我不打扰你们做梦了，请思考品达的这几句诗："稍瞬即逝的存在！人是一片黑暗的梦。但是诸神将一束光射向他，一片耀眼的光芒环绕着他，而他的存在变得柔和。"[9]

晨光熹微，一个封好的信封上面写着："伊西斯和奥西里斯，在需要的时候才能打开。"我们身旁还有一本小册子，其中有几页是昨夜刚刚写成的。

莫扎特和米开朗琪罗：并驾齐驱的人生

如果可以将我们的行为所受的某种影响归咎于星宿，那么正如帕拉塞尔苏斯所想，应该将米开朗琪罗（1475—1564）置于土星的影响之下，它将忧伤与天才联系在一起；将莫扎特（1756—1791）置于木星的影响之下，它是力量、天赋与快乐的象征。然而莫扎特既矮小（1.62米）又瘦弱，米开朗琪罗则身强体壮，尽管西斯廷礼拜堂的工程使他变成驼背和大肚子。莫扎特鼻梁高耸，米开朗琪罗鼻梁骨折。两人都吃得少、睡得少，却显示出一种巨大的能量，都超级活跃并具有大自然的真正力量。一个用它来雕刻石头，其精准程度和速度都令人惊讶；另一个用它来编写和创作音乐，墨水永不枯竭地流向音乐家的乐谱架，这位作曲家在他35年的短暂生命中创作的作品，需要一个奋笔疾书的抄谱者用更长的时间来誊写。

如果用希腊哲学家作比喻，米开朗琪罗是被怀疑、担忧、悲伤折磨的，爱哭而焦虑的赫拉克利特（正如拉斐尔在《雅典学院》中所描绘的那样）；而莫扎特则是爱笑的、嘲讽所有人和事的德谟克利特，他们用两种方式表达人类状况的可笑（蒙田的说法）。一位抑郁、多疑、沉默寡言、节俭、孤独、虔诚、斟词酌句，死后享受了皇家葬礼的荣耀；而另一位被人们称为长不大的孩子，喜欢消遣、舞蹈、游戏（包括文字游戏），把自己的名字倒过来签成“Trazom”，想到什么说什么，毫无保留，一边玩九柱戏和弹子戏一边作曲，是个在纸牌游戏或巴登赌场耗尽钱财的狂人，对爱的需求贪得无厌、不受约束，追求享乐、大方挥霍，但死时几乎众叛亲离。阿波罗与狄俄尼索斯？米开朗琪罗会借机用一些暗含杀机的双关语，而他的嘲笑最终为他换来了报复的一拳，导致鼻梁被打断。他有时和莫扎特一样有调皮的一面，他假装给他的“大卫”重塑鼻子，因为佛罗伦萨的长官认为原来的鼻子太大，而在假装重塑之后，该长官对“新”鼻子非常满意；而莫扎特也曾为出汗多到体味难忍的女弟子约瑟法·奥恩哈默创作了几首使人“大汗淋漓”的协奏曲。因为自知禀赋甚高，他们的言语有时也显得傲慢，可能不经意间伤害了别人，尤其是那些天赋不如他们的同行，而他们的才华横溢也激起了嫉妒。建筑师伯拉孟特不停地企图阻挠米开朗琪罗的工程，而后世的萨列里和罗森博格伯爵也想要歪曲莫扎特的《费加罗的婚礼》(*Figaro*)。然而，我们的两位艺术家都希望被人爱戴。莫扎特希望被他不停地询问有多爱他的亲友们所爱，被他的音乐和在他孩子般的手指下变得灵动和谐的音符所爱，被他所歌颂的各个阶层的女性所爱，被他所恳求的兄弟们所爱，被他的公众和他的敌人、他的马和他的金丝雀所爱；每少一样，他都会感到受伤，他在自己写的无数封信和无数支乐曲中倾吐自己的心声。米开朗琪罗也写过许多信，还以一位雕塑家劈开大理石的方式写过一些激情燃烧的情诗，他活着就是为了寻找美——一位文明的美男子之美、一位虔诚的贵妇之美、一个美丽的灵魂之美、一匹土耳其马之美（红衣主教赠予他的）；为了追求一个作品或一处风景、一首诗的和谐比例，因为他首先担心的就是他的造物主不再爱他。

在哲学层面上，米开朗琪罗因其所受的教育被归入柏拉图派，他曾试图将柏拉图的思想与基督教相调和，寻求通过美重新找到理想的思想世界的真相——这是绝对不可能成功的尝试，因此也令人失望。在生命的尽头，他最终发现这是徒劳的、自负的，以至于想要献祭一座雕塑或烧掉他的草图，这样至少还能保留一份骄傲：不展示他的试验品，只为后世保留他的杰作。如果说这个佛罗伦萨人试图靠近太阳，那么莫扎特则受到了启蒙哲学家们及其自由、平等和博爱思想的影响。与自我标榜崇高派系的米开朗琪罗相反，莫扎特拒绝佩戴他的金马刺骑士徽章，让一个获得自由的尼日利亚奴隶进入共济会为他提供的住所，并希望将此住所向女性开放。然而为了生存，他也奉承权贵，即使穷困潦倒，也要与他们穿着相仿。他从小就养成了纨绔子弟优雅的衣着品位，在梵蒂冈被当作一位王子，被路过维也纳的音乐家克莱门特误认为是一位出身高贵的贵族。直至去世前，他还用着一名仆人。米开朗琪罗则不然，即使变得富有了，仍然穿得像个穷人，筋疲力尽地和衣而睡，如果有人要脱掉他的狗皮靴子，那就等于扒了他的皮。但作为但丁和彼特拉克的读者，他因在与美第奇家族的接触中模仿他们的举止而具有贵族的仪态，这一点已经被他在博洛尼亚的保护者阿尔多弗朗迪家族发现并欣赏。我们的两位艺术家都得益于最有名望的贵族、皇亲国戚、教士、红衣主教和教皇、富商巨贾和名流雅士的爱戴和保护。我们的两位叛逆者，已被他们模仿的权贵所接纳并意识到自己的天赋，担心受辱，因此不约而同地拒绝和对抗已经建立的权威，无视自己的行为带来的后果。米开朗琪罗私下同情改革，不服从儒略二世教皇的命令，让教皇和一个马夫一起等他，随后离开了教皇。而具有革命思想的莫扎特第一个拒绝给予艺术家的奴役条件，并以一脚踹在萨尔茨堡亲王大主教总管屁股上的代价赢得了自由。而这位大主教把他安置在维也纳，后来还将他从他父亲的枷锁中解放出来（但又很快给他套上了婚姻的锁链）！

福星高照，我们这两位天才也的确如此，如果最初印记和早期互动的概念能够取代星相学的解释的话。出身低微的他们得益于有利于他们施展才华的环境：莫扎特出生于一个资历很深、有教学才能的音乐世家，他父亲列奥波尔得本人就是一位杰出的、用心的教练；而米开朗琪罗从小被石匠们包围，他说这个职业已经融入了他乳母的胸脯里（他晚年患有肾绞痛，结石病），并且很早就进入当时佛罗伦萨最伟大的画家多米尼哥·基兰达奥的工作室学习。这两个孩子凭借着非凡的学习欲望和能力，吸收了其导师的学识和本领并超越了他们，掌握了各自艺术领域的精湛技艺，最初理智上的运用很快变成了一种自由的发挥。随后，他们的老师帮助他们扩展了知识面，并介绍他们认识了一些学识渊博的保护者，使他们变得富有：莫扎特在欧洲举办了巡回演出，他接触到了最伟大的专家，从凡尔赛的经文歌到佛罗伦萨的马蒂尼神父的意大利歌剧中的对位法艺术，在伦敦师从约翰·克里斯蒂安·巴赫学习巴赫和亨德尔的作品，从而吸收了各种音乐形式；而在佛罗伦萨的圣灵教堂修道院长的默许下进行的尸体解剖，以及美第奇家族的宫廷及其人文学者和古代文化则影响了米开朗琪罗，使这位雕塑家成为画家、诗人，后来成为建筑师。尽管二人都对数学很敏感或者说具有敏锐的比例感，但莫扎特只懂音乐，[10]而米开朗琪罗对音乐知之甚少，尽管他也编过几首牧歌的歌词。列奥纳多·达·芬奇可能会嘲笑这位在噪声和狂怒中工作的雕塑家，而自己却舒服地坐在安静的环境中，可以邀请一个管弦乐队到他的工作室来为他解闷。对自己的艺术过去和现状的完美认知使他们能够不断前进。退后一步，前进两步。他们吸收了与他们的实践相关的全部知识并使其再生，然后使自己的创作再次获得新生。一个专家的大脑构成需要十年实践，条件是他具有天赋、积极性，并得到良好的提点：他们二人在20岁前就都在各自领域出类拔萃，不是通过发明新的艺术种类，而是以创造性的方式重新演绎了参考作品，从而逐步使艺术的极限更进一步。

他们的记忆力是非凡的。一首作品，莫扎特只要听一遍就能记住它，比如西斯廷礼拜堂里演唱的阿列格里的《求主垂怜》；而米开朗琪罗只需看一次、摸一次就能永远记住一个形状，并重新利用它，却永不抄袭它。格伦·古尔德说："弹奏钢琴的不是人的双手，而是他的大脑。"米开朗琪罗对雕塑和绘画，甚至建筑，也说过同样的话，并发明了“圆规在眼中”——而不是在手中的说法。他的绘画犹如立体，他的雕塑栩栩如生。他那已完美消化吸收的技艺和知识使他自然而然地从大理石石块中看到了未来作品的模样。他最终甚至认为自己的工作仅仅是把作品从大理石中解放出来。莫扎特同样描述了当他在旅行中、在餐后散步时或睡不着时，那些想法是如何像洪流般突然涌向他的：“从哪里来的，怎么来的，我一无所知，也对此无能为力。我把那些我喜欢的曲调保存在我的头脑中，然后把它们哼唱出来，不管怎样，这正是别人断定我所做的事……我的大脑在燃烧，尤其是当人们没有打扰我时，它向前推进，我越来越多地开发它，总是越来越清晰。于是作品在我的头脑中完成，或者果真如此，即使是很长的一段乐曲，我只要看一眼，就像看一幅画或一个雕塑，就能全部领会。在我的想象中，我不是在作品演奏过程中记住它的，因为它的演奏是连续的，我把它作为一个整体来记住，也可以这样说，这是一份佳肴。”[11]这里，时间变成了空间，灵感变成了一种天赋、一种启示，而我们这两位艺术家变成了最终不谋而合的先知，根据他们学会征服的载体的物理特性，改编了他们不可思议的想象力，记录下他们的声音、触觉或视觉的世界。眼睛或是耳朵，卡拉拉的大理石或是老式钢琴，都无所谓，他们在一个形状或一个音调里面浇铸了一个思想、一个幻象、一个梦，同时引导它，在具体表现它、使它升华的同时赋予它一种一致性。这样的作品无不越走越远，当它们超出已知的界限时，势必引起不理解：最后的雕塑《哀悼基督》被布朗库西称为西斯廷礼拜堂的丑闻；而约瑟夫二世评论《费加罗的婚礼》说："音符太多了，我亲爱的莫扎特，"又评论《唐·乔望尼》，"这部歌剧妙极了，我甚至可以说它比《费加罗的婚礼》更好，但这不合我的维也纳臣民们的胃口。"莫扎特恰如其分地反驳道："把它们留给时间去咀嚼吧！"因为他意识到自己在公众的艺术品位成熟过程中应发挥的作用，从未放弃把他们从墨守成规中拯救出来并把他们引入他的梦想，直至达到共鸣，包括与后世的共鸣。

在这些情况下，死亡——这个"人类真正的完美的朋友"的想法将是抚慰人心的，对莫扎特而言，甚至是令人快慰的，而那位在将近90岁高龄时仍然认为人生苦短的雕塑家写道："继续活着，使肉体快乐，但灵魂一点也不开心。”这位理想主义的柏拉图学派信徒（和基督徒）因灵魂挣脱了肉体的枷锁而快乐。然而他们两人都在他们最后的作品与即将到来的生命终点之间建立起一种平行关系，不再想完成它，不再想赋予它一个预感到将与他们自己一样的生命，无论是对《安魂曲》还是对佛罗伦萨的《哀悼基督》，他们留下了未完成的作品，米开朗琪罗从很久以前就已经确立了这种“未完成”的风格，它与无限同义，这使他专心融入自己的作品中，用自己的想象力使其变得完整。

米开朗琪罗的星象图后来被卢卡·高利库斯（Luca Gauricus）计算出来，并于1552年发表在威尼斯的《星相论》（*Tractatus Astrologicus*）上，星象图显示：“早晨的水星，在距离太阳27°方位落在土星的位置上，沐浴在金星的基本粒子辐射中。结果：米开朗琪罗成为了杰出的雕塑家、画家，比菲迪亚斯和普拉克西特列斯更负盛名，并拥有大量财富。另一方面，这一成功似乎又被木星确认了……”而莫扎特，他的最后一部交响曲又名《朱庇特》（*Jupiter*，又指木星），他本人因为过度服用水银（Mercure，又指水星）中毒身亡。

注释

1 D'après Douglas Adams, *Le Guide du voyageur intergalactique*, Gallimard, «Folio Science-fiction», 2005.

2 蝙蝠脑中也有非常发达的下丘，它也能进行回声定位。

3 陆生哺乳动物背部的耳蜗神经核除外，它用来过滤与朝向声源的头部运动相关的声学假象。

4 J. Bruck, «Decades-long Social Memory in Bottlenose Dolphins», *Proceedings of the Royal Society of London B*, 2013, vol. 280, 1768.

5 A. Manguel, *Une histoire de la littérature*, Babel, 2000, p. 295.

6 《证人大卫与女祭司》（*Teste David cum Sibylla*）。在女祭司的阴影下，词源学上与安魂曲（requiem）一词接近的臭名昭著的鲨鱼（requin）和阿波罗王子（dauphin，也作“海豚”）之间奇怪地勾结在一起！

7 H. Hesse, *Le Jeu des perles de verre* (1955), Le Livre de Poche, 2002, pp. 461-462.

8 Plutarque, «Sur le “ε” de Delphes», *Dialogues pythiques*, Flammarion, 2011.

9 Pindare, *Pythiques*, VIII, 95-97, Les Belles Lettres, 1922.

10 除了音乐，莫扎特还懂数学，一种完全毕达哥拉斯学派的逻辑体系把这两个学科联系在一起。

11 Rochlitz (1769-1842) cité par J. et B. Massin, *Mozart*, Fayard, 1990, p. 474.

第三章

用耳朵“看”，用眼睛“听”

我们刚想离开大洪水的场景，继续前行，进入地上乐园，这时，潜伏在西斯廷礼拜堂天花板上的那些滑稽的裸体男子中的一个（图7），递给我们他从正分神去看那些天使的先知以赛亚那里偷来的一片纸，纸上潦草地写了几句话。我拦截了这条留言，担心他企图教坏那个男孩，但这些文字却是隐秘的："这看上去是一门非常特别的科学……应该是在形而上学之前的；从中可以看到，感觉的原则将规定它们的有效性和边界，从而防止它们扰乱对纯理性对象的判断，因为直到现在，这种干扰几乎一直在发生。"[1]

这些话好像出自德国哲学家伊曼努尔·康德（1724—1804）笔下，多么复杂啊！多么可笑的邮递员，一个裸体男子，一个美男子，光彩夺目的肉体和柏拉图理想的拟人化。他请我们仿效他，提防我们的感觉、我们的身体带来的信息，从而净化我们的理智！康德说，我们永远不了解事物的本来面目，而是戴着我们的感觉和思想的有色眼镜看它们，同时谈到"哥白尼革命"：我们不能把世界理解为我们看到的样子和它呈现的样子，我们是世界的中心，我们的宇宙绕着我们运转——康德眼中的世

图7

界，莫扎特眼中的世界，米开朗琪罗眼中的世界……他建议我们扩展我们的单一世界的极限，从任何一个其他人的角度思考，把自己置于他人的立场上，先了解共情的概念，从而获得一般的概念。这个藏在盾牌后面的赤裸的调皮鬼都知道我们些什么？是什么使他相信他的字条会帮助到我们？如何解开这个把看似能打开我们试图进入的天堂之门的钥匙的谜呢？再说，伊曼努尔·康德是死于阿尔茨海默症！

萨列里

“莫扎特！莫扎特！莫扎特！”

一位老人沙哑而有力的声音迎面而来，令人血液凝固！我认得这种表示精神错乱的迷失的眼神，于是保持镇定，试图安抚我们的对话者——这位突然从大洪水中出现的溺水者。他的怒火平息了，突然伤心起来，疯癫的眼中流下了泪水。

“地上没有公正，天上也没有，”他指着地面说，“因为我们生在一个颠倒的世界，可他看见莫扎特了吗？‘我生来就热爱艺术，我只为音乐献身！’为了了解最细微的人体构造细节，我把他当作尸体解剖了，通过一种固执的坚持，我达到了无限艺术的一个很高的水平，获得了名誉和荣耀，可是莫扎特，莫扎特，多么深刻！多么优雅！多么大胆！你是一个神，莫扎特，而你对此一无所知！但我，我知道。朋友莫扎特，这些眼泪……不要理会，赶紧用你那些神奇的音符来充实我的灵魂。我不是天才，因为你说过，天才与罪过互不相容。”[2]

说话声被一阵呜咽打断了，老人泪如泉涌，汇入了大洪水中。让我们冒昧地把一只手放在他的肩膀上。

“萨列里大师，不要再引用普希金了！他的诗作给了您错误的记忆！电影《莫扎特传》(*Amadeus*)也是如此！今天没有人还相信您毒死了您的偶像，人们知道您是他的朋友，您控制住了自己的嫉妒心，另外您是极少数出席他葬礼的人之一，人们也知道您曾创作过优秀的音乐，您曾与骑士格鲁克和海顿齐名，教过贝多芬、舒伯特和年轻的李斯特，甚至免费教过莫扎特的儿子弗朗茨·克萨维尔……但请告诉我们，您最初是如何发现莫扎特的天赋的呢？”

萨列里平静下来，缓了口气，闭上眼睛，嘴角露出了一丝微笑。

“在看到一个乐谱时，在读这个乐谱时！可那是哪个乐谱呢？”

他犹豫了片刻。快点，让我们为了一切尝试一切。我的智能手机还在充电，让我们关闭飞行模式，是的！上网搜索Google图片，这就是莫扎特亲笔书写的《大帕蒂塔第十号小夜曲降B大调慢板》的乐谱——大师请戴上我的眼镜看。几个和弦就足以触发他已衰退的记忆，当他想象自己重新看到了那些匆匆写下的音符并打着拍子时，音乐穿过了他那被阿尔茨海默症侵蚀的大脑，那些记忆都被解放出来了。

“在这张纸上，看上去……没什么特别，开头很简单，差不多是喜剧性的，一种跳动，巴松管、巴塞管，一把生了锈的小六角手风琴发出猫叫般刺耳的声音，之后，突然……”

他用食指指着天，脸上神情恍惚。

“尖锐的高音，一支双簧管，一个单独的音符飘浮着，仿佛悬在空中……直至单簧管来接续它，用一个纯粹快乐的乐句使它变得柔和……”

我们离开了这位在幸福中复归平静的作曲家，我意识到席卡内德——《魔笛》的歌剧剧本作者临死前也变得疯癫了。莫扎特效应？音符太多？梅毒？颅内破裂？因为离太阳太近导致三度烧伤？伊卡洛斯的坠落？

我们走吧！我们要走很长的路，才能完全了解这段历史的真相，也才能到达我们旅程的最后一幅画：《要有光》(*Fiat lux*)。让我们试着头脑清醒地到达那里吧！

用耳朵“看”……

“如此说来，”那个思考着的孩子对我说，“我们可以用眼睛听，在读乐谱的时候想象出一些声音，在读一篇文章的时候看见一些图像。”

“当然，我的孩子！如果你有一天去里斯本，路过卡洛斯特·古本江基金会博物馆，你会在这位亚美尼亚商人的丰富藏品中看到一幅亨利·方丹–拉图尔创作于1870年的油画，题为《阅读》(*La Lecture*)。注意，这位接近于波德莱尔、兰波和魏尔伦风格的油画家——印象派大师们的朋友（尽管他本人是现实主义者，善于表达内心的微妙情感）——因其描绘的静物和鲜花而闻名。他研究鲜花的特征，就像研究一张面孔的特征，他为艺术家、诗人、画家和音乐迷群体所作的肖像画充满了音乐的激情：柏辽兹、舒曼，尤其是瓦格纳，他尝试把瓦格纳重现在一些讽喻作品中，如《莱茵河的女儿们》，或众多石版画中，如《瓦格纳和他的缪斯》。在里斯本展出的这幅画中，一位女子正在为另一位女子读书。朗读者专注于书中的文字，虽身处暗处却被她拿在手中的书照亮。倾听的女子注视远方，因阅读引发的幻想和意境而失神。她身着黑衣，但光芒四射。”

因此可以用耳朵看，或者用眼睛听，我们的大脑会自己去适应感官的进入方式，它的运转也是超感觉的。我们知道，面部表情和姿势往往比一次谈话的内容包含的信息多得多，但是聋人有时会读唇语，这使他们在无声电影时代能够解读演员们真正说出的有时与电影情境不相符的对话：某位风流倜傥的侯爵手捂心口，在一个交际花昏过去时，实际上在宣布，“您真的很肮脏！”或者“我讨厌您！”，而只有会读唇语的聋人们理解了演员之间在公众毫不知情的情况下进行的秘密清算。我们也知道，手语作为一种语言在聋哑人群体内部发展演变……

大脑中专门用于视觉、听觉或触觉的区域，在人出生时并不是完全区分开的，而是逐步专门化的。例如，有一种白猫因为其内耳发育不全而先天耳聋；它们在成年后，大脑中有一部分专门用于破译触觉带来的信息，另一部分用于视觉，而正常猫用于听觉的部分在它们脑中则是多感觉的——用于触觉和视觉。如果我们在小白猫体内植入一个人造耳蜗，这个区域就会找回它在听觉方面的专门用途，[3]这证明了我们大脑的可塑性，它可以适应周围的世界并尽可能确保自己存活。蒙特利尔的研究人员弗洛斯特（Frost）和普蒂多（Ptito）将一只仓鼠视网膜的几根神经纤维引入了它大脑中通常用于接收声音的区域内：这个区域发生了改变，变得可以同时听见和看见。[4]一些盲人在短期学习后，可以借助一台摄像机，将图像转化成声音，或转化为传递至他们腹部皮肤的触觉，或转化为他们的语言，从而能够自己走路。他们将很快能够辨别物体，描述物体的形状以及在空间中的位置。无论外界刺激取道哪一条感觉通路，我们的大脑都能够最终适应它，并从中提取基本信息。学习使它能够更精细、更迅速地探测到一些必要的数据，而逐渐忘记承载这些信息的感觉通路的特征……康德那条留言的意义清晰起来："感觉的原则将规定它们的有效性和边界，从而防止它们扰乱对纯理性对象的判断。"

一位钢琴家看见了那个乐谱，触碰琴键的同时听到了音乐，但请看格伦·古尔德：他双目紧闭，为我们演绎贝多芬的《第五钢琴协奏曲》的第二乐章—— 一位聋人的杰作。他没有乐谱，我们知道他并没有触碰到琴键，他在歌唱，他的身体不停地律动，他与音乐融为一体，他向我们表明弹奏钢琴的不是双手（也不是眼睛，也不是耳朵？），而是他的大脑。米开朗琪罗早就写过："一位真正的艺术家是用他的大脑作画，而不是用他的双手。"当时他希望得到一位资助者的财政支持，以帮助他战胜忧伤，重拾工作的兴趣。

狄德罗给我们带来了他的眼镜

现在有个男子朝我们走来，他手里拿着一本书，身穿旧睡袍，前额宽阔，两眼炯炯有神。

“一位启蒙哲学家、百科全书派代表人物在我们谈话期间突然出现，这也没什么可惊讶的；可您到一座教堂里来干什么，德尼·狄德罗先生？我以为您是无神论者。

“首先我要提醒您，我曾在耶稣会受过教育，我甚至还在1726年接受了朗格勒主教行的剃发礼，我毕业于索邦大学神学院，我欣赏孔狄亚克（修道院）院长，但请先看看我的书的卷首题词，我的《论盲人书信集》（*Lettre sur les aveugles à l'usage de ceux qui voient*）开头的引文。

“‘他们可以，即使他们看似不可以’？啊，维吉尔，又是他！在盲人中间为我们引路的一个明眼人！但您是不是把埃涅阿斯的这句话修改了一下？您想说什么？‘他们能看见，尽管他们是盲人’？还是他们比明眼人看得更清楚？不管怎样，您是在1779年7月24日在文森城堡的主塔内被发现中毒的，当时您的手稿刚刚出版，是那些害怕您会让读者们眼睛睁得太大的人下的毒，十年后，法国大革命爆发了！

“这很恐怖，但这是我年轻时代的一部作品，我在1782年做了一点修改，这件事让我学会了谨慎！注意，正是在来我那阴暗的囚室里看望我时，让-雅克·卢梭获得了灵感，着手撰写他的《论科学与艺术》（*Discours sur les sciences et les arts*）并因此成名！他在这本书中声称，科学和艺术使人类远离道德，它们偏爱无知与简单，这使人变得强壮与好战！不要再谈这个了，让我给你们提出几个思考的主题吧。很久以前，我曾与一个先天失明的盲人交谈，他活在黑暗中，因此更加平静，通过整理房间来消磨时光，对他而言，秩序是找到他的物品的唯一方法，这已经成为与他的失明相关的一种行为模式。在路易·布莱叶发明点字法之前，他早已经用手指读凸字信函，这也表明，为了弥补他的残缺，其他感官得到了过度发展。

“神经系统科学证明您是对的，亲爱的大师，今天我们知道常人大脑中通常专管视觉的那部分在盲人的大脑中被触觉和听觉侵占并变得更精细。

“盲人对美的鉴赏力也将改变，他们会对对称性非常敏感，但主要是——像大多数人一样——对别人所说的对称性……

“我认识一个盲人，他因为拥有一台彩电而非常自豪……

“这没什么可惊讶的，剑桥大学的数学教授尼古拉斯·桑德森（Nicholas Sounderson）做过几次关于视觉、光、色彩和彩虹的非同寻常的讲座，他本人从未看见过这一切，因为……他是盲人！而他随时都能找到镜子，而且相当准确：他已经通过触觉定位掌握了镜子的功能——'这就像我的手一样，我无须把它放在一个物体旁边就能感觉到这个物体。'这位盲人或许认为一幅油画就像一面镜子。

"某些柏拉图派哲学家可能会说这是模仿……

"模型不是真的，但看上去像真的。艺术模仿了大自然，但预先假设了一个理想的模型。艺术家应根据自然法则进行创作，但因为他不是学者，他只模仿表面。我们的盲人只能通过触摸来认识物体；看见，对他而言，就是一种触摸，这也使他能够掌握凸起的概念。他用他的盲杖来探路。笛卡儿在他的《屈光学》（*Dioptrique*）中也没有更好地描述视觉。

"用蜡堵住他的耳朵，他就又变瞎了……

"但他的触觉是如此发达，以至于他可以把一根线穿进他用双唇抿住的一根针的针眼儿中，并用舌头定位。他对声音的记忆力也达到了惊人的程度，我们在许多人脸中识别出的差别也并不比他在声音中听出的差别更大。

声音对他有一种无限的细微差别，这是我们听不出来的。一个声音的发音和声调对他来说是一种美的标准，正如皮肤的粗糙度、肉体的丰满或结实、气息的甜美。桑德森发明了一种触觉计算机。我们这位盲人也相当懂音乐，能够演奏一首乐曲。他通过行动和思想的先后顺序来估计时间的长度——比我们的估计精确得多。

“他的世界会随着时间衰落，而时间会变成空间，我年轻时交往的一位盲人管风琴演奏家曾毫不犹豫地领着我在他村里的各条路上散步，指给我看他曾住过的那些地方。他数着自己的步数。到达教堂后，他让我从摇摇欲坠的梯子爬到钟楼顶上欣赏景色（而他自己从未看见过），之后还给我上了一节与众不同的管风琴课，我必须承认，我甘拜下风。尽管他失明了，但我感觉他像是一个超人，一个超级英雄。就像漫威漫画中的超胆侠，用他其他感官的过度发展弥补了他的失明，那时候我贪婪地阅读他的历险故事。某些盲人真的利用回声定位，像海豚或蝙蝠一样：他们不满足于待在他们的盲杖能点到或者他们的脚能触到的空间内，而是想要能够用他们的舌头敲击上颚发出嗒嗒声，然后用他们的耳朵能听到的回声来定位，并且像海豚一样，他们想要用他们的面部触觉来定位，我们称之为‘面部视觉’。这些听觉和触觉信息被大脑通常专管视觉的区域破译，[5]同时与双耳确认是否能看见。近视眼也更容易发展这种回声定位能力，以弥补他们的视觉缺陷。[6]某些盲人因为掌握了这种方法而闻名：加利福尼亚人丹尼尔·齐施（Daniel Kish），外号‘蝙蝠侠’——又一个超级英雄——尝试将其经验通过他创办的协会传授给其他盲人。我们可以从网上看到他骑自行车出行，通过敲击双颊来定位。本·安德伍德（Ben Underwood），3岁时因视网膜癌而失明，他能够运用回声定位打篮球，玩桌式足球，滑滑板，溜冰，甚至冲浪。

“是的，我们的感官相互提供的帮助组织了它们的自我完善，而我们这位盲人从中获得了一些自豪感，他甚至承认他更喜欢人们给他长臂而不是视力，直至能摸到月亮——用他的双手来探索月球。

“我的英国同行奥利佛·萨克斯（Oliver Sacks）甚至认为，我们帮助复明的那些盲人们往往感觉他们的生活方式受到了很大的干扰，以至于他们的生命因此遭殃，有时甚至导致了一些悲剧性的代偿失调。他讲述了一位运动疗法医生重获光明却最终因此而死的悲剧故事[7]。

“我们的器官尤其是我们的感官的状态也对我们的形而上学有很大影响，我从未怀疑过这一点，而我们的道德和我们最纯粹的理性思维——如果我能这样讲的话——则尽可能地与我们的身体保持一致。如果有一位天生眼盲耳聋的哲学家想成为像笛卡儿那样的人，他将把灵魂放在指尖上，因为他正是从这里获得了他的主要感觉和所有知识！

“这或许是康德刚才交给我们的那条留言的意义，在这方面，神经系统科学又证明您是对的，正如安东尼奥·达马西奥的研究结果。这位著名的神经科学家证明笛卡儿在身体与精神之间的二元论方面是错误的，而斯宾诺莎是正确的：精神生于身体，并因此受到身体的各种改变的影响。巴尔扎克和海明威如果体型不同的话，或许不会以同样的方式写作！

“哲学应受到科学的启发。因此，盲人的记忆将是声音和触觉的记忆，而他的思维方式也将来源于此……咱们私下里说，先生，您难道从未回忆过一个您爱过的人的身体和她压在您身上的轮廓吗？

“这是《八卦珠宝》(*Les Bijoux indiscrets*)的作者说的？那个写了《修女》(*La Religieuse*)并让人们谈论女人的性欲的放荡之徒吗？的确，米开朗琪罗晚年几乎失明，他每天要抚摸观景楼上的半身像，以回忆那些美好的事物，而幻象教派的歌德建议闭上眼睛看《拉奥孔》，然后睁开眼睛，再立即重新闭上，他保证这样做能看到大理石整个动起来……”

莫利纽兹问题

“好了，既然这个陪着你们的年轻人已经充分掌握了如何探讨哲理，那么这里有一个给他的小练习。我很想知道一个孩子的答案，因为他尚未受到他所学知识的影响，因此可能更容易得出真相。我要给你提的问题，我的孩子，曾是爱尔兰学者威廉·莫利纽兹于1688年7月7日为回复英国哲学家约翰·洛克的《人类理解论》(*Essai sur l'entendement humain*)中的一段话而提出的，但这不重要！听着，好好思考，然后告诉我，你认为‘如果一个先天失明的人在成年后突然重见光明，他能够仅通过眼睛看来分辨他此前通过触摸能够辨认的一个立方体和一个球体吗？’莫利纽兹是光学专家，他的妻子是盲人。约翰·洛克认为，我们的大脑最初是一块‘白板’，只有各种经历才能逐步使其成形，并留下它们的印记……”

“如果是这样，”这个孩子毫不犹豫地回答道，“盲人只有触摸的经验，还没有看见的经验，因此他需要学习用一种新的感觉来辨认这些物体！”

“很棒的推理，我的朋友！”狄德罗答道，“祝贺你！但你知道吗？莫利纽兹的这个问题引起了笔墨之争，启蒙时代最伟大的哲学家们都曾为了这个黑暗的故事互相诽谤！洛克和莫利纽兹的答案与你的答案一致，但德国哲学家莱布尼茨——他认为这个世界是一切可能的世界中最好的世界——他于1765年出版了《人类理智新论》(*Nouveaux essais sur l'entendement humain*)一书，逐条反驳了洛克的理论。特别是他断言，如果盲人曾是一位哲学家或几何学家，他当然不能自发地将他接收到的新的视觉印象与球体或正方体的概念联系起来，但他能够‘通过他的推理’和他的演绎获得这一认识，他的思考会使他发现‘在球体中，没有一个点在球面以外，所有点都连在一起，没有角；而在立方体中，有8个点区别于其他所有点'。爱尔兰哲学家乔治·贝克莱（也是主教）认为'存在即是被感知'，例如他所坐的扶手椅，当他离开时就'不复存在了'，同样，一个观点不存在于感知它的精神之外。对他而言，视觉的专属对象构成了一个新的观念集合，完全清晰的不同的集合，它们在任何情况下都不能通过触觉感知。他把盲人与一个第一次听到某种外语中用于指称一个正方体或一个球体的词的人做比较，他的结论与你的相似，为了将一个意义与一种声音联系起来，或将一个空间数据与一种感知联系起来，需要学习。然而，他认为，只有触摸给了我们获得真相的直接通道。"

"那伏尔泰呢？"

"伏尔泰只是翻译和抄写了英国作家的观点……但我的朋友孔狄亚克院长与贝克莱的看法一致，也认为重见光明的盲人应自学掌握通过眼球运动正确地看和观察，这样才能以积极的方式探索和学习空间和运动，但此前包含了我们身体运动的触摸经验也是必要的，因为触摸是与视觉不同的自我判断外部物体存在的唯一感觉。这一观点预见到经验之重要并早于其他人给出的信息。桑德森通过皮肤看见——这层外壳在他身上具有如此精细的敏感度，以至于我们可以确定，在逐渐习惯之后，如果一位画家在他的手掌上画出他的一位朋友的肖像，他就能够认出这位朋友。”

“这就解释了触摸阅读盲文的意义，通过激活大脑中专管视觉的区域进行训练，以达到这一目的，[8]但这或许也证明了重见光明的盲人们遇到的重新适应的实际困难，”我补充道，“例如，当他们看到玻璃窗上的一只蜘蛛时，他们会想象这是某种怪物在窗外的一座高山上移动，或者会把马格利特画中的一只烟斗当作一只真烟斗！触摸的重要性在于：我们把耳朵当作一个触觉超级灵敏的接收器，声波轻轻掠过它，抵达大脑。视觉也是一样，来给视网膜挠痒的光子激活了它。触觉！这里，神经科学又一次确认了哲学家们的直觉，没有丝毫阿谀奉承！”

“谢谢你，我的朋友，但我们几乎一无所知。然而，有那么多文章的作者们都声称他们知道点儿什么！”

“我们实际可以补充一点，洛克的观点——即认为我们的大脑在出生时是一块‘白板’——遭到了反驳，因为它已经承载了‘子宫内’早期互动的印记，更不要说遗传和表观遗传的印记了。另外，它只要求根据禀赋自我激活和自我塑造，而这些禀赋只有等到了它们的启动信号才能表现出来。比如胎儿的运动。胎儿通过吮吸拇指，启动了一次振动，振动自我增强，并使感觉运动协调性得以发展。[9]另外，神经科学并不完全赞同贝克莱那个听到某种外语的对比，也不完全赞同一种语言的“声音”本身同与之相连的意义之间没有任何必然联系这件事。因为我们有时无须专门学习，即可把一些声音、一些视觉感知与一些空间概念联系起来——这里是我画在康德的纸条背面的两幅图（图8），一幅叫Bouba，另一幅叫Kiki，与你的狗一样，我的孩子。你会把哪一幅叫作Bouba，哪一幅叫作Kiki呢？瞧，你看着右边那幅图时，

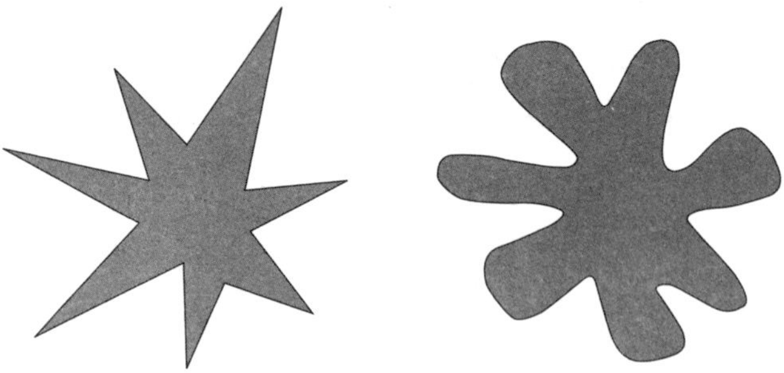

图8

嘟起了嘴巴又缩回去，相对应的，你把它叫作Bouba，而你盯着左边那幅多刺的图时，把双唇咧得扁扁的，就像是要发刺猬的‘刺’这个音，你把它叫作……”

“Kiki！”

“心理学家沃尔夫冈·苛勒于1929年指出，有95%的人与你的选择相同！[10]而神经学家拉马钱德兰（Romachandran）在这些相互对照的跨感觉认知中看到了语言的起源。”

联觉

我们已经看到，我们的大脑逐步将它接收到的感觉信息分区，但可能还有一些其他关联，引起多重感知，这被称为联觉。大约两百个人中有一个人天生具有这种联觉，丹尼尔·达美（Daniel Tammet）的联觉就非常发达，他是严重自闭症患者，能够记住圆周率小数点后的几千位数字，方法是把它们与颜色、形状和触觉关联起来。功能成像显示，大脑中专门负责辨认颜色的一个区域在听到一个属于联觉的词语时会被激活。[11]联觉有时在某些致幻物质——如麦角酸二乙基酰胺（LSD）——的影响下，在经历感觉剥夺的过程中出现(比如当我们在淋浴中水声遮住了室外的声音时听到了电话铃响)，此时人可能正在沉思，或者正处于某些神经疾病的发展过程中，如颞叶癫痫或者因左脑萎缩导致右顶叶占位。加拿大女子安·亚当斯(Ann Adams)就是这样在发病初期，完整地、分毫不差地以图像形式默写出了拉威尔的《波莱罗舞曲》。她还能说出圆周率小数点后的几百位数字，她是以达美的表现为榜样，用彩色方格的形式记住它们的。声音、字母、数字、形状、触觉、味觉和色彩能够对话，而富有创造力的想象则运用了它们。波德莱尔揭示了这些“联系”:“香气、色彩和声音互相呼应”，他这样写道。兰波赋予元音色彩。委罗内塞在他的画《加纳的婚礼》(1563)中把自己变成古提琴演奏者，由丁托列托为其伴奏，提香拿着维奥尔琴，完成了这首非常奇特的画家—音乐家三重奏。保罗·克利是19世纪末20世纪初的艺术家，出身音乐世家，他后来把几首乐曲改成了油画——请您想象一下，用一套彩色符号来表示巴赫的赋格曲，使您能立即看见(或听见)主题的重现！皮特·蒙德里安受到布吉伍吉爵士乐的影响，试图把它们转换成图像。特奥·凡·杜斯伯格用灰色创作了一首拉格泰姆乐曲，而罗斯科的彩色田野三色画则是在向莫扎特奏鸣曲的三个乐章致敬。

康定斯基

让我们先在俄国画家康定斯基（1866—1944）这里稍作停留。他是现代抽象主义绘画的创始人，还会演奏大提琴。青年时代，他在莫斯科参观了一个法国印象派画家的作品展并聆听了瓦格纳的《罗恩格林》之后，受到了前所未有的震撼。他把他所在城市上空的落日描绘成一首交响乐的最终和弦，“这引起了整个莫斯科的共鸣，就像一个伟大的管弦乐队奏出的最强音”，使人想起“千声合唱的白雪，或是裸露的枝条的小快板”。他把自己的作品视为音乐创作并证明视觉艺术不只存在于空间之中，也存在于时间之中，一幅画只能由观看者逐渐去探索和发现。这里的空间变成了时间。他把他的同胞作曲家莫杰斯特·穆索尔斯基的著名组曲《展览会上的图画》改编成了多幅水彩画，这组乐曲本身则是受到了维克多·哈特曼（Viktor Hartmann）的画作的启发，可惜大部分已经遗失！他与奥地利作曲家阿诺尔德·勋伯格是好友，后者对音乐进行了如同抽象画的创作一样翻天覆地地改造，于1923年发明了十二音体系：音阶（七个白键和五个黑键）中的每个音符都应被听到，之后才能在一个新的半音音列中重新被弹奏，主音不复存在，乐曲是无调性的，这就是十二音体系音乐。勋伯格在当时也是位画家。把十二个音符按顺序连在一起的音阶被称为“半音”音阶，它是由文艺复兴时期的意大利作曲家乔瑟夫·扎利诺（Gioseffo Zarlino）发明的。他还是音乐理论家、威尼斯圣马可大教堂的教堂乐师，他于1550年前后找人制作了一台有多色琴键的羽管键琴，以验证他的理论。他试图通过演奏音阶中的全部音符来达到一种原始的声音，这就像混合了彩虹中的所有颜色一样，重新点亮了启迪之光，通过棱镜重新攀登追求光明之路，最终达到至美。

康定斯基认为，形状和声音都有自己的色彩，并与一些感觉相对应：三角形是黄色，这是小号和铜管乐队的不对称音色，可以使人紧张和兴奋，变得傲慢或粗暴，直至疯狂和谵妄；正方形是红色；圆形是蓝色，这是管风琴低沉音色的悠扬的对称色；笛子是浅蓝色；大提琴是深蓝色；低音提琴是海蓝色，静心沉思、绝对和无限的颜色。《黄·红·蓝》，这幅未找到买主的著名的画作，在黄色三角中，我们辨认出了画家的眼睛和侧面轮廓，在蓝色的圆形中间发现了耳朵，而勋伯格——阿尔钦博托的幻想的遥远化身，或相互缠绕的植物和水果，则构成了几张面孔。

阿列克斯·斯坦维斯

许多人可能从未听说过阿列克斯·斯坦维斯（Alex Steinweiss，1917—2011），但这位年轻的纽约美术图案设计师也希望通过图形的展示来让人们理解音乐。他于1938年发明了唱片袋，使他供职的哥伦比亚唱片公司的销售额激增。他承认他受到了康定斯基和德国的包豪斯、俄国的构成主义等的影响，他还创造了自己的手写字母表——轻盈、跳跃的“斯坦维斯涂鸦体”。在创作了几千件作品后，1970年，在波普艺术和迷幻主义到来时，他认为自己已被超越，可以退休了，于是退出了图形设计领域。他为乔治·格什温《蓝色狂想曲》（*Rhapsody in Blue*）设计的唱片封面上，深蓝色背景中摆放了一架钢琴，被唯一的一盏落地灯照亮，而贝多芬的《第五交响曲》的唱片封面上那架散发着光芒的白色钢琴，则与平克·弗洛伊德乐队的唱片《月之暗面》（*The Dark Side of the Moon*）的封面有异曲同工之妙，后者的销量超过了5000万张！也是这个神话般的集团，在一个迷幻的时代，深谙声音与色彩的混合之道，又打造了披头士乐队的《露西在缀满钻石的天空中》（*Lucy in the Sky with Diamond*）。毒品——尤其是LSD（麦角酸二乙基酰胺）导致的超感觉的幻觉，使得能产生分子的麦角的受害者们反复出现色彩斑斓的幻象，这些幻象在别处描述过，[12]而平克·弗洛伊德乐队唱片封面上的棱镜是对格吕内瓦尔德（约1470—1528）多折画屏中圣母玛利亚的呼应，圣母受命减轻病人们的痛苦，水晶标志着她的纯洁，棱镜将复活的耶稣的光芒衍射在一群音乐天使们的身上。

梅西安

奥利维埃·梅西安（1908—1992）创作了他的“声音的彩绘玻璃窗”，他把在管风琴演奏台上凝视着的巴黎天主圣三教堂两侧彩绘玻璃窗透进的反光转换成了音乐。这位深爱鸟鸣之人自愿开发了自己的联觉能力，就像他之前的斯克里亚宾。而且，他来同我们会合了，穿着他的那些不可思议的花衬衫中的一件，而他从天而降也不是件稀罕事！让我们聆听他的教诲吧。

“亲爱的朋友们，亲爱的臣民们，我请你们坐下，今天早上，我给你们带来了《佩利亚斯与梅丽桑德》(*Pelléas et Mélisande*)。”

重现了《特里斯丹和绮瑟》神话的德彪西的歌剧中的几个音符传入我们耳中，大师正边弹钢琴边演唱。

“‘是什么在水底发亮？’请你们原谅，我唱得太糟了，但这不重要，我只是有一副作曲家的嗓子。你们想说说这一段中是什么触动了你们吗？这句歌词中有什么非凡之处吗？”

还没等我们思考，大师就继续他那充满激情的讲解了：“《水中倒影》，这是其中一首的曲名。全部是德彪西的作品，这是关于水面上的东西，关于发光的东西；这里有两种解释，第二种有一种……热烈得多的色彩。第一种更冷，第二种更热，你们同意吧？我们就这一点达成一致了吗？你们同意第一种用一种紫灰色吗？”

我们犹豫着。

“啊，他们总是非常担心色彩！”

“我是色盲！”我们中的那位启蒙哲学家表示，有点儿挑衅，尽管他在人类描述这种疾病之前已经去世好几年了。或许他想起了卡斯特尔（Castel）神父，这位耶稣会会士曾试图制造一架能发出多种色彩的“视觉羽管键琴”，以借助视觉刺激使色彩与音乐媲美……

“我觉得这像一种橙色，尽管有少量的蓝色。”

“少量的绿色？”

“蓝色和绿色，这是冷色，对，但主色调是橙色。”

狄德罗，受到格吕内瓦尔德笔下水晶般的圣母玛利亚、梅西安对鸟的热爱和《佩利亚斯与梅丽桑德》的气氛的启发，在放弃辨色之前出了一个谜语：“一个年轻姑娘离群索居，一天，她接待了一名青年男子的来访，此人带来一只鸟；结果她怀孕了，人们问这孩子是谁的。好问题！是鸟的。大家晚安，请记住你们是尘埃，你们将复归尘埃！”

还需要多说几句，才能将怀疑种到奥利维埃·梅西安的头脑中，他喜欢这个笑话，作为最终的告别辞，他继续说道："音乐是空间与时间之间、声音与色彩之间的一场永恒的对话，这场对话达到了统一：时间是一种空间，声音是一种色彩，空间是一个重叠的时间的复合体，声音的复合体与色彩的复合体同时存在。借助这些基本概念思考、看见、听见和谈论的音乐家，在某种程度上可以接近冥世。"[13]

可是现在，在下方大厅中继续进行的黑暗弥撒达到了它的顶点：阿列格里的《求主垂怜》很快就要唱响，依照传统，熄灯礼拜用的三角形烛台上那15支蜡烛中的14支将被依次熄灭，祭坛和唱诗班的那支蜡烛也将熄灭，我们将很快陷入完全的黑暗中。只有"耶稣的蜡烛"一直在枝形大烛台上亮着，并将被搬到祭坛的后面。

从此以后，我们知道了我们大脑的运转是"超"感觉的，它超越了感觉带来的信息。我们猜想，它真正感知到事物的本质并与它们产生了共鸣。共情远远不止是一种简单的"第六感"。

而正在此时，（地上）乐园的大门为我们敞开了，从那里，我们走出去，再见星辰。[14]

注释

1 E. Kant, *Lettre à Lambert* du 2 septembre 1770, *in Œuvres complètes*, t. 1, Gallimard, «Bibliothèque de la Pléiade», 1980, p. 689.

2 D'après A. Pouchkine, *Mozart et Salieri* (1830), scène 1, traduit par Sophie Engelhardt, Berger-Levrault 1875.

3 G. Rebillard, *Approche anatomo-fonctionnelle de la surdité héréditaire chez le chat. Devenir des centres auditifs chez l'animal sourd ou déafférenté*, thèse de 3e cycle, Université Paul-Cézanne (Aix-Marseille), Faculté des sciences et techniques de Saint-Jérôme, 1977.

4 M. Ptito, J. -F. Giguère, D. Boire, D. O. Frost, C. Casanova, «When the Auditory Cortex Turns Visual», *Progress in Brain Research*, 2001, 134, pp. 447-458.

5 L. Thaler, S. R. Arnott, M. A. Goodale et D. C. Burr, «Neural Correlates of Natural Human Echolocation in Early and Late Blind Echolocation Experts», *PLoS ONE*, 2011, 6 (5), p. e20162.

6 O. Després, V. Candas et A. Dufour, «Auditory Compensation in Myopic Humans: Involvement of Binaural, Monaural, or Echo Cues?», *Brain Research*, 2005, 1041 (1), pp. 56-65.

7 O. Sacks, *Un anthropologue sur Mars. Voir et ne pas voir*, Seuil, 2003.

8 N. Sadata *et al.*, «Activation of the Primary Visual Cortex by Braille Reading in Blind Subjects», *Nature*, 1996, 380 (6574), pp. 526-528.

9 R. Khazipov *et al.*, «Early Motor Activity Drives Spindle Bursts in the Developing Somatosensory Cortex», *Nature*, 2004, 432 (7018), pp. 758-761.

10 W. Köhler, *Gestalt Psychology*, Liveright, 1929.

11 J. A. Nunn *et al.*, «Functional Magnetic Resonance Imaging of Synesthesia: Activation of V4/V8 by Spoken Words», *Nature Neuroscience*, 2002, 5 (4), pp. 371-375.

12 P. Lemarquis, *Portrait du cerveau en artiste*.

13 O. Messiaen, «Introduction au cycle de concerts célébrant son 70e anniversaire en 1978», cité par Brigitte Massin, *Olivier Messiaen, une poétique du merveilleux*, Alinéa, 1989, p. 112.

14 改编自但丁《神曲》地狱篇的最后一首诗。Diane de Selliers, trad. J. Risset, 1996.

第 二 部 分

逃避的艺术

证明图像对我们的记忆力和想象力的影响能够拯救我们

第四章

记忆的艺术：过去有未来吗？

我们打算试着回答尼哥底母的问题，想知道人是否可以回到母腹中再生出来，于是我们兜里揣着几本书，溜进了音乐与视觉艺术之间蜿蜒狭窄的通道——莫扎特和米开朗琪罗在这里设置了路标。它的名字？审美共情。它的物质表现？西斯廷礼拜堂那描绘了《创世记》的谜一般的天顶，我们正沿着它逆向前进，而莫扎特曾在它的下面聆听过一次黑暗弥撒。

普鲁塔克帮助我们认识了自己，并编写了莫扎特和米开朗琪罗二人并驾齐驱的生平，他们迥然不同，但都具有天赋和超常的记忆力。我们已经发现，人们不是用双手来雕塑、绘画或弹奏钢琴，而是靠具有超感觉功能的大脑——我们可以用眼睛听或用耳朵看，我们正在探索的道路不是一条死胡同或通往联觉的私人通道。

我们现在来到了表现地上乐园的三个场景跟前，我们在“无花果的艺术”中已经浏览了这几个场景：诱惑与逐出伊甸园，（图9）上帝用一口气创造了夏娃，因上帝的手指和亚当的食指之间的基本空间而闻名的《创造亚当》，它暗示着皮科·德拉·米兰多拉所珍视的自由意志。米开朗琪罗在美第奇家族结识了这位哲学家，他的论文

图9

《论人类的尊严》(*De la dignité de l'homme*, 1486) 只能在米开朗琪罗的灵魂中得到共鸣:“我使你既不属于天国,也不属于尘世,既非可朽,也非不朽,这是为了使你成为自己的主人,你可以按照自己的意志塑造自己的样子,就像一个画家或一个雕塑家那样。你可以使自己退化为更低级的生命形式,比如畜生,或者重生以达到更高级的形式,即上升为神……”神经科学可以确认这一观点:整体大于各部分之和,如果可以从细胞层面预知神经元的相互作用,那么当人们从整体上考虑大脑的时候,以及当人们与他人、世界互动的时候,将会出现一些无法预料的新过程。[1] 与自由意志相关的共情吗?米开朗琪罗也在他为上帝与亚当之间留白的空间内表现了这种审美共情,我们可以把它视为一个具有创作性的过程。

创造

那个男孩很喜欢幻想。

“自发创造有可能吗?”他问自己,“或者那只是再生?”

“我的孩子,实际上自发创造并不比自然发生更有意义！在大自然中，一般而言，正如‘现代化学之父’拉瓦锡在1789年所说的，‘没有什么能自己消失，没有什么能自己创造，一切都在自己变化’。这可以安慰人终有一死的想法，列奥纳多·达·芬奇把这一点看成我们身体组成部分的一种解放，它们最终被释放并像原子一样自由地重新组合；而米开朗琪罗正相反，他认为是灵魂自己从身体的牢笼中挣脱出来的。萨利纳亲王的侄子（又名‘豹’）在加里波第的军队登陆西西里时同样宣称：‘如果我们想要一切保持原样，就应该让一切改变。’地球绕着太阳的转动最终使它回到起点：阿那克萨戈拉——一位希腊哲学家——在两千年前已经说过这话，预见并确认了拉瓦锡的直觉。你的想象力——这将是你的潜力的来源——会使你放在你记忆中的东西再生，有时是在你没有意识到的情况下。一切创造都会是一次再创造，按照你的形象，通过你获得的经验来造就它。因此这不是一种简单的模仿，一种‘猴学样儿’，而是‘引发共情的’模仿。需要我们注意的是，造物主本身也不能逃出这一法则，因为他按照自己的形象创造了人类！又或者正相反，记忆力和想象力因此处于创造性过程的中心，从古希腊、古罗马到文艺复兴，与我们今天相反，人们把拥有强大记忆力的人奉若神明，而不是一位数学家，因为数学是商人和炮兵专用的子学科。”

自然记忆

来听听瓦萨里对米开朗琪罗的记忆力所做的深刻而固执的评论：“他只要看一眼别人的作品就能完全记住它，并找机会运用它，而不会使任何人察觉；但他从来没有重复过他自己已经做过的任何东西，因为他都是把自己的作品作为一个整体记住的。”[2]米开朗琪罗年轻时曾临摹过马萨乔画的几幅乔托的画像，他模仿过菲利普·利皮、詹蒂莱·达·法布里亚诺，并公开表示受到托斯卡纳画家卢卡·西诺莱利的启发，他称赞西诺莱利的作品，特别是奥维多大教堂的壁画，并“毫无恶意”地借鉴了他的创作，用作西斯廷的壁画《最后的审判》中的某些素材，无论是天使、恶魔，还是天神等级中的其他素材。让我们用一个括号来提醒一下，西格蒙德·弗洛伊德（如果我们仍然可以提到他的名字而不被处以火刑的话！）在一次谈话中忘记了西诺莱利的名字——尽管他完全能够记住西诺莱利的作品，特别是他的自画像——当时他刚刚丧父并开始他的自我分析。这次遗忘持续了几天，弗洛伊德从中得出了关于忘记专有名词的倾向——即主动忘记曾使心灵遭受创伤的事件的心理机制等结论，[3]并为其发展为精神分析法奠定了基础。因此，遗忘和记忆同样具有创造性——正如博尔赫斯在《沙之书》(*Le Livre de sable*)中指出的。米开朗琪罗还受罗马观景楼上的半身像或拉奥孔的半身像的外形的影响，也没有忘记在佛罗伦萨美第奇家族欣赏到的古代作品。文艺复兴本身难道不是通过回归古典而获得新生的吗？——佛罗伦萨是新的雅典，罗马是新的耶路撒冷？直至西斯廷礼拜堂，它本身就是所罗门圣殿的复活！

莫扎特也不甘落后，他使约翰·约瑟夫·富克斯得以重生。富克斯是维也纳圣史蒂芬教堂的乐长和《艺术津梁》(*Gradus ad Parnassum*)的作者，莫扎特曾在教堂听过他的几首乐曲。这部教学著作在通往阿波罗及其缪斯们的领地——巴那斯峰的道路上指引着成长中的音乐家们。富克斯的经文歌《上帝之子》(*Paries quidem filius*)的颂歌部分，30

年后又出现在交响乐《朱庇特》的第四乐章中，富克斯本人也是从一本圣歌唱本——格里高利圣咏的乐谱集中借鉴了这一主题……莫扎特还记得富克斯在其《艺术津梁》中为表达对音乐的热爱而提出的建议——“高音上一个紧张的声音表达出愤怒，它通过一个突然的变化接近呐喊”，由此产生了《魔笛》中的夜后，而莫扎特对他岳母的叫骂声的回忆也将在同一乐章中再生。我们还记得，莫扎特1791年在《魔笛》的序曲中再次使用了意大利作曲家克莱门蒂的一支奏鸣曲，这是1781年12月24日他在维也纳——两位作曲家在皇帝约瑟夫二世面前的一次音乐比赛中听到的。可怜的克莱门蒂曾以自己编写的《名手之道》(*Gradus ad Parnassum*)聊以自慰，并得到了后世作曲家德彪西的致敬。莫扎特在他最后的日子里想起了米歇尔·海顿——约瑟夫·海顿的哥哥那首感人的《安魂曲》，这首曲子是1722年在萨尔茨堡为西吉斯蒙德·冯·施拉滕巴赫大主教的去世而作的。这位大主教非常理解莫扎特一家，这与他那位卑鄙的继任者科洛雷多正相反，后者因莫扎特一脚踹在大主教总管的屁股上而赶走了他。莫扎特少年时就作为萨尔茨堡宫廷乐师参与了创作这首乐曲，并从中感受到了全部的悲情：米歇尔·海顿是莫扎特的亲密朋友，他在创作这首乐曲时刚刚失去了女儿。另一个来源是波希米亚作曲家弗朗蒂舍克·安东宁·罗斯勒于1776年创作的《安魂曲》，他后来把自己的名字改为意大利名安东尼奥·罗塞蒂，正如“Gottlieb”（德语“上帝爱我”之义）变成了“Amadeo”（意大利语“上帝爱我”之义）。也是这位罗塞蒂的一首双簧管协奏曲的柔板影响了莫扎特的《C大调双簧管协奏曲》（K314）中的柔板。但是，莫扎特也曾使自己再生，他于1786年创作的《费加罗的婚礼》中崇高而感人的伯爵夫人的“卡伐蒂娜”（“求爱神给我安慰！”）正是从1784年为盲人钢琴演奏家帕拉迪斯创作的《第18号钢琴协奏曲》的行板改编而来的；而《第19号协奏曲》中赋格曲形式的第三乐章则在1791年变成了《魔笛》中捕鸟人帕帕杰诺（Papageno）那首著名的二重唱“帕—帕帕—帕帕帕帕”……

人工记忆

“那么，该如何开发记忆呢？”那个孩子问我，“有没有什么方法能做到？”

我凝视着我们周围的那些画，思考了一会儿。斯塔尔夫人认为它们看上去栩栩如生，而米开朗琪罗则希望自己的画看上去像雕塑。画像动起来了。我感觉到轻微的头晕。

“你相信画的力量吗，我的孩子？你是否曾经因为在学校得了好分数而收到过一幅画或一本连环画作为奖励吗？它的内容是否给你留下了深刻的印象吗？你还记得它吗？看看我们周围这些画，难道它们不是为了打动人们的精神而作的吗？——就像现在的广告牌。你看到那些下地狱者受到的酷刑时会害怕地狱吗？你以后会记起你看到的那些天顶画中的先知和女祭司吗？你会记起大洪水、地上乐园和创世吗？比我给你读《圣经》记得更清楚吗？你不认为在一个很少有人识字的时代，这些画就是通过镌刻在人们的记忆中而影响他们精神的最好方法吗？今天各种媒体上图像力量的回归难道不是一样的作用吗？我们的视觉和空间记忆是最强的，这从人类还是游牧民族的那个遥远年代就开始了：必须记住地点和路径，才不会迷路，而我们的海马体在这种视觉中发育，正如伦敦出租车司机的海马体；那些没有这种能力的司机会迷路，多么严酷的自然选择法则！《圣经》告诫我们：‘你不会忘记你的眼睛看见的话语，在你一生中的任何一天，你都会把它们牢记在心。’这证明了视觉在记忆力方面相对于听觉的优先地位。看，有个人来了，他或许能告诉我们更多。先生，您是？”

“Ш。”

“Ш？”

“Ш就是Шерешевский中的Ш，但是你也可以叫我S！”

“S是……联觉（Synesthésie）的第一个字母S？”

“或者是Shereshevsky的S！所罗门·维尼亚米诺维奇·谢里谢夫斯基（Solomon Veniaminovich Shereshevsky），俄语是：Соломон Вениаминович Шерешевский。”

“我们难道不能简单地称呼您为维尼亚敏吗？”

“是的，您的同行——杰出的莫斯科心理学教授亚历山大·鲁利亚（1902—1977）也是这样称呼我的！”

“所以您就是著名的记忆大师，那个能过目不忘，甚至在多年之后仍毫不费力地回忆起来的人？”

“没错！我是20世纪20年代的记者，无须记录便可回忆起一切，包括我的同事们应该记住的事情，以至于我的主编把我送去咨询您的同行鲁利亚，他在莫斯科的实验室里对我进行定期检查，这种检查持续了30多年。他很快就发现，我的记忆力是无边界的——比如，我可以只听一遍就记住70多个词，而您几乎连十几个都记不住——而我从未意识到这一点。无论是记忆数字还是未知的或编造的词语对我都毫无困难；对于从一张清单上随意挑选的一个词前面或后面的词语，我都可以正背和倒背如流，并瞬间在清单上找到它们；我还能在多年后复述这张清单，准确地回忆起我看到它的地点以及那一天鲁利亚教授穿的衣服，条件是把我重新置于与当时相同的情感状态中……我因此决定改行，在杂耍歌舞剧院里表演！”

“被您迷住的鲁利亚似乎反过来也对您产生了很大的影响！另外，像他敬仰的巴甫洛夫和弗洛伊德一样，他认为我们的大脑最基本的功能是由我们的经验、互动和文化影响决定的。他自认为是一个‘浪漫派’学者，并试图在他的研究中保留真实生活的丰富性，以与还原主义的传统科学相抗衡。因为传统科学用笛卡儿在其《方法论》中介绍的方法，将现实分为若干可分析的基本组成部分，并试图由此推论出普遍规律和抽象规律。鲁利亚曾引用歌德的诗说：‘所有理论都是灰色的，而生活之树常青。’然而，尽管想要从整体上、从他与世界的互动上考虑人类，但是他从对第二次世界大战中受伤者大脑损伤的观察入手对人类高级的大脑皮层功能的描述过于局部化。乐观的他预见到可能有一种动力，可以使受伤的大脑恢复功能。他对您的影响是肯定的：在使您发现了您的记忆力如此强大之后，他说服您，成了一位记忆大师，也就是说放弃了您的记者职业，变成了杂耍艺人；在某种意义上，他使您登上了舞台，就像后来彼得·布鲁克将您的故事改编成他的一出戏剧《我是一个现象》(*Je suis un phénomène*)一样。另外，您的技能也逐渐改变了……您的秘密是什么？”

“鲁利亚证明，一方面，和丹尼尔·达美一样，我也是一个联觉人。一些现代精神科医生重新研究了他的观察报告后认为，我也是一个严重的自闭症患者，亚斯伯格症候群，而我通过与鲁利亚的接触改造了自己。[4] 从儿时起，当我听到某些声音——尤其是大人教给我的希伯来语的祷告时，我就会看见蒸汽状的云或一些灿烂的颜色。我本来希望成为音乐家，比如小提琴家，但在一次感染后，我的双耳听力减退。之后，每种声音、每个音频对于我都与一些颜色相关，它们常常是闪闪发光的——像古钱币、四溅的钢花、耀眼的闪电或烟花。有时候会有一种味道充满整个口腔，像糖醋汁或浓盐水。或者是一些触觉印象：柔软舒适、天鹅绒般的玫瑰，刺在背上的针，发痒的左手。一些几何形状，如线、点、溅出的痕迹，出现并散开。一阵钟声在回荡，一个小球在跳动，我感到我的手指下面有某种粗糙的东西，像一根绳子，然后是一股盐水的味道……和一片白色……餐厅里的音乐改变了食物的味道，如果音乐选的合适，一切都变得令人胃口大开！我根据菜肴的发音来选择它们——这可能有点可笑，蛋黄酱不错，但这个词里的字母'z'使它变了味，因为这是一个让人讨厌的音！词语、数字、姓、名（玛莎、玛尼娅、玛鲁西娅或玛丽怎么能指同一个人呢？），甚至嗓音都是如此。维谷斯基——鲁利亚的导师——嗓音是黄色的、易碎的；电影《战舰波将金号》的导演爱森斯坦的嗓音是一首真正的交响乐、一束鲜花，仿佛一簇火苗带着它的气息向我飘来。您的电话号码对我来说也有一种味道。所有这些感觉为我的默记工作提供了很大的便利，我甚至可以反着记：比如我在看到一些形状时听到一些声音，在别人触碰我时看到一些颜色，在看见一些图像时产生多种感觉。我忘不了把我带到鲁利亚研究所的那条路，因为我看到了一面粗糙的墙壁，它有一种很咸的味道和一种特殊的刺耳的声音。显然，五感的界限在我身上更容易相互渗透，而我的心理现象由此产生。

“另一方面，鲁利亚证明，我用一些复杂的助记方法来记住信息，这些方法是在我们交流之后逐渐发展并丰富起来的。比如，我在脑中把每个需要记住的项目的图像以及相互关联的所有联觉放置在莫斯科的高尔基路上，我熟悉这里最小的角落、店铺、供马车通行的大门、房屋窗户和玻璃橱窗。这样，我只需要在我的脑中再走一遍这条路，就能找回这些信息。我可能会犯错误，但这只是说明我在将这些需要记住的图像放在一个对比太弱或光照不足的背景上时，精神不够集中或心理感受出了差错——比如，一支放在栅栏上的粉笔或一个放在白墙墙脚的鸡蛋都不易被发现。于是我需要把这些物体的图像放大或增强对比和反光，而借助与鲁利亚的互动，我实际上提炼、丰富，有时是简化了我的技能。

“然而，一切都是我的想象成果，因为不断运用图像，我的思考能力下降了；别人在思考，而我在看。比如，我可能无法确定字母顺序或一个逻辑数列，如3、6、9、12。我不能记住那些像河面的水波一样表情多变的面孔，而每种嗓音会以特定的方式激活我的感觉，但感受到的丰富印象吸引了我，使我常常不能完成一次谈话。我心不在焉，沉浸在自己的世界中。诗歌因其丰富的隐喻而扰乱了我的精神。我该如何表达‘无’或‘无限’的概念？请看我是如何用我的记忆力记住《神曲》的前几行诗的，尽管我对意大利文一窍不通，15年后我仍然一字不差地记着它们：

Nel mezzo del camin di nostra vita.

Mi ritrovai per una selva oscura.

“第一幅图：Nel，我看到了舞蹈演员Nelskaïa；mezzo，一个男人（我？）在她的旁边拉小提琴；他在抽Delly牌香烟，del；附近有根烟囱（cheminée），camin。

“第二幅图：Di，一只手指着（désigne）一扇门；门里有个男人卡住了鼻子（nez），nos；他抬起脚想跨过

(traverser) 门槛，tra；另一边，有一个充满活力 (vitalité) 的婴儿，vita，等等。

“我的‘摄影式’视觉记忆使我能够记住我在一块黑板上看见的数字，我的想象和由此产生的心象[5]确保我记住词语，而联觉使我记住声音，我活在一个梦中，我的想象力使我被逐出了现实世界。正如古尔德、米开朗琪罗或莫扎特，当我想做一件事时，我只要在想象中看到它即可，我不需要付出努力，事情自己就做成了。我只要想象我跟在一列火车后面跑，我的心跳就会加速；想象我的手拿着一块冰，手就会变冷；想象导致牙疼的一根橘红色的线消失了，疼痛就会停止，更有甚者，想象另一个人代替我坐到牙医的治疗椅上代我忍受打磨轮的酷刑，我的牙就不疼了。儿时，我曾想象把我的‘替身’送到学校去，闹钟和时间停止了，我重又入睡。在我心里所见和现实所见之间，我看不出太大的区别。而且我的想象常常会真实地发生，与西斯廷礼拜堂的先知和女祭司们如此相像，这使我非常受用。我在这里找到了我的天堂。这个地方要比高尔基路更安静，就像我的内心世界，这里有这么多画，一幅比一幅震撼，完美地布置在空间里，而浸润着我们的复调音乐使得我脑中的形状和色彩都光芒四射，这是记忆的圣殿，是所罗门·维尼亚米诺维奇·谢里谢夫斯基的神庙，是一位联觉记忆大师的天堂，他研究过希伯来语和阿拉米语，试图从古老的配方中得到灵感来救治病人！”

我想，从现在起的一刻钟之内，莫扎特听一遍阿列格里的《求主垂怜》就会记住它，而维尼亚敏又会从中发现哪些色彩的交响乐呢？他会不会把和弦和歌词与西斯廷的壁画联系起来，以便记住它们？他在浏览这些画的时候能以颠倒的顺序听到音乐吗？他会把这些画读作一篇乐谱吗？米开朗琪罗的壁画会像《求主垂怜》一样引起共鸣吗？聆听阿列格里的经文歌会使我们沿时间之河溯流而上，遇见给了他灵感之人，与他产生共鸣，并在上游与造就了他的人们产生共鸣吗？

记忆之术

我们看到了通过想象力来改善一个人的记忆力的可能性有多大！这一神奇的图像和地点记忆技巧可追溯到

上古时代。“想象”一词的词源已经反映出图像和视觉的概念，而“创造性”一词则是一个英语外来语，应翻译成“具有创造性的想象力”……让我们首先注意，所有缪斯的母亲是记忆女神谟涅摩绪涅，她与宙斯连续同寝九夜，生下了九个女儿。让我们回忆一下，希腊语中的“记忆”一词是“知识”的近义词，它不单纯指像维尼亚敏那样默记，而主要是指理解和吸收所学的知识。我们还是回到这种记忆之术上来吧，因为我们正在它最宏伟的插图内部：西斯廷礼拜堂！

古希腊人

神话可以使创造追溯至一位古希腊抒情诗人西摩尼得斯，他生活在公元前500年左右。他是第一个出卖自己才华的人，人们给他起了个绰号叫“舌头抹了蜜的男人”，因为他的隐喻和他的画都很美。普鲁塔克告诉我们，他把绘画称作一首沉默的诗，把诗称作一幅会说话的画，这正说明了他对视觉的重视。在一次宴会上，西摩尼得斯本该赞美一位名叫斯科帕斯（Scopas）的角斗士的运动壮举，可他却离题去称颂狄俄斯库里兄弟卡斯托耳与波鲁克斯。他的资助人因他离题而指责他，决定只付给他一半薪水，剩下那半由他称颂的那两位神话英雄承担。宴会结束时，他被告知有两位年轻人在外面等他。他出去一看，一个人也没有。正在此时，房子倒塌了，那些宾客都被砸死在瓦砾下面，面目全非。卡斯托耳与波鲁克斯这两位年轻人救了他的命。西摩尼得斯根据宾客们坐在桌边的位置，辨认出了他们残缺的尸体，验证了视觉和地形记忆的力量，由此创立了他的助记法：把需要记住的事物或词语放在一些令人印象深刻的图像上，把这些图像置于一些已知的地点，安排妥当，以便今后按照顺序寻找它们。请注意，那位资助人的名字叫斯科帕斯——这使人想到古希腊语中的动词“观察”；而这个故事本身血腥的一面也使人想到西摩尼得斯发明的记忆术中有助于记忆的令人震惊的图像。维尼亚敏本能地掌握了这种记忆术。

拉丁语与修辞学

我们继续？在古希腊人之后是拉丁人。这个故事是罗马演说家西塞罗带给我们的，他生活在公元前1世纪左右，这个故事是他在其《修辞学》(*Rhétorique*)一书中提到的。他在自己的演说中引用了这个故事："根据西摩尼得斯的建议，我们应该从思想中选择一些不同的地点，为我们要记住的事物创造一些图像，然后把这些图像放在这些不同的地点中。于是地点的顺序保留了事物的顺序；图像使人想起事物本身。这些地点是人们书写用的蜡版；这些图像是他们在上面刻下的字。"当着观众的面，这位罗马演说家把需要论述的观点放在他对面的几座大殿中，然后一个接一个地找回了它们。今天我们仍能看到这种方法的痕迹，当我们划分一篇文章时会说"第一点""第二点"，依次类推。一些已知的熟悉的地点，就像维尼亚敏所用的高尔基路及其所有细节，构成了一张莎草纸或一块蜡版，我们把自己用想象定制的象征着要记住的事物令人印象深刻的图像按顺序放在上面。这些事物在某种程度上构成了我们随后重新依次访问那些放置它们的地点时将要"读"的一篇文章中的"字"。这就是古希腊人的人工记忆术，许多拉丁文作家在一些修辞著作中转述了它，而它或许来自埃及，如果我们把象形文字看作有意义的图像的话。我们的大脑本身把这些书面词语看作一些会说话的图像，在阅读时激活视觉与语言理解之间的一个边界区域。需要刻在记忆中的地点可以是有装饰的建筑物；总是以同样的顺序浏览，最好是少人问津的、多变的、中等规模的、有足够的光照但不要太亮。很简单，比如，您可以利用您家里的几个您总是以相同顺序浏览的房间及其家具、窗户和所有细节，然后，一旦您的神奇蜡版组成，您就可以发挥您的想象力，创造一些需要放置在板上的能使您想起那些词语或事物的图像。这些图像应该是一触即发的、不寻常的、美丽的或丑陋的，最好是滑稽的或粗俗的，在感情和情绪方面尽可能令人震惊的，这样才能刻在您的记忆蜡版上。

什么是修辞学？

好好说话的艺术包含五个部分：找到一个好的主题（创造）、按顺序排列（布局）、找到合适的词语（口头表达）、记住它并恰当地说出来。在关于创造的专门论文中，在撰写演说稿的第一时间，西塞罗作为一个柏拉图派学者，首先涉及的是美德的主题。它应引导论述主题的选择，西塞罗把这个主题细分成四个方面：谨慎、公正、坚定和节制。谨慎是由记忆力、智力和预见力构成的：只有了解了过去，现在才能理智地、谨慎地行动，同时尝试预见未来。我们的大脑正是这样运转的，它处于额叶的控制之下，而额叶克制冲动并按照过去的经验计划未来，正如圣奥古斯丁（354—430）所想："有三个时间：过去的现在，现在的现在，未来的现在……过去的现在是记忆；现在的现在是直觉；未来的现在是期待。"[6] 美德与记忆术之间的这样一种关联当时只吸引了修道士们。圣奥古斯丁，身为迦太基的修辞学教授，深受新柏拉图主义的影响，是最先信服这一关联的人之一。他向我们谈起一位能正背和倒背《维吉尔》的朋友，并在自己的《忏悔录》（*Confessions*）中提道："在记忆的宏伟殿堂里，有数不尽的图像组成的财宝，这些图像是我们从感官感知到的所有事物中提取出来带到这里的。"[7] 他还强调了记忆的神圣特征，"我的上帝，这种记忆的力量是神奇的，我相当敬佩它那延伸至无限的深远的多样性。"[8] 正因如此，修辞学与记忆术不仅是一种单纯的技巧，还是一种道德的科学，一种伦理学。

亚里士多德与美学

亚里士多德在12世纪后半叶被重新研究，尤其是被原籍柏柏尔的安达卢西亚哲学家、医生伊本·鲁士德重新研究。鲁士德的评论启发了西方的思想，同时招来了宗教激进主义者的怒斥。亚里士多德了解记忆术，并在他建立想象力是发明、发现及其他创造活动的源泉这一理论时提到了它：感官带来的感知首先被想象力转变成脑中的图像，之后思想才能介入其中。他认为思想和记忆是图像的支流，因为记忆取决于它被动地留在我们大脑的蜡版上那些印记的质量。如果您的思想与孩子一样活跃，那么蜡版就太软了，印不上图像。如果您思想迟钝或狭隘，那么蜡版就太硬了，照样不可能留下印象。相反，记忆的旅程是一个主动的过程：应通过从一个起点出发的各种观念联想重新找到它，并由此构成一条记忆链。最终，正如他在《论灵魂》(*De Anima*)中所写："回忆起来的东西会让人感受到同样的乐趣或同样的痛苦，历历在目。"就像普鲁斯特品尝他的小玛德莱娜蛋糕一样。这是回忆的一次真实的复活。亚里士多德还著有一部《伦理学》(*Éthique*)，它只能吸引一些修道士，如德国多明我会的大阿尔伯特——“全能博士”，他将希腊和阿拉伯科学引进了欧洲的大学。他对亚里士多德的研究与阅读君士坦丁堡的手抄本的威尼斯译本有关，他有时会批判亚里士多德。[9]与伦理学的关联将使记忆力在形成判断和美德过程中扮演一个关键的角色。他的学生——意大利的圣托马斯·阿奎那，被称为“天使博士”——试图调和基督教思想与亚里士多德的哲学。他的非凡记忆力使他能够背诵出整部《福音书》，附带教堂神父们和他自己的全部评论。他把这种能力称作“金链”，暗指借助亚里士多德描述的观念联想的记忆技巧。在拉斐尔为梵蒂冈所做的油画《雅典学院》中，亚里士多德手里拿着的正是他的《伦理学》。

多明我会修士

从那时起，记忆术就被多明我会修士们运用，不仅用来记忆文章和逐城讲道，还用来说服听众。修士们往往是文盲，却能记住在教堂里欣赏到的像广告牌一样令人印象深刻的图画。佛罗伦萨的新圣母玛利亚教堂即为其中一个具有重要意义的例子。此教堂自1246年开始建设，很快成为一个真正的知识分子之家，其中回荡着佛罗伦萨的雷米的讲道，他是托马斯·阿奎那的门生，也是但丁的导师。建在毗邻修道院的教士会议厅内的西班牙人礼拜堂装饰着佛罗伦萨的安德烈（Andrea da Firenze）的一组壁画，是真正宣扬自称为“主的看守犬”的多明我会修士为之深感荣耀的作品。从壁画上，我们看到凯旋的托马斯·阿奎那被他那些亲爱的天使们围绕着，高悬于十分忧郁的伊本·鲁士德上方。下面，在一个记忆术的典型建筑装饰中，我们找到了等距离布置的几幅自由主义艺术和其他学派的寓意画，每一幅都与他们最负盛名的代表人物有关。我们毫不意外地看到，亚里士多德代表哲学，圣奥古斯丁代表讲道，毕达哥拉斯代表算术，西塞罗代表修辞学。再远一些，在教堂引以为豪的壁画中，我们看到了但丁和他的贝雅特丽齐，但也有彼特拉克和他的劳拉以及薄伽丘。我们知道，彼特拉克，外号“阿维尼翁的西塞罗”，写了《那些值得回忆的往事》（*Livre des choses à se rappeler*）和许多歌颂“胜利”的作品，这些寓意诗揭示了人类的生活、与激情的斗争和永恒的胜利，它们获得了巨大的成功，并被丰富的画面诠释出来：我们看到了一辆马车上载着“胜利的爱神”“贞洁”“死亡”“名誉”“时间”“永恒”。如此多的大有教益的、“积极的”画面叩击着灵魂，并刻在观看者的记忆中，对他们进行着道德教育。

但丁

但丁的《神曲》完全转向了记忆术，并追求同样有教益的目标：地狱篇、炼狱篇和天堂篇，这三部分象征着上帝和三位一体，一些重复三遍的仪式以及每一部分中的33篇诗歌，歌颂耶稣之死与复活的时代。地狱的各圈和一层套一层的多重天构成了如此多的记忆地点，放置了需要记住的那些令人印象深刻的图像，以获得天堂的玫瑰。为什么我们只记住了第九重天——土星天，而金星却在第三重天正式展示它的才能？但丁强调了感情与记忆之间的关联，而当他最终在天堂之光中看到他的贝雅特丽齐时却昏了头，“因为我们的心智在接近它的欲望时，会变得如此深沉，以致记忆力也不能在后面跟随”[10]。

保罗·马拉泰斯塔与弗兰切斯卡·达·里米尼这对情人在读到朗斯洛与奎内维尔的爱情故事后也忘记了自己

的锁链，见证了审美共情那令人神魂颠倒的能力：他们的嘴唇贴在一起，就像他们故事中的主人公一样，最终扔掉了他们的书，陷入了另外的快感之中，以致迷失了自己。诡计多端的丈夫当场捉住了他们，并用剑刺伤了他们，把他们发配到地狱的第二圈——淫欲圈。弗兰切斯卡温柔而简单地向但丁和维吉尔解释了他们被罚入地狱的情况，证明了书籍和感情那令人失忆的力量造成的影响："一天，出于乐趣，我们读了朗斯洛的爱情故事；看到爱情如何用它的锁链将其束缚；我们两人单独在一起，毫无疑虑。有许多次，书中的内容使我们的目光彼此吸引，使我们的面容失色；但其中一段征服了我们。当我们读到'那期望已久的含笑的嘴唇是如何被这样一个爱人亲吻'时，我身边的爱人——他永远不会与我分离——也浑身颤抖地亲吻了我的嘴唇……那一天，我们再也读不下去了。"阿根廷作家豪尔赫·博尔赫斯宽恕了他们，认为他们罪有应得，但仅仅是因为他们没有读完他们的书。被罚下地狱者的记忆是一种在死亡那一刻被阻断的创伤记忆，它把受罚者禁锢在过去。他们能记起全部，但不能重新组织他们的记忆，把它们重新组合形成新的思想，正如一次灾难中的受害者。记忆力需要一具身体和一些感官印象，以便将新的记忆存储其中，并对旧的记忆进行再加工。

在修道院里

修道士的生活，是在阅读和回忆宗教经典的基础上不断沉思，它有助于掌握这种记忆术。所有方法都付诸实施，无论是想象、感情或是认知。你看，僧侣们正在安静地吃饭，一边聆听《圣经》片段的诵读。你能看到他们是多么享受精神的滋养，随着食物一起咀嚼它们、消化它们，使它们新陈代谢，正如蓬热和他的无花果。

之后，请你在回廊里散步，这里的建筑就是一个学术记忆的地点，把你要记住的想法的图像放在柱廊之间，或者放在廊柱上的装饰雕塑上更好，这些廊柱本身也常常承担着象征意义，最令人印象深刻，是真正的“记忆机器”[11]：在下一次散步时或在你回忆这次散步时，你会发现它们原封未动。正因如此，亚里士多德才会边走边授课吗？如今，人们重新探索启发式的“漫游式心理咨询”的优势，以重新构建生命历程。对情感或文化的空间锚的重新探索为叙述提供了便利，而且比散落在写字台抽屉深处的那些简单记忆显得更高级。

精神修炼

自11世纪初，就有神秘主义者给出了一些促进记忆的建议，如意大利拉文纳的圣罗慕铎——古埃及沙漠中神父修道制度的最后代表，他说："静坐斗室如在天堂，记忆深处摒弃俗念，凝神思考如钓鱼能手专注于鱼……尤其要把你自己置于主的面前，满怀敬畏，颤抖不已……把自己变得很小，像一只小鸡一样卧着。"因此，不安的状态是记忆术不可或缺的一个条件，今天我们了解一种被有效控制的紧张对记忆的重要性，当期限将近时，记忆力往往会变得更好，比如对于一次考试："记忆捕捞"会因产生记忆的情感爆发而变得更容易。维尼亚敏必须要重新回到与他记住单词清单那一天相同的心理状态下，才能使记忆迸发。记忆练习有时就像心理体操，必须边看边念叨（默念是新近的做法）。用拉丁文写成的、为节省羊皮纸而没有空格的句子将被分成若干音节，然后分成若干可记忆的片段。第二阶段的学习将评论包括在内。

随后加上标点，用于分隔适合工作记忆的片段。当然应始终从同一张莎草纸或同一部药典开始，从而使记忆不会因同一篇文章的多个不同图像的重叠而混乱。

路过缮写室，我们进入了图书馆，鉴于这些书籍的价格和稀有性，真应该记住它们。僧侣抄写员们为我们做好了准备工作，书上充满教益的泥金装饰画可以解释文字或方便记忆，同时保证了我们的道德教育。打开《凯尔斯书》(*Le Livre de Kells*)——9世纪初爱尔兰僧侣泥金手抄本中最精美的一部，分布在《福音书》的文章中的小幅泥金装饰画照亮了我们。比如，一个形似雄鸡的起首字母代表对圣彼得三次不认主的“否定”，雄鸡报晓提醒了这位使徒，他已在耶稣被捕的夜里三次背叛了主，同时也帮助我们记忆。在连接耶稣基督名字“chi-rhô”的头两个希腊字母的那些华丽的交织线中，细心的观察者会发现几只懒猫任凭老鼠背着圣体饼逃跑，而在另一处，一只勇敢的猫正在捉一条鱼(象征耶稣)。最不同寻常之处在于此书好像是一个华丽的装饰物，一个神父不需要读就可以背诵的礼拜仪式道具！[12]乌特勒支的圣诗集也在同一时代盛行于荷兰。作为卡洛林艺术的杰作，书中的大量插图有助于借助图像思考。圣奥古斯丁的文章《上帝之城》（*La Cité de Dieu*）在12世纪被插入了若干罗曼风格的彩色装饰画，它们构成了许多记忆中的建筑地点。围绕着文字的那些装饰有时代表花朵，暗示着某些修辞方法和风格表现手法，还有其他“图像”，用于“钩住”记忆，被称为“雄辩之花”：夸张（夸张法、间接肯定法）、简练、相似或相反（反论、对照）、惊讶、奇怪（隐喻、讽喻……）、对比、讽刺、双关，别忘了还有黑暗的光明这种……逆喻！文章边缘空白处画着的蜜蜂鼓励人们采集书籍之蜜，而在观念联想形式下对记忆的追寻，就像亚里士多德宣扬的那样，暗示为一个叠一个的八字形薄饼、一串串念珠，更有甚者，钓住一串鱼的鱼钩……记忆的“引爆”一直是神经心理学中非常重视的一种技巧。

音乐！

那么如果人们唱歌会怎样？在这方面，长期以来所有的传播都只是“口头的”，没有乐谱，歌曲和歌词都需要记住，正如莫扎特现在正在记忆《求主垂怜》。另外，不能把一切都写在一张乐谱上，“技术诀窍”需要一个学习的过程。一张古老的羊皮纸为我们展现了圣歌《求主垂怜》的歌词，用黑字写成的宣叙调，用金字写成的合唱副歌，没有任何其他说明。圣格里高利不满足于发明了日历，还试图统一不同地区之间差异很大的礼拜圣歌，用“纽玛记谱法”记谱，即记录下适用于一个大致的音节的一种旋律和节奏的格式。然后让我们回到公元1000年前后，当时本笃会修士圭多·达莱佐发明了当今整个音乐界使用的记谱法，即根据一首致圣若翰洗者的颂歌，用一种助记法来命名所有音符：“ut”，后来变成“do”（但我们仍然说“ut”谱号，即中音谱号），“re”“mi”“fa”“sol”“la”“si”（最后一个音符代表圣若翰，拉丁文中的“saint Ioannes”）。他还使用另一种助记法，即在他的手指骨和关节上排列音符，这是一种由古代即开始使用的计数法演变而来的技巧，而且我们至今仍在“用手指数数”。

我们在“无花果的艺术”中看到文艺复兴时期的作曲家们是如何在他们的音乐中隐藏信息的，但最不寻常的故事——尽管有争议——可能要数法国-弗莱芒作曲家纪尧姆·迪费的故事了。他的名气如此之大，以至于被选去为1436年佛罗伦萨圣母百花大教堂的祝圣仪式及佛罗伦萨建筑师菲利波·布鲁内莱斯基建造的穹顶的揭幕仪式作曲。有些人在他的经文歌《玫瑰花开》(*Nuper rosarum flores*)中发现了这座建筑的建筑尺寸！[13]另一些人认为这实际是《圣经》中描述的所罗门圣殿的尺寸，[14]因此也是西斯廷礼拜堂的尺寸！直到21世纪初，一位建筑师兼音乐家在其双学位论文中反驳了这些数据。[15]然而，他仍然认为音乐与建筑之间在人文方面的一致性是显而易见的，但它植根于作曲方法的概念，源于与宇宙和天球的和谐相关的比例科学。

大教堂

歌德说过，建筑是凝固的音乐，也是固化的记忆。维克多·雨果在《巴黎圣母院》中让主教代理手持一本谷登堡《圣经》面向大教堂说："这个消灭那个，书籍消灭建筑。"有什么比一座大教堂以及它的众多壁龛、恐怖的檐口滴水和那些浅浮雕更适合做一个威严的记忆地点呢？拉文纳的皮埃尔就利用了他旅行途中参观的那些教堂的建筑，并把他的女友——皮斯托亚的吉内弗拉的放荡形象置于其中，从而记住了几个图书馆那么多的书。他于1491年——即印刷术发明前一年——出版了他的《人工记忆之凤凰》(*Phenix sive artificiosa memo*)。回忆，正如凤凰，借助人工记忆涅槃重生。助记方法还将更加繁复，而雨果的预言的确实现了——1512年，人文主义思想家鹿特丹的伊拉斯谟宣称："尽管我不否认地点和图像可以帮助记忆，但最好的记忆仍然建立在研究、秩序和应用的基础上。"而法国加尔文派哲学家皮埃尔·德·拉拉梅(1515—1572)宣称"亚里士多德所说的都是假话"。他将划分文章段落的方法引入皇家学院，即我们今天所用的I、II、III和A、B、C，然后是1、2、3和a、b、c……他在圣巴托罗缪大屠杀后第三天被杀，杀他的人喊道："难道不是你嘲笑亚里士多德的著作，说它们是一堆废话吗？"在弗朗索瓦·特吕弗的那部改编自雷·布拉德伯里的小说《华氏451》(*Fahrenheit 451*)的电影中，书籍被焚烧，尤其是亚里士多德的《伦理学》，因为"一旦一个人读完了这本书，他就会自认为比那些没有读过它的可怜的家伙更高级，你们看到了，这是有害的，因为我们应该都是一样的，只有平等能够确保所有人的幸福，所以应该烧了这些书，所有的书！"，一名纵火者一边说着，一边把《我的奋斗》(*Mein Kampf*) 也一并扔进了焚烧炉的烈火中。

“可是你难道不能试着自己把皮埃尔·德·拉拉梅宣扬的这种分段法用在你的文章里吗？”我的小同路人向我建议道。

“我会为你试试的。‘因为自然记忆欠佳，我用纸来记忆’，蒙田在他的《蒙田随笔》(*Essais*) 的结尾这样写道，记忆术，根据其首要目的，如果没有在文艺复兴时期发展到新的高度，就不该在印刷术发明后延续下来：它先是被归入修辞学 (A)，之后又归入伦理学 (B)，最后变成了魔法 (C)。因此我们现在位于第C段，在这里，记忆术变成了魔法。我开始分段。

“1.柏拉图与记忆力。根据人们后来对柏拉图文章的重新研究，柏拉图认为，记忆只是灵魂对理念世界的回忆。因此，培养记忆力可以重新建立起与神的关联。在他的名为《斐多》(*Phèdre*) 的对话录中，柏拉图给我们讲述了托特神的故事，他为埃及之王塔莫斯带来了文字和王的担心：‘文字会使灵魂忽视记忆力而导致遗忘：因为对文字的信任，人们将从外部借助一些奇怪的字符，而不再从内心深处，唤起他们的回忆。’也许这就是柏拉图的导师苏格拉底从来不写作的原因，这位古希腊最伟大的思想家更注重口头传授，并要求学生锻炼他们的记忆力，以此塑造他们的精神和肉体，记住他所传授的知识。耶稣也是这样做的：‘你们想起我时就会这样做。’也许柏拉图只传播了他导师的哲学理论的一小部分作为范例或练习，而主要部分都是口头传授。《华氏451》中的反抗者们即使一页一页吃掉他们的书，也不愿让它们付之一炬，他们背过了那些书，把自己变成了它们的化身：我们会遇见以棕发女子形象出现的柏拉图的《理想国》(*La République*)、卡洛尔的《爱丽丝漫游奇境记》(*Alice au pays des merveilles*)、乔伊斯的《尤利西斯》(*Ulysse*)、隐藏在破衣烂衫下的马基雅维利的《君主论》(*Le Prince*)(‘我们不能从封面判断一本书！’)、萨特的《犹太人问题》(*La Question Juive*)、简·奥斯丁的《傲慢与偏见》(*Orgueils et Préjugés*)第一卷和第二卷孪生兄弟……

“2.赫尔墨斯。记忆术向魔法演变的第二个要素是赫尔墨斯·特里斯墨吉斯忒斯手抄本的重新发现，美第奇家族曾请他们的哲学家兼医生马西尔·费辛(Marcile Ficin)

把它们紧急翻译出来，暂时抛弃了柏拉图。埃及人的托特——文字的发明者和希腊人的赫尔墨斯都代表着同一个神，即拉丁人的墨丘利。赫尔墨斯·特里斯墨吉斯忒斯被视为法老的祭司，有时被看作伊姆霍普特，他可能向摩西传授了保守最严的秘密，比如……死而复生的秘密！因此了解赫尔墨斯的作品对提出与尼哥底母相同问题的所有人都很重要，而这部作品对炼金术士和其他魔法师意义尤其重大：《赫尔墨斯文集》（*Corpus Hermeticum*）包含了一些预言和各种魔法。如果说这本文集的第一部分重新评论了《创世记》，那么随后人们就发现了赋予‘雕塑’生命的秘密，正如人们猜想埃及的祭司们能做的那样。赫尔墨斯，就像维吉尔和女祭司们一样，有权在所有教堂里得到一席之地，尤其是在西斯廷礼拜堂。1614年，一位博学的新教徒——伊萨克·卡索邦的研究显示，文集中那些文章都是在事件宣告发生后写成的，预言因此变得容易！因为受到柏拉图及其后继者和最早的基督教著述的启发，《赫尔墨斯文集》不能再被看作一部预言著作了！

“3. 卡巴拉。另一个主要的来源是神奇而隐秘的卡巴拉，当摩西在西奈山上书写法版时，卡巴拉被按照犹太教的秘密口授传统口授于他。这再次强调了唯一允许直接接触神和创造之奥秘的口授记忆的重要性与凝固的文字之间的对立。上帝的名字写作YHWH，翻译成耶和华，不应被说出，巫师们用22个希伯来文字母开发了一种秘传的组合技巧。这种做法没有逃过皮科·德拉·米兰多拉的好奇心，他后来因此受到启发。而加泰罗尼亚的一位方济各会修士在此之前已经将它纳入了记忆术，并在13世纪的《光辉之书》(*Zohar*)中首次进行了介绍，他就是拉蒙·柳利——那个时代的圣托马斯·阿奎那。拉蒙·柳利1235年出生于马略卡岛。他当过朝臣，也做过行吟诗人，1272年，他忽然醍醐灌顶。据传说，他骑马追逐一名女子至帕尔玛大教堂，但当此女子向他展示了自己被癌症蚕食的胸部时，他决定结束自己的荒淫生活。成为方济各会修士后，这位‘光明博士’为方济各会发明了一种专门的记忆术，它区别于多明我会的记忆术，并受到了柏拉图的观点和卡巴拉的启发。这是一种组合技巧，它把字母(偶尔使用数字)置于几个同心轮——‘球节’之上，通过几个三角形或正方形连接起来，这一布置可以追溯至理念世界，这些理念具有神圣的属性，如善良、庄严、永恒、强大、智慧、意愿、美德，从而‘证明’其真实性。它不再是经典记忆术中那种静止的图像，而是思想中的那种抽象的运动着的象征，其目的是从三大宗教的共同前提出发，用基督教信仰的真实性和因此而来的优越性去‘科学地’征服犹太教和伊斯兰教的教徒们。地中海巴利阿里群岛的地理位置为他的任务提供了便利：他的组合记忆术利用神名字里的字母作为创作原则，在他的多次旅行中，这种记忆术不仅受到了卡巴拉的影响，也受到了伊斯兰教的一个神秘分支苏非派的教义影响。在苏非派教义中，对神的名字的沉思是最基本的。最终，全部的创造被他的组合技巧集合在一起，经由火、植物、动物、人、星座和天使等要素与宇宙和上帝的矿物联系起来。在达到智慧之家前，需要攀登如此多的阶梯，位于阶梯中央的人可以选择上升或下降，就像皮科·德拉·米兰多拉所说的那样。因此，柳利的记忆术是积极的，他的目的是通过采用一种宇宙的神秘几何学的方法建立各种理论知识之间的‘逻辑’关系，从而方便记忆搜索工作，皮科·德拉·米兰多拉把这种几何学等同于非犹太民族的外邦人使用的一种魔法。拉蒙·柳利的影响是深远的，西班牙的许多大学以他的名字命名，他还曾被任命参与创建法国蒙彼利埃大学。一些不道德的后继者以他的名义出版了一些炼金术方面的书，这使他在文艺复兴时期被当作一位魔法师。16世纪，索邦大学创办了一次关于柳利主义的讲座，在这次讲座中，对经典记忆术、方便记忆的多明我会记忆术和有利于智力过程的柳利的记忆术进行了比较，最终柳利的记忆术胜出。”

“下面让我们看看(D)，旨在结合两种人工记忆术的优点的几次尝试。

“1.朱利奥·卡米罗(1480—1544)——威尼斯的人类学家，提香的朋友。他把一个圆形阶梯剧场作为记忆地点，这个阶梯剧场被分为七个部分，对应七个星座，从智慧之柱向外辐射。他把当时的所有知识以图像的形式按照一种秘传的逻辑排列在剧场里，并把它们全部聚集在以阿波罗为代表的太阳神这个中心的周围。只有站在这里，才能使这部记忆机器开始转动——就像柳利的球节、埃及人那变活的雕塑或是当代的网络搜索引擎——以便掌握‘星座的雄辩术’，即宇宙的知识，同时借助一种与世界的和谐揭示出的比例实际相关的记忆力。没有人确定他是否完成了他的壮举，但弗朗索瓦一世从资金上支持了他一段时间。

“他的朋友提香于1565年创作的油画《谨慎的寓言》也表达了同样的精神。画作完美地诠释了伦理学的记忆术向魔法转变的过程。首先他重申了圣奥古斯丁的时间观点：威尼斯老画家的侧脸紧挨着他儿子的正脸，后者又紧挨着一名青年男子——可能是他收养的孙子——的侧脸，还有一句话：‘以过去为镜，现在谨慎而行，唯恐为未来的行为脸红。’我们重新找到了西塞罗和多明我会修士所珍视的谨慎的美德，我们的大脑也是这样运转的，包括当它听到一段乐曲时：我们刚刚听到的和弦的记忆使我们预感到即将听到的和弦，并等待它们的出现。这三个肖像位于一只三头动物之上，它为整幅画带来一种神奇的、动感的维度：狼代表老人，狮子代表中年人，狗代表青年，这正是彼特拉克描述的三头怪兽。这只动物是塞伯拉斯——看守地狱的三头犬的埃及版本。我们因此找到了可能发明了记忆术的埃及和发展了记忆术的古希腊之间的联系，即西塞罗珍视的美德，圣奥古斯丁对时间的看法！太阳就是这样完成它的旅程的，看守地狱的神秘动物兼阿波罗的伙伴使这位老人及其记忆能够在青年男子的面容下重生。

“2. 西斯廷礼拜堂首先是一个经典的记忆地点，正如在提香的画中那样。它的头几幅壁画对照了耶稣的生平和摩西的生平，展示了旧约与新约之间的演变关系。画中还描绘了耶稣的祖先，并回忆了最早的几位教皇。然而，从西斯廷礼拜堂的建造之日起，‘魔法般’的记忆术就被广泛提及。首先是与所罗门圣殿相同的尺寸和壁画《最后的审判》，这使人想起法版形状。画上描绘的一些犹太教教士和一些希伯来文字母，仿佛出自某些能使人想起口授给摩西的卡巴拉的图像。

“我们已经看到了柏拉图对美第奇家族的影响，以及因此对米开朗琪罗的影响。在天顶上，先知和女祭司们居于优先的位置，展示了对未来的记忆，而这只是灵魂对理念世界的回忆。不只转向过去，也转向未来的记忆术，在一种柏拉图式的、秘传—通灵的观点中，被视为是神圣的。

“让我们回忆一下，创世的过程是倒着展现的，仿佛在用过去解释未来，就像在精神分析法中的颠倒记忆法，又仿佛我们在走向我们的过去。沉浸在他们的书中或羊皮纸卷中（让人想起《摩西五经》）的预言家、先知和女祭司们逐渐抛弃了书卷，越来越接近唱诗班和光明——我们的最终目的地：入口处的德尔斐女祭司好像在背诵她试图记住的文章，厄立特里亚女祭司正专心地读书，库迈和波斯的两位女祭司正根据她们的老花或近视程度调节与书的距离，而行程尽头美丽的利比亚女祭司合上了她已完全掌握的著作。先知们也在做同样的事。起点处的撒迦利亚正在安静地读书；约珥开始默记；以赛亚合上了书，用食指指着刚读过的那一页；而天使们正在他的耳边提示答案；以西结把他的纸卷放在一边，试图记住上面的内容；但以理不再看他的书；耶利米在最后一幅壁画《神分光暗》的照耀下摆脱了所有的文字，在有利于记忆的忧郁状态下陷入沉思，使我们想起了亚里士多德。因此，我们的预言家们最终既掌控了他们已经记住的过去，又掌控了未来。他们确认了豪尔赫·博尔赫斯的话：'从哲学上讲，记忆是并不亚于预见未来的一种奇迹。'知晓了过去并从中得到滋养的预言家们赢得了光明——理念世界，并展示了‘魔法般的’记忆术，他们掌握了这一智力过程，从此后就能想象未来，而无须借助已经过他们新陈代谢的书本。

“3. 这一观点将通过占卜塔罗牌推广开来，它是真正的‘便携式西斯廷’，直至今天仍受到令人吃惊的追捧，随机抽取的奇特图片使人能够读懂未来或有助于做出一些决定。这个游戏的起源是秘传—通灵的，22张大阿卡纳对应希伯来文字母表中的22个字母。从《摩西五经》到塔罗牌，托特神之书！这实际上是马西尔·费辛——领导美第奇家族的佛罗伦萨新柏拉图派学院的医生兼翻译——最先创造的，他希望通过为他的学生们提供一种寓教于乐的游戏，把他的哲学、星相学和宗教观点通过记忆术浓缩在可以操控的一些图片内，从而以波提切利作品的复杂性促进记忆并活跃思维。[16]在这些五花八门的图片中，我们可以找到：女教皇琼安的形象，主教的形象，由两匹马拉着、象征柏拉图或皮科·德拉·米兰多拉的自由意志的彼特拉克的胜利战车，出自乔托壁画的公正与力量和与谨慎相关的节制等美德，但丁的魔鬼，一个仙女，月亮神，太阳神，甚至还有……卡斯托耳和波鲁克斯兄弟！

“我们可以因此把西斯廷设计成为一台终极‘记忆机器’——正如卡米罗对他的阶梯剧场的希望，或费辛对他的塔罗牌的希望——一台能够记忆而且能够创造思想、连接理念世界并使理念重生的机器，一扇与宇宙保持一致的星门，而且根据与医学相关的秘传的传统，它或许也可以是炼金术中的一种炼丹炉，一个在尼哥底母问题的精神中复活的过程。”

“可是如何激活这个系统呢？它的能源是什么？”那个男孩问道。

“对于信奉者而言，信仰足以移山！更实际一些，可能是光——没有图像的绝对视觉，或者星星？神分光暗！像古代的剧院一样，教堂是东西向的，并且与宇宙相连。雄鸡报晓时，光明突然出现。光在费辛心中扮演了一个伟大的角色，而被埃及人奉若神明的太阳将引导波兰天文学家，也是议事司铎和医生的尼古拉·哥白尼(1473—1543)以严谨的数学方式证明行星是绕着太阳运转的。尽管如此，他还是承认了赫尔墨斯·特里斯墨吉斯忒斯对他最初直觉的影响！

“但是最后，我还应该为你介绍一个人，他试图使记忆术达到最高水平，以找到神圣的灵魂回忆的钥匙。他最终葬身火海。乔尔丹诺·布鲁诺，老多明我会修士，1548年生于那不勒斯附近的诺拉镇。他组合了所有的记忆方法，运用了一些极度复杂的球节，其中包含一些可能吸引宇宙力量的图像、神秘符号和代替护身符的标记，同时参考了哥白尼及其日心说。他是亨利三世的顾问，觐见过英国的伊丽莎白一世，直至走进了布拉格的鲁道夫二世的宫廷。这位有着浅褐色头发、爱幻想、大眼睛的瘦小男子骄傲得忘记了所有的谨慎，在经历了一场漫长的调查诉讼后，最终于1600年2月17日在罗马的鲜花广场上被处以火刑。他受尽折磨，仍毫不退缩，不承认玛利亚的贞洁，如果无人能够为他解释清楚就拒绝接受三一论，并声称我们可能并非宇宙中唯一存在的星球……在英国，他的影响深远，直达莎士比亚——他把他的环球剧场建成了一个记忆地点，包含一张黄道十二宫图，目的是方便演员们的工作。普洛斯佩罗——《暴风雨》中的魔法师就是在向布鲁诺致敬。[17]在德国，布鲁诺的观点影响了哲学家莱布尼茨，尤其是他的组合记忆术和他的单子和宇宙和谐的概念。莱布尼茨，像牛顿一样，既是炼金术士，又是真正的学者，标志着魔法与科学之间的过渡，而人工记忆与书本世界重新结合，随着信息技术的发明得以重生。20世纪中叶，赫尔墨斯重新出现在艾伦·图灵发明的第一台计算机中，它的记忆被存储在一台'水银'延迟线存储器中，这是拉丁版的赫尔墨斯，依据的是源于振动弦物理现象的一种技术。柏拉图可能会咒骂这种外部人工记忆，它既没有被吞下，也没有被消化，但可以肯定的是，这幅画将使对关联感兴趣的乔尔丹诺·布鲁诺着迷，卡米罗和柳利也可能从中看到他们的梦想成真。"

"振动弦？音乐或光作为能源？"小印第安男孩挥舞着他的战斧提议道。

注释

1 M. Gazzaniga, *Le Libre Arbitre et la science du cerveau*, Odile Jacob, 2013.

2 G. Vasari, *La Vie des meilleurs Peintre, sculpteurs et architectes*.

3 S. Freud, «L'oubli des noms propres, du mécanisme psychique de la tendance à l'oubli», *in Psycho-Pathologie de la vie quotidienne (1898)*, chap. 1, Petite Bibliothèque Payot, 1972.

4 A. Elfakir «Mémoire et autisme: de la neuropsychologie à la psychanalyse. Le cas de Cherechevski», *L'Information psychiatrique*, 2005, 81 (9), pp. 763-770.

5 当对象不在面前时，我们头脑中浮现出的形象称为心象。——译者注

6 Saint Augustin, *Les Confessions*, livre XI, chap. XX, Flammarion, 1993.

7 Ibid., livre X, chap. VIII.

8 Ibid., X.

9 圣米歇尔山上也刻有亚里士多德的文字及其译文。

10 Dante, *La Divine Comédie*, «Le Paradis», I, 7-9.

11 M. Carruthers, *Machina memorialis. Méditation, rhétorique et fabrication des images au Moyen Âge*, Gallimard, 2002 et, du même auteur, *Le Livre de la mémoire*, Macula, 2002.

12 R. G. Calkins, *Illuminated Books of the Middle Ages*, Cornell University Press, 1983, pp. 79-82.

13 C. Warren, «Brunelleschi's dome and Dufay's motet», *The Musical Quarterly*, 1973, 59, pp. 92-105.

14 C. Wright, «Dufay's *Nuper rosarum flores*, King Solomon's Temple, and the Veneration of the Virgin», *Journal of the American Musicological Society*, 1994, 47 (3), pp. 395-441.

15 T. J. de Castro Simas da Costa Freire, *Une nouvelle lecture de* Nuper rosarum flores *et de sa relation numérologique controversée avec la cathédrale de Santa Maria del Fiore*, mémoire de thèse, CNSMD-Lyon, 2012.

16 Voir P. Truffaut, C. Poncet, *Les Mystères du tarot de Marseille*, documentaire Arte.

17 De même que Zénon, l'alchimiste de *L'Œuvre au noir* de Marguerite Yourcenar.

第五章

从仙女到狼人，阿比·瓦尔堡的案例

再往前走，上帝吹了一口气创造了夏娃，这个从亚当的肋骨中破茧而出的仙女既有魅力又有诱惑力。这第五幅画（图10）位于我们的旅程中间。西斯廷礼拜堂最初在这个位置一分为二，体现了原罪之前和之后两个时期，最靠近唱诗班的那部分是留给教徒们的。引发原罪的女人的出现？又是厌女症吗？

然而，这次是一位胖乎乎的老奶奶陪着我们，她面容慈祥，眼神悠远、充满遐思，颈上挂着两副眼镜。

“弗朗西斯·叶芝夫人？因其著作《记忆之术》（*L'Art de la mémoire*）而备受景仰的英国著名历史学家！多么荣幸！多么惊喜！多么开心！多大的安慰啊！我怎么能没认出您来呢？多么令人感动啊！我们能遇见您是多么幸运啊！我很感激您让我在西斯廷礼拜堂应用您的研究成果，而不是对我说教！这是多大的鼓励啊！不知您是否对我们这粗浅的思考感兴趣并愿意加入我们的探寻？您学识渊博、想象力无穷，是否愿意帮助我们，与我们一起，当一会儿我们的‘维吉尔’，给我们一些指导呢？”

她面带微笑看着我们。

“我不相信神秘术，也不是炼金术士或者什么女巫！

图10

我不知道你们是否能在西斯廷的天顶上找到圣杯或不老泉，但我愿意守护你们：那些探索黑暗地带的人们往往会陷入疯癫！但我相信我能帮助你们，保护你们，同时告诉你们更多关于图像的力量的知识。请在我的陪伴下往旁边移一步，就像我们在造房子游戏里做的那样，我会试着给你们讲述一个人的故事，我虽不认识他，却受到他的影响。他自视为德国和意大利之间的一台地震仪，就像莫扎特和米开朗琪罗之间的你们，而且他断言已经在西斯廷礼拜堂里找到了你们正在寻找的那条路——一直通往壁画《最后的审判》的那条路。

“他是阿比·瓦尔堡，他创建的图书馆滋养了我，馆中收藏了文艺复兴时期伟大作家们的几十万册著作。他创立了无名之学，其实真应该称其为‘图像学’，这是一部艺术史。它不仅从美学角度，而且根据人类学、社会学和历史学的观点从‘伦理’角度研究艺术作品，探寻它们的起源、可能承载的信息、与欣赏它们的人之间的关系……我的定义当然很不完整，但他的‘共情’和‘存在’方式与你们关心的问题一致。无论他是谁，他的研究把他逼疯了，他患有严重的精神病，以至于被关在精神病院多年。最后他凭借自己的方法走了出来，即他把自己融入他做过的一场讲座的图像中，达到了宣泄的效果。一种精神病的治愈在他身上构成了一个罕见的、值得讲述的现象；建立在审美共情的基础上并由病人自己建议治疗方法的独创性，使得这个故事不同寻常。更有甚者，这个方法在试图治愈他的精神科医生路德维希·宾斯万格（Ludwig Biswanger）身上引起了强烈的反响。这位医生是荣格和弗洛伊德的弟子，他在自己的诊所收治了瓦尔堡，并作为守口如瓶的康复监护人对其进行监管。困惑不解并受到影响的宾斯万格尝试着把自己融入病人们的感受中，以理解他们的内心——正如瓦尔堡对艺术作品所做的那样——从而创造了存在分析学，它对精神病学的意义就如同图像学对艺术史的意义。

“这两人之间的交流继续进行，并为他们的研究提供了养料：瓦尔堡发现了艺术风格中的精神病症状成分，而宾斯万格则在精神病症状中发现了风格学的成分。[1]他们俩都认为艺术具有‘治愈’功能，将艺术扎根于人们精神生活最极端、最令人焦虑的深度上，从而使症状改观。拿着这本书［我认出这是我正在撰写的《精神疾病现象学论文》（*Mémoire de phénoménologie psychiatrique*）！］，在继续赶路的同时，将自己沉浸在瓦尔堡与宾斯万格之间片刻。从这种水平关系中，应该能够理解莫扎特与米开朗琪罗之间的垂直关系，并得到你们探寻的那些存在问题的答案。那是一本需要翻阅的老书，上面布满了蜘蛛网，请你们从现在起开始阅读它，这是一个给大人们写的童话故事，你们喜欢狼人的故事吗？”

从仙女到蝴蝶：疾病的故事

阿比·瓦尔堡于1866年出生在汉堡一个很有势力的犹太银行家家族，这个家族起源于西班牙，中世纪时移民到意大利博洛尼亚，随后在17世纪到达了德国北部，并在汉堡建立了欧洲最古老、最重要的银行之一。这个家族作为亲王们的顾问，相当于现代的美第奇家族，家族中的艺术和音乐爱好者们在欧洲的一部分国家以及美国和以色列施展着他们的影响力。

年幼的瓦尔堡柔弱的双肩上担负着家族的遗产。他幼年时患上了严重的伤寒症。这种热病有时会引发过渡性精神障碍，比如谵妄、歇斯底里、攻击行为，甚至偏执狂，这些症状会在几周后消失，[2]但在漫长的病后恢复期中会有几次复发，这是一种虚弱的状态，不安、情绪不稳定、冲动、易怒和可能导致以后的精神病的发怒。[3]瓦尔堡很久以后仍记得伴随高烧出现的难以忍受的谵妄，在这些妄想中，漫画家伯特尔为巴尔扎克的《夫唱妇随》（*Petites misères de la vie conjugale*）画的插图奇怪地具有魔鬼附身的作用，以至于困扰了他好多年：你们看，这些魔鬼扯着眼睫毛瞪大眼睛；一个男人突然被他老婆的叫骂声惊醒，从床上坐起来，一个长了翅膀一直响的大闹钟象征着叫骂声；另一个男人正被他妻子牵着的一只巨大的甲虫攻击，这是为了提醒他应尽的义务，哎哟，他上吊了！

瓦尔堡对图像的着迷胜于家族传统的音乐癖好，尽管他的世界始终是非常“音乐”的，充满和谐与共鸣。他培养了一种对气味的高度敏感性，这可能是疾病留下的后遗症和未来变狼妄想症的开端。他很难分辨想象和现实，比如他会把他周围的人等同于《雾都孤儿》（*Oliver Twist*）里的人物。

死里逃生、脆弱和“神经质”的他得到了过分的宠爱，医生们曾建议他的父母不要惹他生气，以免引起任何致命的激动。他通过一些不可思议的场景获得了他想要的一切。他这个专横的淘气包曾戏弄他的姨妈，用纸板做火腿，以违逆她的宗教信仰。他把他的双胞胎弟弟叫作“50%”。他跳了好几级，追上了因生病而浪费的时间，但从四年级起就表达出一些困扰着他的强迫症式的想法，有时是性方面的。根据家族说法，他在13岁时放弃了对银行的长子继承权，将其转让给他的弟弟马克斯；作为交换，他要求弟弟为其购买他一生所需的全部书籍，以献身艺术研究：他弟弟没有意识到他已经决定建立一座收藏将近10万部著作的图书馆，连眉头都没皱一下就答应了！

我们的主人公刚刚低调地通过了高中毕业会考，就展示出一种实现巨大项目的罕见精力。他对图像、神话、历史、心理学、医学和进化理论都感兴趣。他通过亨利·托德（Henry Thode）研究艺术史，托德是研究意大利文艺复兴和米开朗琪罗的专家，也是研究杜勒和德国艺术的专家。德国艺术为瓦尔堡展示了回到古代和文艺复兴时期的重要性，但要结合其他创新因素，如对自然的崇敬。迷人且热衷社交的托德重视德国的艺术和文明，他认为它们在等待救世主：他或许想到了他的岳父——

理查德·瓦格纳。他的妻子丹妮拉·冯·比洛，又称“露露”，是李斯特的外孙女，指挥家汉斯·冯·比洛和柯西玛·李斯特之女，柯西玛离婚后嫁给了瓦格纳。正是少女时代的露露使到瓦格纳家拜访的哲学家弗里德里希·尼采感到吃惊，因为她当时正待在自己的房间里享受孤独。尼采这位超人的创造者，在女人面前总显得笨拙，他是不是把她想象成了柯西玛？这个少女流露出的情绪，被生性刻薄的作曲家瓦格纳揶揄放大和重复，成了他与这位哲学家断交的原因之一，而后者在那之前一直把他捧上了天。瓦尔堡后来在指责托德夫人引导她的丈夫走上了一条错误的道路时，提到了“旺弗利德”，影射了瓦格纳在拜罗伊特的住宅和他的反犹太言论。

尽管家人有保留意见，他们更希望瓦尔堡对书籍的热爱使他成为犹太法学博士，但瓦尔堡仍得到了无限的感情和财政支持，他刚刚皈依犹太教，就收到了鱼子酱、几瓶圣朱利安产区的葡萄酒和满足他穿衣品味的时髦衣服。我们这位极其兴奋的大学生，每周注册近30小时的课程，有时感觉自己拥有“两面神雅努斯的脑袋”，这使他不得不去看医生。两个名字吸引了他的思想。一位是艺术史学家雅各布·布克哈特——欧洲文化史研究专家，他专注于能够揭示人民精神状态的事实和事件，于1860年出版了一部关于意大利文艺复兴时期文明的参考书，并首次将摄影资料用于教学。古代文明及其在文艺复兴时期的延续，作为图像史学起源的人类学——瓦尔堡的世界由此形成。他的另一位偶像是仰慕布克哈特的听众——弗里德里希·尼采，他或许在布克哈特的课上汲取了他对赫拉克利特的迷恋，但主要吸收的还是古希腊世界的悲剧概念。这使他于1872年写出了献给瓦格纳的《悲剧的诞生》(*La Naissance de la tragédie à partir de l'esprit de la musique*)，当时两人尚未闹翻。在布克哈特与尼采之间，在一位的图像与另一位的音乐之间，取道文学，瓦尔堡的确是我们的前辈！

1888年，瓦尔堡前往佛罗伦萨，并对运动中的形象开始感兴趣。比例、节奏、姿势与空间、建筑产生了共鸣。他试图将人类科学并入艺术史：是运动给了艺术生命，这不是在自然主义的角度下，而是存在主义的答案。每个作品都是一种“精神”的物质体现，可以加以“吸收”，从而掌握它。我们离存在分析不远了！瓦尔堡后来对达尔文感兴趣，包括他的进化论和他对人与动物的情感表达的研究——对哑剧的本能理解，就像对手势的理解，是人际交流的第一个方法，先于语言。

27岁时，他发表了论文，试图凭借其难以捉摸的渊博学识，通过波提切利的《维纳斯的诞生》和《春》这两幅著名的神话主题的油画来展示古希腊—古罗马的图像和象形手段在文艺复兴时期艺术领域的重现。古人不仅传递了一种分寸与平衡或是宁静而宏伟的理想，还留给我们一些与情感有关的运动造型表现的典范——那些夸张的形象所表达的，如痛苦、焦虑、热情、悲伤，正是达尔文的兴趣所在。梵蒂冈的《拉奥孔》群雕中那些因痛苦而扭曲的躯体也得到了米开朗琪罗的珍视。

从前言开始，我们就提到了审美共情，这是风格的真正构成力量，由哲学家罗伯特·费肖尔于1872年在《论审美感官》(*Das Optische Formgefühl*)中首次做出描述。在与所欣赏的作品产生共鸣并吸收它的同时，瓦尔堡试图解构它，逆向重建创作过程。在从艺术家的创作源泉和他对自己的存在的理解出发深入艺术家的灵魂的同时，他在《佛罗伦萨随笔》(*Essais Florentins*)中试图从艺术家的内心感受他是如何能够“使运动激活的生命的图像固定住的”，就像在一部电影中暂停一个画面。共情胜过审美。

他还发现了古代模特对表现外部被激活的细节的影响，如衣着或发型。上帝存在于细节之中——瓦尔堡引用了福楼拜和托马斯·阿奎那的话。相反，尼采认为魔鬼隐藏在细节之中。列奥纳多·达·芬奇对我们说了什么？“尽你所能去模仿古希腊人和拉丁人在风使衣服贴在他们身上时展现四肢的方式。”而1435年，阿尔贝蒂在其首部关于绘画的著作《论绘画》(*De Pictura*)中写道：“马、马鬃、树枝、树叶和衣服的运动在画中是赏心悦目的。我甚至希望那些马……卷起来，纠缠在一起，在空中起伏，像火焰一般……在画中加入和风的脸庞也不错……它正在吹气……这样我们就会有一种风抚摸着身体每一侧的优雅效果……看上去它们在衣料下面几乎是赤裸的。在另外一侧，被风掀动的衣料在空中完美地舒展开。”[4]今天这一方法在艺术写真中仍被广泛运用！

于是就自然而然地出现了仙女的形象，“美女”，迷人的年轻女子，披着大波浪的头发，身穿自由舒展的衣裙，稍纵即逝却生动活泼，美妙迷人却不可触及，就像风的化身。这位古希腊—佛罗伦萨的仙女快活地跨越了几个世纪，诱惑着瓦尔堡。已经出现在石棺和古代的浅浮雕上的她服侍着维纳斯或佛罗拉，随后萦绕在我们这位研究者的心头。他难道没有在基尔兰达约的画《施洗者约翰的诞生》(*La Naissance de Jean Baptiste*)中惊艳地发现她吗？在画面右侧远离那些矫揉造作的贵妇拜访者的地方，她轻盈地跳着舞，头上还顶着一篮水果。

“看，她在这儿。”那位装扮成印第安人的小王子对我说，“在西斯廷天顶一角的壁画中，在入口处！”

的确，米开朗琪罗想起了他的导师基尔兰达约，但按原样复制的仙女从那以后改名叫朱迪丝了！她的篮子里是刚刚斩下的荷罗佛纳的头颅，被迷住的米开朗琪罗把自己的相貌借给了他！旁边，大卫正在击杀歌利亚！再往下一点，在西斯廷礼拜堂的侧墙上，她出现在波提切利的壁画《基督的考验》(*La Tentation du Christ*)中！

瓦尔堡在他的路上撒满了线索！我们正走在正确的道路上，让我们继续前进。论文一完成，他就立即到柏林投身医学研究去了：解剖学和心理学，研究中央神经系统和感知，尤其是在弗朗兹·布伦塔诺——胡塞尔和弗洛伊德导师的文章启发下研究错视。他在骑兵部队服兵役，他1.59米的矮小身材既有优势又不方便，他的脚踩到马镫都很费劲。他难过地发现，由于他的宗教信仰，他永远都不会被任命为军官。

1893—1895年，瓦尔堡回到了佛罗伦萨，但在理解艺术作品的新方式上还没有拿定主意。他怒斥那些所谓天真的业余绘画爱好者，他们“把艺术看作一片开满鲜花的大草原，傍晚，人们在草原上嬉戏，呼吸着甜美的芳香”，或者那些信奉尼采的游客——他们来重新接受“原始”源泉的洗礼，他们那优雅的提洛尔罗登牌大衣口袋里装着《查拉图斯特拉如是说》。厌倦了唯美主义艺术史的他前往美国参加他弟弟保罗的婚礼。在那里，他探访了亚利桑那州、新墨西哥州和印第安霍皮人的宗教仪式。回来后，他只为此举办了几次讲座，在讲座上展示了他拍的一些照片，但是从那以后，他得以在更广阔的基础上理解了人类的精神构成和异教在艺术中的延续，无论是印第安人的，还是文艺复兴时期的。他知道，过去不存在了，它在现在中继续，埋在最深沉的睡眠下，它只要求重现，只要我们懂得如何正确地引用它，正如罗马的马焦雷门附近发现的毕达哥拉斯主义的地下教堂，在1917年4月23日一条铁路线的道床坍塌后突然重见天日，在它的浅浮雕上已经有了飘舞的仙女形象。

瓦尔堡娶了玛丽·赫茨——他十年前在佛罗伦萨乌菲兹美术馆遇到的一位绘画和雕塑艺术家。出身汉堡大资产阶级新教家庭的玛丽，尽管在婚前改信了犹太教，但还是使瓦尔堡有机会再次表达了他对他父亲的宗教正统观念的反抗。他的父母没有出席他的婚礼，却对他们的孙女表现出深厚的感情。

1897年，瓦尔堡在伦敦和巴黎继续他的研究，之后多年定居佛罗伦萨，废寝忘食地埋首研究存放在阴暗冰冷的地下画廊中的“人类档案”。他对佛罗伦萨资产阶级的肖像艺术感兴趣，后来又醉心于弗莱芒艺术和佛罗伦萨第一次文艺复兴。他的恐惧症常常在一些具体事件（流行病、熟人去世……）之后激烈地发作。我们回忆一下，使他差点丧命的伤寒症是一种可通过被已感染的粪便弄脏的食物传播的疾病。他极为粗暴地指责他妻子不谨慎、缺乏卫生常识。他是十足的家庭暴君，以自我为中心，因为一些无关紧要的理由而大发雷霆，尤其是当他的虚荣心受伤时；他还通过出色的口才在外人面前为自己辩护，比如他的医生，但主要是女性亲友，他向她们描述他处境的巨大困难，以博取她们的同情。在一次旅行中，他的血糖超标，从那以后，可能患上糖尿病的想法就一直困扰着他，并酝酿着他的疑心病倾向和家庭烦恼。

毛毛虫似的瓦尔堡永远都像被群蛇缠死的拉奥孔那样被牵绊住，他挣扎着，度过了一些抑郁的阶段。他秘密地爱着他的“仙女”，活泼的、美妙的，却在天上遥不可及。他一边感叹一边幻想自己能在它身旁飞翔，用他酝酿的一篇小说的网捉住这只美丽的蝴蝶，他一直在打这部小说的草稿：“我最美丽的蝴蝶，展开翅膀，敲碎玻璃罩，嘲讽地飞向蓝天；我必须捉住它，可我却不能像它那样飞翔。”[5]

1908年，他获得了一项前所未闻的优待——那是所有藏书家的梦想：被允许在罗马梵蒂冈图书馆继续他的研究。在他升天愿望的指引下，他致力于研究天文学和星相学的历史，借助星相图或者天空和其他天体的图像以及与魔法和占卜信仰相关的图形，兴致勃勃地用象征手法表现我们在宇宙中的位置。自吹自擂有“一个先知的肚子”、能够预言失败并预感到反犹太主义势头上升的他越来越像那些女祭司和其他预言家了……

第二年，瓦尔堡终于回到了汉堡，创建了他那座备受专家们赞赏的图书馆。他已经拥有9000多本书籍，主要是关于艺术的，还有礼仪、宗教、星相学等方面的，总而言之，涵括了从古代到文艺复兴时期几个世纪的所有精神方面的书籍。随后的两年中，他又补充了6000册书，来满足他对希腊和阿拉伯天文学的热爱。

他夜以继日地工作，在他的办公桌前度过了一生，融入了他的图书馆。患有强迫症的他收集了数目可观的资料，并按顺序仔细地把它们装在卡片柜中，努力想完成他的研究，但总是受到购买书籍和工作习惯（办公桌、羽毛笔、铅笔、卡片柜、书桌）不断变化的妨碍。他表现出一种真正的拖延症，总是推迟他的讲座。他的出版物，罕见、简短但深受专业人士欣赏，全部晚于计划时间问世。更正一篇小论文的论据往往会变成一次可怕的经历，使他病上几个星期，并需要一些极端复杂的仪式来缓解。他忍受着极度劳累和强烈的身体痛苦的折磨，完成了他那毫无生气的繁重工作。

然而他的工作总能以广度和复杂性取胜。1912年，他参与组织了在罗马举办的国际艺术史大会，这次大会旨在对费拉拉的斯齐法诺亚宫壁画中的意大利艺术和国际星相学进行交流。这次研讨会标志着“图像学”的诞生。

第一次世界大战使瓦尔堡更加狂躁了。他很早就嗅到了德国在马恩河战役后将以失败结束战争的气息。尽管他仍在为那篇关于“路德时期故事与图像中的古老异教占卜”的论文做着工作,但他把更多的时间用在了时事上，这使他烦躁不安到发疯。他试图收集关于战事进展的尽可能多的信息，一天读7份报，收集了海量的报纸，雇佣妇女、儿童和同事协助这项狂躁症似的存档工作，他称之为“碎片”——“卡片”和“浪费”两个词的不太可能的文字组合游戏。他因此收集、编目了大约2.5万条关于战争的资料，组成了一个巨大的卡片图书馆，占满了他的全部空间，把他的图书馆变成了一个真正的战场，而他则是总指挥。

他爱上了孩子们的英国女家庭教师，并把这种激情感受成一种身体转变的开端。他斩断了这份看似相互的但不可能的、或许永远无法享用的爱，对他的妻子和女家庭教师敞开了心扉，却省略了他在此期间与一名女秘书保持的纯性爱的却仍然同样折磨他的关系。

1918年，他在柏林举办了一场关于路德的讲座。星相学证明了我们的信仰与宇宙的力量相关，一种信仰的确定要借助于天上出现的古代诸神的形象："星象学家既会计算也会魔法。"瓦尔堡一点一点地滑向了一种半信仰状态，然后是一种迷信行为。他的文章越来越罕见，写作质量下降，内容也更加空洞。他最终相信自己是战争的秘密起因，尤其是由于他的家族的影响；而且他应对德国的失败负责，因为他觊觎的孩子们的女家庭教师是个间谍，是女王陛下秘密特工的头目，而他的研究唤醒了几个异教魔鬼。五朔节[6]前的一天夜里，他的理智动摇不定，这个嗅觉过度灵敏的男人感觉到自己的力量增至十倍。他开始朝着月亮号叫，吓到了邻居，并完成了他向狼人的变形。他企图用一把左轮手枪杀了全家，然后自杀。他很容易就被缴了枪，并因严重的精神障碍被送进了精神病诊所。

诊所的故事

1918年秋，瓦尔堡在威廉二世让位后疯癫了几天。作为德国皇室的热心捍卫者，他相信自己和家人将被一些匿名的迫害者逮捕并关进秘密监狱，在那里被折磨和杀害。正是为了避免这一厄运，他才企图自杀，并慷慨地将他的妻子和孩子们纳入了他的计划。他认为他的敌人们可能是布尔什维克，他们想消灭资本家和知识分子，更不必说像他这样的知识分子资本家了；又或者是复仇女神，她们想惩罚他放弃了犹太教。他对图像的依恋挑战了《圣经》的禁忌："你不可为自己雕刻偶像，也不可做什么形象仿佛上天、下地，和地底下、水中的百物。"[7]他拒绝清真食物，不给儿子们行割礼，也没有让他们接受犹太教育，因为他认为德国文化并不逊于犹太文化。他没有出席父亲的葬礼，拒绝读守孝的祷文。他自认为已被"革出教门"，因其行为已被犹太社会放逐，正如斯宾诺莎的经历。"在我的灵魂深处，我是一个基督徒。"他低声向一个朋友吐露心声，并让他发誓保密，然后自己跑到后台通过打开的窗户把这句话喊了出去！他对德国的反犹太主义的担心是有预见性的：纳粹党的成立可追溯至1920年，而人们发现日夜监视他那个后来成为家族银行行长的弟弟马克斯的警察就是纳粹的一名特务。1922年6月，外交部部长瓦尔特·拉特瑙，犹太人，瓦尔堡家的朋友和合伙人，被极右分子暗杀。

瓦尔堡被转移到汉堡的一家私人诊所待了很长时间，他忍受着威胁他和他家人的幻听——他听见一些枪声和让他害怕的妻子的呼救声。他担心被金属电到，害怕被捕入狱，包括在接受水疗期间，当他按医生的建议躺在浴缸中，用热水来舒缓他的焦躁不安时，也一直把双手放在水的外面。任何人不得碰他的浴缸。周围的人都对他怀有敌意，所有人都联合起来折磨他：护士用她的经血污染了他的盘子，其他人在里面加上了精液或鼻涕，人们企图用最精细的手段消灭他。他要求拥有一把手枪，以便在与他的精神科医生决斗时自卫，因为他把这位医生看作一个被说服的反犹太主义者。

在恩布登博士——瓦尔堡家的神经科医生（需要注意的是，瓦尔堡家至少有瓦尔堡的弟弟弗里茨和一个儿子后来也因神经心理方面的问题接受过治疗）——的监护下被送回家后，他的各种怀疑平静了一段时间，又重新指向了他的家人和护士们，如果说开始时当人们问他是否真的相信他的那些妄想时，他还犹豫不决，那么前几个月的不确定逐步转变成深信不疑，这也标志着他的病情加重了。他的记忆力始终出众，这使恩布登博士在诊断他患有早老性损害导致的妄想症时感到为难。

无计可施的神经科医生联系了汉斯·伯格——耶拿大学精神病院的院长，向他介绍了这位无可救药的患者：他打他的妻子，不停地吼叫；他非常苛刻、以自我为中心、专横、多疑，有很严重的神经过敏，别人的意见与他稍有不同，他就大发雷霆。尽管如此，他仍是一个非常有趣的案例，值得人们去帮助他。除了损害的观点外，恩布登把瓦尔堡描述成精神变态者，有一些先天退化的特征，尤其是恐惧症和强迫症，在1918年11月，他又出现了严重的、多种形式的妄想性精神病，伴随着暴怒、多疑症的表现（前列腺肥大、高血压……）、复杂的强迫症行为、洁癖和各种有意识的仪式。恩布登还指出，最终使他的患者恐惧的是他不能忍受一个受约束、被强迫的事物缩减到只有一种可能性。一个他满怀激情为之奋斗的位置一旦变成了一个实际的决定，就立刻使他生厌。如果他感到他周围存在一种平静而稳固的客观性，那么他就会去关心另一件事。然而，写非常有教育意义的日记始终是一个绝对的执念，他专心于此，不考虑是否会有读者。

他在日记中描述了自己在夜晚，尤其是在早晨的烦躁、叫喊、高声演讲以及怎样用胡编乱造的新词说出的难懂的话。这位患者下午很安静，智力上对自己始终保持苛刻的要求，他会去参加一些文化界的晚宴，而且没有自杀倾向。

汉斯·伯格发现了瓦尔堡伴有幻觉的被迫害妄想症，并确认了早发性痴呆的诊断和他最终的预言：这个54岁的男人已经没有任何治愈的希望了，这个“狼人”干扰他的治疗，殴打护士，骚扰其他患者，吼叫着掏出自己的腹股沟疝，要求有自己的浴室，吃起饭来像一个吃人妖魔，要求精致的菜肴，差点儿导致糖尿病和动脉粥样硬化的复发，当医生处方不合他意时还会表现出假性心绞痛。然而，与自己的同行恩布登一样，伯格也注意到，这位患者尽管在精神方面有严重障碍，但也有正常的时候，在这些时候，他显得和善，能够进行高水平的理智谈话。或许伯格希望以此来说服他那位领导瑞士美景疗养院的同行路德维希·宾斯万格接受这个他无法控制的令人精疲力竭的患者，试图像前面的几位同行一样“摆脱”他。但是伯格仍让自己的继任者随时告知他为控制这个“被惯得无法无天”的男人而进行的后续工作的进展情况。

宾斯万格

路德维希·宾斯万格，后来在胡塞尔和海德格尔的现象学的启发下开创了存在分析学。他1881年出生于瑞士德语区的克罗伊茨林根的一个精神科医生世家。他的祖父创建了“专门治疗神经和精神疾病”的美景疗养院，希望为精神病患者提供一个“革命性的”私人治疗机构。除了在化学方面的兴趣外，他还想像法国的皮内尔一样，在这里禁止一切强制性治疗手段，并像巴黎的布朗士博士诊所一样，给这里一种“家”的感觉。他购置了一块地和一幢楼——美景出版社的一个老印刷厂，疗养院沿用了出版社的名字。建在博登湖畔的这家疗养院位于欧洲的中心，临近德国和奥地利边境，这里的人也懂法语。疗养院不断壮大，后因逐步买下了临近的别墅而成为独立的疗养区。这些别墅分布在一座公园里，每一幢都有个性化的名字：和谐、祥神星、罗伯塔、玛丽亚、艾米莉亚、瓦尔德格、塔内格、兰德格、公园别墅、公园屋……疗养院一直故意保持中等规模，患者数目从不过百；患者住院平均周期最初为3—6个月，后来逐步缩减。客户群比较富裕，最初来自瑞士德语区，后来遍布整个欧洲，在《时代周刊》上做广告后，甚至还有来自美国的患者。作家约瑟夫·罗特在1932年把美景疗养院描述成“一个健康之家，殷勤但昂贵的治疗等待着来自富裕阶层的疯子们，他们习惯于被疼爱，护士们以助产士般的细心对待他们”[8]。1883年到1887年间，疗养院收治了患有歇斯底里和吗啡依赖症的伯莎·帕彭海姆，她的别名安娜·O更出名，尽管约瑟夫·布罗伊尔和他的学生西格蒙德·弗洛伊德已经试用精神分析法确认，她已“痊愈”。为了帮助家族事业，奥托·宾斯万格——路德维希的叔叔担任了耶拿诊所的所长，汉斯·伯格就是在这家诊所收治了瓦尔堡。他有幸于1889年1月到1890年3月期间在这里悲哀地收治了衰落时期的尼采。路德维希毕业后在他叔叔的诊所实习了几次，并娶了其中一名护士。奥托退休后，也于1919年为美景疗养院担任咨询师，他的儿子库尔特是他的合作者，而这使瓦尔堡极为慌乱，因为他不能忍受这两个“尼采的掘墓人”的存在。

路德维希·宾斯万格是这个精神科医生世家第三代的代表。他是苏黎世的尤金·布鲁勒教授所欣赏的学生，这位老师发明了精神分裂的术语，取代了“早发性痴呆”，即医生们推测瓦尔堡所患的病。路德维希于1907年与同科的一位助教一起提交了医学论文，这位助教“就像火之精灵，用他的气质和丰富的观点点燃了他的学生们并使他们全神贯注”——他就是卡尔·古斯塔夫·荣格，因为他祖父的关系，他自称是歌德的私生重孙。他将心理电反射传授给宾斯万格，即通过记录皮肤的导电性随着所触发的情感发生的变化来证明精神和肉体之间存在的联系，这需要联想一些能够证明痛苦记忆的词语。荣格邀请宾斯万格陪他去维也纳会见弗洛伊德，在布鲁勒的祝福下，弗洛伊德的理论最终在大学教育界引起了共鸣。一直粗暴专断的弗洛伊德认为布鲁勒“有局限性”，而布鲁勒对这位精神分析法的开创者与让-马丁·沙可之间的关系很敏感，后者是萨尔佩替耶医院的第一位世界神经学教授。弗洛伊德曾是他的学生，之后还把他的著作翻译成德文。宾斯万格与弗洛伊德保持着密切联系，经常向他通报美景疗养院里患者的情况，比如安娜·O。他们的友谊一直保持到弗洛伊德去世，尽管他们的理论观点逐渐出现了分歧。我们可以想象这位实习医生有机会陪伴他那杰出的主任医生荣格及其妻子去维也纳是多么激动！然而第二天早晨当弗洛伊德在放松和友好的气氛中请他们讲述他们做的梦，以便给他们解梦时又是多么尴尬！荣格没有全部承认，说了一点儿假话，却被揭穿了：他想把弗洛伊德赶下“宝座”，取而代之！不管怎样，荣格很快就会被确立为官方“继位者”。天真的宾斯万格讲述了他看见自己走进了贝格街19号弗洛伊德的家，但那里正在装修，那个旧分枝吊灯临时蒙着布……蒙着布的旧吊灯！弗洛伊德把它当作他自己！——这位年轻的精神科医生想要娶我的女儿但抛弃了我，他想：“我不会在一个有着如此破旧的吊灯的房子里做丈夫！”宾斯万格比荣格多停留了一个星期，并于周三被邀请参加与弗洛伊德最亲近的学生们的聚会。“好了，您现在看到这伙人了吧？”学生们走后，弗洛伊德对他说，语气中流露着些许轻视和失望。

被征服的宾斯万格将精神分析法引入了在家族疗养院里实施的治疗中。1911年，他父亲罗伯特过早去世了，他接过了疗养院的领导权，那时他才30岁。第二年他病倒了，必须接受睾丸癌手术，这种癌一度被认为是极难治愈的。很少离开维也纳的弗洛伊德专程来看他，这引起了想在路过苏黎世时去拜访弗洛伊德的荣格的嫉妒。得到“如圣父般”接待的弗洛伊德描述宾斯万格为“极为正确、严谨和诚实的人”，但补充说“他没什么天分，有自知之明且十分谦虚”。[9]

当宾斯万格收治瓦尔堡时，他的事业刚刚起步，还未掌握所有的理论工具。他正在撰写他的第一本书《普通心理学问题导论》(*Introduction aux problèmes de la psychologie générale*)，这本书直至1922年才出版，正如书名显示的，这只是一本“导论”，而应该包含精神分析法的第二册永远不会出版了。在20世纪20年代初，宾斯万格开始热衷于研究胡塞尔的哲学。他在30年代开创了存在分析学，但他的首部著作《人类存在的认知与基本形式》(*Grundformen und Erkenntnis Menschlichen Daseins*)直至1942年才出版。他在当地举办的讲座证明了他关心的主要问题：胡塞尔的现象学、精神分析法与精神病学、康德以及布鲁勒的另一个学生罗尔沙赫的墨迹测验。还有卡尔·雅斯贝尔斯，德国精神病学家和哲学家，他的影响来自其对患者采用的详细传记法和关于患者对自己病情的主观感受的研究。

根据创建者祖父的意愿，疗养院里建议的治疗主要注重生活区域的幸福、舒适和抚慰效果。布鲁勒1932年作为嘉宾出席疗养院成立75周年庆典时，评价这家疗养院散发出一种亲切而自在的气氛。构成美景疗养院的十多幢别墅分布在一个公园里，有一个适合运动疗法的花园，一个带滚球场的橘园，一个温室和几座附属的田舍。人们穿着便装打网球、做园艺，在疗养院周边组织远足，可以去湖里游泳，练习网球。疗养院还组织一些节庆活动和化装舞会，为后世的面具疗法提供了依据。正如从前法国的布朗士博士诊所一样，宾斯万格家族与病人们一起生活，周日在中央大厅集体用餐，有非常棒的甜点。医护团队组成了一个治疗团体，能够做出他们认为对病人有用的决定。水疗法仍是一种参考治疗方法，某些住院病人可享受私人浴室。暗示，或者说夏尔科钟爱的催眠术，是从1892年起开始实施的，而精神分析法对重度精神病患者很难进行，自1906年起在路德维希的推动下取得了一定突破：进行了一些定期面谈，一个长沙发出现了，但它实际上无法让患者舒展地躺下。吗啡的使用非常频繁，而弗洛伊德做过实验的可卡因则很快被弃用了……

受过教育的宾斯万格使用一种尖锐的语言，同时用一些文字游戏来开发一种越来越深刻、越来越严密的思维，尽管这很难达到。他在课本中读荷马，识拉丁文，掌握法语并能用它开玩笑，对哲学还有文学感兴趣，如歌德、浪漫主义和诺瓦利斯。他没有放弃绘画、里尔克的诗和易卜生的戏剧，并且完全自然地赋予任何艺术表达形式一种治疗作用："对自己的疾病有一个客观的视角有好处，而且艺术表达对此有帮助。"他鼓励艺术家们重操旧业。他在美景疗养院收治了精神失常的尼金斯基，甚至邀请他的学生谢尔盖·里法尔来疗养院跳《玫瑰幽灵》之舞。抑郁、嗜酒并吸毒的画家恩斯特·路德维希·凯尔希纳曾于1917年到1918年在美景疗养院住了十几个月。作为德国表现主义的先锋，他把自己的灵魂状态投射到他的作品中，创新地使现实变形而不加以约束，以激发观看者的感情。他在住院期间为宾斯万格画了多幅肖像画。在其中一幅木版画上，宾斯万格的头部被拉长了，呈“立方体”，既严肃又慈祥，稳重得像一个瑞士人，像他的熟人们经常描述的那样友好。

然而，弗里茨·萨克斯尔——瓦尔堡的助理和教子于1922年为我们描述的宾斯万格的肖像却截然不同：“我曾试图向这些医生们介绍瓦尔堡的问题。我准备了一份说明，在这份说明中我努力想从作品中理解这个人的心理。他们要为他治病，但他们从未读过一行他的文字。一位医生是一个和蔼的陌生人；另一位（宾斯万格）满脑子都是他自己，非常‘犹太’，非常精明，但——不是个‘好人’。”萨克斯尔认为，“精明”不是一个褒义词，而是证明了他对那些过分倾向于理论投机的研究人员的不信任，而“不是个‘好人’”则是十分侮辱性的意第绪语[10]，一个“好人”是指一个受人尊敬的诚实的人！宾斯万格回答他说：“您看到我们——我是说作为精神科医生——对此几乎不感兴趣很惊讶。但这是因为我写病历时只采用我从患者本人那里得到的信息……”1923年3月，萨克斯尔宣称路德维希·宾斯万格“极度渴望得到认可”并对瓦尔堡“嫉妒得发疯”，他固执己见地忽略瓦尔堡的科学价值，甚至当一些伟大的思想家——如到美景疗养院来探望瓦尔堡的哲学家恩斯特·卡西尔都注意到这一点时。

因此，这是一个年轻的宾斯万格，尚处在技术摸索阶段，远未达到他未来的技术水平，却因自己的门第而骄傲，对自己的价值确信无疑，领导着一家兴旺的家族企业，一座傲然屹立于牢不可破的观念之上的有点自命不凡的瑞士大山。他准备接受一场迎面而来的旋风，一个自由的电子，来自德国最有权势的家族之一的后裔，一场即将撼动他的暴风雨，一个即将使他动摇、撕裂他的信心并使他那漂亮的机器失效的“狼人”。波吉亚家族时期的意大利，30年的恐怖统治、谋杀与屠杀孕育了文艺复兴和米开朗琪罗，现在面对的是有着500年的博爱、民主与和平历史的、生出了……布谷鸟的瑞士！[11]他看见一个男人向他走来，正如他的一个助理所描述的，“一个身材矮小的人，矮小得令人惊讶，体格宽厚强壮，面部轮廓给人的印象是混合了痛苦、斗争、强烈的约束，并有着沉淀在大理石中的神奇力量的意愿”。

入住美景疗养院

瓦尔堡的病例，与美景疗养院的所有相关文件一样，今天被保存在图宾根大学编号UAT 441/3782的档案中。它包括8页正反面和11张散页，均为打字稿，有几处手写注释。诊断为："（精神分裂症）狂躁—抑郁混合状态。"我们要注意，而这一点是最重要的，"精神分裂症"一词是用羽毛笔书写的，并随后用括号括起来，然后又用铅笔纠正为"狂躁—抑郁混合状态"。

瓦尔堡是在1921年4月16日星期六来到位于克罗伊茨林根的美景疗养院的。

汉斯·伯格，耶拿诊所的精神科主任，亲自确保瓦尔堡由私人护士弗丽达·赫史特和瓦尔堡家族银行的一位老员工陪伴转院。他们于15日上午给"狼人"注射了1克巴比妥之后离开耶拿，其他镇静剂需要在路上使用……到达美景疗养院时仍非常烦躁的瓦尔堡不肯脱掉大衣，也不就座，不停地问他是不是在监狱里，认为有人偷了他的行李，粗暴地侮辱他的同行人员，声称有人要处决他，他的作品将被毁掉，有人想要毒死他……他的思维混乱、摇摆不定，他不停地冲到房间外面，模仿着几乎空洞的、有点僵直的动作，带着探究的眼神，有时现出一个狡猾或讥讽的微笑，提出上千个问题，做出上千个请求，而转眼又忘记了它们。他希望能够把他关在自己的病房里，满足于一个门闩，而不是一把钥匙，但立刻又十分烦躁地冲出去。他聒噪，大声唱着难懂的歌词。他好动，四面八方地穿梭，进入其他病房，非常亲热地跟其他患者们打招呼，不用敬语，以至于有时候看护人员不得不违反疗养院的规矩，把他关起来。

瓦尔堡用洗漱来消磨时间，医生们不得不拆了他的盥洗盆。他从一个房间搬到另一个房间时，只带着三大包个人物品，其中主要是写作用的材料，一边还低声埋怨着是不是有人企图从他这里夺走它们，就像一条狗被人抽掉了骨头。他不满意别人给他提的所有建议，无论是理发还是换掉一件旧睡衣。守时不是他的强项，尤其是吃饭，而考虑到他的尿糖含量，他平时胡吃海塞的巧克力也要定量供给。每天傍晚，需要四个男护士才能给他打一针巴比妥，以保持楼内的清静以及……医护人员和其他住院者的睡眠。

第二天安静了一些，可他又开始声嘶力竭地唱歌，对女护士们也不用敬语相称，再次幻听到他的亲人们悲痛的哭声。他声称自己被妓女、皮条客、强盗和罪犯包围着，他们喝他的血，吃他的脑浆。“小瓦尔堡，如果撒旦的这个被罚入地狱的蠢护士不保护你，你就完蛋了！”他在服用安眠药时像一头野兽般扑向了护士，并企图掐死她。这匹“狼”号叫着、撞击着、抓挠着，踢着门。他们剪短了他的指甲，并威胁他要用鼻探针或针管给他注射。他们用吗啡衍生镇静药和严格的作息加强了治疗：整整一个小时用于洗手和吃早饭，另一个小时洗澡和刮胡子，再一个小时穿衣服。他用一个嘲笑的、奴性的微笑接受了。下午散步时，他的状态有所好转，甚至会跟他刚刚侮辱过的人们或者片刻之后就会痛骂的人们开玩笑，表现得友好而热情。宾斯万格夫人，出于一种精明的治疗策略，有时会邀请他一起喝茶，可是瓦尔堡，尽管很放松而且比较和气，但仍然瞧不起这位从前在奥托·宾斯万格——“尼采的谋杀者”的耶拿诊所当护士的夫人。

“Umburri，umburri，umburri…… 可恶的

meischuks宾斯万格完全控制了你，umbarigasch，umbarigasch。”[12]瓦尔堡自言自语，在阿拉伯语词的基础上编造一些新词，有时候用三种不同的声音说出来。他永远不能安静地待着，在日记中写下很多思绪。他的注意力持续时间很短，但如果有人跟他谈论文学，就会把他的注意力吸引片刻。“当然我读过它，那么，这和您有什么关系？您或许想在我被处决前帮我打发时间？”[13]心理学使他感兴趣：“您说话就像一本编得很糟糕的而您没有看懂的医学辞典！”[14]宾斯万格听到他这样说！临床检查需要一个军队的男护士帮忙并注射一针强镇定剂，但检查也没什么用，只是发现他的叫喊引发了腹股沟疝，血压上升到180，这个皮肤苍白的纤弱的小身体体重只有58.5千克，然而却有着巨人般的力量。

恩布登博士5月的探望让他高兴并因此平静了一段时间，他与宾斯万格夫人一同走下汽车，与邻近村子幼儿园里的孩子们交谈。他索要圣体饼，可一旦得到满足，又更喜欢瑞士面包，这证实了人们能对他犯的最大错误就是实现他的愿望，而他大笑着承认了这一点。但是，在与他厌恶的奥托·宾斯万格一起喝茶后，奥托的儿子库尔特在路德维希不在时来担任他的心理治疗师，并用“阿尔戈斯的眼睛”注视他，而他那三个从未离开过他的挎包也被没收了，于是他的被迫害妄想症再次出现，而且更加严重了——花园里消失的一个乌鸫巢庇护着他的孩子们，人们用他们的头玩九柱戏，而夜里与蝴蝶们的温情对话也开始了：“小蝴蝶，教授感谢你能和我聊天，我能告诉你我全部的痛苦吗？想一想，小蝴蝶，1918年11月18日，我是那么担心我的家人，以至于我拿起我的手枪，想要杀了他们，然后自杀。你知道的——因为布尔什维克到了。黛丝（他的女儿）说：‘可是爸爸，你在做什么？’然后我的米肯（他的妻子）与我搏斗，想要夺过我的枪。你知道，小蝴蝶，这时我的小蝙蝠（弗丽德，他的二女儿）给马丽斯（马克斯和爱丽丝，他的弟弟和弟媳）打了电话。他们很快就开车过来了，还带来了弗兰克博士和佩特森议员……瓦尔堡，我请你和我一起来诊所，因为你病了。”[15]他会花几个小时给他的妻子写信谈论小蝴蝶，当看到他的护士因为被蚊子叮了而眼皮肿胀时，他又会担心……那只蚊子的状况！

8月，宾斯万格有意为他的这位患者组织了一次与他的同行海德堡的普林茨霍恩博士的会面。这位博士对原生态艺术感兴趣，并收集了很多精神病人的画，数量惊人。他们二人就象征体系进行了深入的、非常客观的交流。几天之后，瓦尔堡去苏黎世参观了一个展览。

现在，瓦尔堡有了新的担心理由：为了维修水管，他的窗户下面被挖了一个洞——这只能是为他或他的家人准备的一个坟墓！他很快就得知了他母亲的死讯！刚开始，他的反应是正常的，他回忆起母亲对他的耐心，以及她在他和父亲之间充当的中间人角色，之后，她对日常琐事的习惯性指责占了上风，最终使他极其烦躁。他一反常态地想要去一座犹太教堂，却不知道葬礼时应该穿什么。医生给他开了一些饮食疗法的处方，但他的妄想症却加剧了：厨娘从事非法堕胎活动，她把她的两个女儿卖给了塞内加尔人，食物也掺了假。“我有一个可怕的幻象：我的女儿自杀了，我的图书馆起火了，一切都在燃烧，而我却在花园里安静地散步，看着这一片混乱的景象。”[16]一位从苏黎世来讨论他作品的杰出教授被他拒之门外，还有从美国来看他的弟弟保罗也被他当成了骗子。宾斯万格给瓦尔堡家族的那位老神经科医生恩布登博士写信："如果说我们考虑的是现实功能受到干扰的严重程度，正如皮埃尔·让内[17]所说，那么每次遇到新的意外现实情况都会造成灾难性的影响。"[18]

因此瓦尔堡只能生活在他的幻想中，就像得了伤寒之后一样吗？就像波提切利画中的人物一样吗？弗洛伊德认识了瓦尔堡，因为其杰出的家族，也因为其《佛罗伦萨随笔》——弗洛伊德视本书为"深入人心的作品"。他得知了瓦尔堡的消息。他给宾斯万格写了一封信，心中对这位患者的预后表示担忧，并且想知道这位患者有一天是否能继续他的工作。宾斯万格于1921年11月8日给他非常敬爱的教授回了信，用非常具有精神分析法特点的语言给出了否定的回答："瓦尔堡在童年时已经显露出了焦虑和烦躁的迹象；大学时代，他曾有过明显妄想症的念头，也从未摆脱他的恐惧和强迫症的仪式，等等，这严重干扰了他的文学创作。在此基础上，1918年，他发作了一次严重的精神病，可能是由早老状态引发的，而其实质，到那时为止还诊断为神经过敏，这次则以精神病的形式表现出来了。这种状态伴随着一种强烈的精神运动兴奋，一直持续到现在，尽管发生了很大的变化。

在这里，他接受封闭治疗，但在下午，他足够平静，可以接待访客，到我们家来喝茶，去远足，等等。目前他还被恐惧以及他的那些针对极度执念和妄想的防御手段所纠缠，以至于尽管他的功能绝对没有受到形式逻辑的影响，但已经没有任何空间留给科学领域的一项活动了。他对什么都感兴趣，对事对人的评判恰如其分，他的记忆力出众，但他只能使它在非常有限的时间内聚焦于一些科学主题。我认为他的精神运动兴奋会逐渐减弱，但我不认为他的急性精神病可以恢复原状，或者重拾他的科研活动。”他还补充道：“您读了他的《路德》吗？看到他既不能从他的知识宝库中，也不能从他的巨大图书馆中汲取智慧，的确令人遗憾。”[19]我们看到，鉴于弗洛伊德对这位患者的兴趣，宾斯万格突然开始读瓦尔堡的著作了。

这一年的年末比较平静。瓦尔堡重又与他的助理弗里茨·萨克斯尔通信了。1922年3月10日，在一封写给玛丽·瓦尔堡的信中，宾斯万格表现出一定的信心。他认为她丈夫有一天会重新开始一项工作，尽管他的状态仍然有波动。瓦尔堡的家人要求限制瓦尔堡在疗养院住院期间发生的费用，尤其是他的私人护士——美丽的弗丽达，即与伯格一起从耶拿诊所来的那个护士——要求的“加班费”，因为她的收费护理远远超出了一个医护人员的正常工作范围。瓦尔堡担心有人向他的妻子揭发一些“诽谤”他的事，在弗丽达想要给他一个告别亲吻时推开了她，并很快忘了她，而被包裹他的疝气的一条新绷带吸引住了。弗丽达后来被一名不屈不挠的天主教徒护士取而代之，从她那里，瓦尔堡得不到某些好处，于是给她起了个绰号“Schewexe”[20]（“Schwester”——德语的“姐妹”和“Hexe”——“女巫”的矛盾组合）。

1922年11月16日，宾斯万格在美景疗养院举办了一场关于现象学的讲座，强调了他在这一哲学中看到的有助于理解精神病人以及在此之上有助于理解全人类的益处。听众是周围的精神科医生和其他医生们，瓦尔堡也在被邀请之列。这个讲座的内容很久以后被收录在一本名为《存在分析导论》[21]的文集中并出版。考虑到其中涉及瓦尔堡的思想，我们有必要试着总结一下它的内容；而且瓦尔堡最终也列席了这次讲座，尽管我们这位关在鱼缸里的烦躁症患者在总是难以掌控的时间和时间表方面反复出问题。

论现象学，宾斯万格，1922年11月16日

宾斯万格，我们可以想象他有片刻受到干扰，但对他这位爱闹事的患者迟到的出席还是暗自感到满意。他一上来就强调他将试着解释的知识是暂时的，它不是一个最终的真相，而是一个发展中的思想。他的方法是在现象学和心理学或心理病理学之间建立一些关联。目的是启发观察对象，比如患者，以直观的方式给予他观察者的“精神”目光。他本可以使用共情一词。现象学是一种无论被考虑的事物是否存在都对其本质感兴趣的科学，他高深地称之为“本相还原”。这种看待事物、感受“现象”的方式可以为作为经验科学的心理学或心理病理学服务。我们可以想象不时轻咳、等待解释的公众的担心。瓦尔堡在专心致志地听讲。

宾斯万格做了解释。为此他要强调自然科学与现象学之间的本质差别。在自然科学的范畴内，被研究对象是通过感觉被认知的，而感觉又被分解为孤立的因素——比如，大象的长鼻、大耳、长牙、脚掌和尾巴……相反，

对于现象学，体验模式是整体的、原始的和精神的，为艺术家们所熟知：福楼拜为我们解释道："有时候通过注视一粒石子、一个动物、一幅画，我感觉进入了它们内部……"[22]因此这是被考虑对象中的一种"混合的可能性"，从共情方面讲，整体大于各部分之和，我们可以想象将历史和艺术同归于审美共情麾下的瓦尔堡的反应。

其他例子被确切地吸收到了绘画中，并被瓦尔堡发现了：弗兰茨·马尔克（1880—1916），德国表现主义画家，与美景疗养院的老病号凯尔希纳一样，画自然界不存在的蓝色的马，但我们能从中认出"马"的本质和基本特征。我们也能认出一个被这样"图腾化的"少女的目光或步态中的一种"轻浮"的本质。"我想念弗洛伊德的《图腾与禁忌》（*Totem et tabou*），"瓦尔堡在他的日记中写道。凡·高在一棵被狂风鞭打的树中看到了一出悲剧，他认为这是与一个与命运抗争的人相同的"现象"——瓦尔堡想到了"夸张"的修辞法！宾斯万格继续讲：凡·高在一株麦苗中感受到了"某种无法表达的纯洁而柔和的东西"，类似于"一个熟睡的小孩"这一表达方式。这不是一种用眼看到的感官视觉，而是一种对瞬间确信地超越，一种对直接认识的把握，它可以使人将对这种知识的直观印象与拥有一个“从精神上”能看到它的器官的人分享。

陀思妥耶夫斯基在他的小说《双重人格》（*Le double*）中描述了一个精神病患者的内心演变过程，这是任何一本精神病学手册从未能做到的，使人感觉到自我移出了他熟悉的世界，成为一个不可避免的、未知的和令人焦虑的新秩序的囚徒。德彪西感觉到了并通过他的音乐向我们传达了一座佛塔、一座沉没的教堂、一棵山毛榉的枝叶间透出的几缕阳光的本质，而无须求助于感官表现。公众听得很专注，有些人为了听得更清楚张开了嘴巴。宾斯万格在讲座中表现得很优雅。

我们对直觉和直接认识的把握会因此无限延伸，超出并高于感知的功能和范围。这就是被胡塞尔称作本质的直观或现象学的直觉的东西。它始终是对真实存在的某物的直接感知，既不玄奥也不神秘，而是以一种“超感觉”的方式：首先，画家能看到，音乐家能听到，但是他们二者都只是像使用工具一样运用这些感官认知，并通过它们创作出一些可感知的内容，这些内容拓宽了他们的思路，可以通过他们的艺术来传播，但不再含有任何感觉能力了。这不是简单的模仿或观念联想，就像一个联觉过程中那样，而是，比如凡·高，正是“纯洁、温柔、感动”的观念首先到来，并产生了与熟睡的孩子这一现象的联想。同样，沉没的教堂的本质是在德彪西创作音乐并使听众感受到它之前就存在于他的脑海中的。因此，胡塞尔定义的现象学是一种意识现象的科学，现象本质的直观科学，区别于柏拉图的范型（或后来的荣格的集体无意识）。沉没的教堂的本质具体表现在德彪西的作曲中或者一幅特纳或莫奈的印象主义画作中：它位于上游。

宾斯万格赢得了满堂喝彩。与实验科学或认识理论相反，现象学是一门“遗觉”科学，希腊语为“eidos”，即显而易见的——现时、性质、本质：一个三角形始终是一个三角形，无论是用粉笔画的、用铅笔画的，还是雕刻的，而且有一些基本的经验，可以使人超出经验的特定的个别事实，直达超越事实的纯粹的、一般的本质，而重视本质在理解一个人及其病理时可能是最基本的。

掌声经久不息，宾斯万格是否向那位艺术史教授投去了胜利者的一瞥？当后来事实证明他当时对他的这位患者做出的显而易见的诊断完全错误的时候，他是否还会记得自己说过的话？

宾斯万格在报告中指出，瓦尔堡参与了讨论，表现优异，言简意赅，并深受感动。可一出礼堂的门，瓦尔堡的脸就变红了，开始破口大骂。来美景疗养院稍坐喝茶时，他解释说这场讲座是一场针对他的开庭审判，而人们有意让他坐在一边的被告席上。

狂躁不安的瓦尔堡在当天的日记中写道："今天我从自身经历中得出了这个主题，这还要感谢宾斯万格博士的讲座，这个主题在我看来显然就是我自己的精神病的主题；而借助这一治疗，我想要为人们认识一个脑力工作者的既健康又疾病的心理做出贡献。我想把题目定为《图像与符号》，副标题为'图像记忆功能的（恐惧症）选择'。"[23]不久之后，他在称体重时扑上去掐住了护士的脖子，企图掐死她，然后又猛击一名医生的腰部，这名医生当时正应他的要求为他检查长满冻疮和疱疹的"狼人"的双腿，而他想象他的双腿已经得了糖尿病性坏疽……

注释

1. Selon Didi-Huberman, *L'Image survivante*, Minuit, 2002.

2. M. Lakhotia, R. S. Gehlot, P. Jain, S. Sharma, A. Bhargava, «Neurological Manifestations of Enteric Fever», *JIACM*, 2003, 4 (3), pp. 196-199.

3 D. K. Henderson, «Typhoid Fever with Permanent Memory Defect», *Am. J. Psychiatry*, 1915, 71, pp. 685-690.

4 L. B. Alberti, *De Pictura*, cité par G. Didi-Huberman, *L'Image survivante*, p. 257.

5 Cité par E. Gombrich, *Aby Warburg, Eine intellektuelle Biographie*, trad. F. de Gandt, Philo Fine Arts, 2012, Fundus Bûcher n° 212, pp. 201-202.

6. 五朔节是欧洲传统民间节日。用以祭祀树神、谷物神，庆祝农业收获及春天的来临，每年5月1日举行。——译者注

7 Exode, 20, 4-5.

8 J. Roth (1932), *La Marche de Radetzky*, Seuil, 1982.

9 Freud, *Lettre à Ferenczi*, 30 mai 1912 (ÖNB Wien 1053/13-6).

10 意第绪语属于日耳曼语族。全球大约有三百万人在使用，大部分的使用者还是犹太人，而且其中主要是阿肯西犹太人在操用此语。——译者注

11 Réplique d'Orson Welles dans le film de Carol Reed, *Le Troisième Homme*, 1949.

12 L. Binswanger, A. Warburg, *La Guérison infinie*, Payot, 2007, p. 78.

13 Ibid.

14 Ibid.

15 Ibid., p. 100.

16 Ibid.

17 皮埃尔·让内（Pierre Janet，1859--1947），法国心理学家、精神病学家。——译者注

18 L. Binswanger, A. Warburg, *La Guérison infinie*, p. 100.

19 S. Freud, L. Binswanger, *Correspondance*, Calmann-Lévy, 1995, p. 231.

20 M. -A. Lescouret, *Aby Warburg ou la tentation du regard*, Hazan, 2014, p. 269.

21 L. Binswanger, *Introduction à l'analyse existentielle*, Minuit, 1971, pp. 79-117.

22 G. Flaubert, *Correspondance*, II, 1851-1858, Gallimard, «Bibliothèque de la Pléiade», 1980, p. 335.

23 L. Binswanger, A. Warburg, *La Guérison infinie*, p. 199.

第六章

造物主依照他的形象造了人，反之亦然

在我们的整个阅读过程中，我们从一幅画开始，深入了最初为内行们专门准备的圣地之中的圣地，西斯廷礼拜堂的前半部分。我们现在来到了《创造亚当》（图11）的面前，两根食指之间的空隙让我们牵挂，预示着瓦尔堡的痊愈。一道闪电？

戏剧性变化

瓦尔堡的家人在他被送进美景疗养院两年多后，咨询了当时最著名的神经心理学家——慕尼黑的埃米尔·克雷佩林的意见。这位医生治好了保尔·瓦尔堡的连襟——美国人詹姆士·洛布的癫痫发作，作为答谢，这位亿万富翁为他捐赠了一项基金，用于精神病学研究。奥托·宾斯万格未能治愈洛布，正如他没有治愈尼采和弗里茨——瓦尔堡的弟弟，因此使宾斯万格王朝对他丧失了信心，至少是暂时怀疑他对阿比·瓦尔堡的治疗。尼采——我们可以在瓦尔堡床头挂着的那张照片中[1]看到弥留之际的他——也曾在奥托·宾斯万格的手中度过一些烦躁不安、抑郁、出现幻觉的阶段，最后陷入缄默、

图11

麻木和瘫痪，并因此离世。

路德维希·宾斯万格受到了伤害，他原本更希望邀请弗洛伊德来为他这位十分富有的患者看病，用他那慈父般的善心来开导他："接近年末时，我梦到我请您来这里会诊……而现实比我的梦境更加滑稽可笑，因为我今天得知，他的家人已经请现居瑞士的克雷佩林来为他检查了。"[2]弗洛伊德热情地回了信，指出到美景疗养院会诊一趟恐难弥补他在维也纳蒙受的（财务）损失，而作为安慰，他把一位"甚至按照美国标准都很富有"的患疑病、施虐淫和抑郁症的患者介绍给了宾斯万格。在等待这位亿万富翁到来的同时，宾斯万格只得在1923年2月4日心甘情愿、满怀崇敬地在美景疗养院迎接这位有着国际声望的令人敬畏的竞争对手。

克雷佩林于1889年治好的两个实际病例大致概括了当时慢性精神病的分类：智力和心理方面的有悲剧预兆的早发性痴呆（正是这个诊断被瓦尔堡记住了，使他确信将得到和尼采一样的结局）以及躁狂—抑郁精神病，今天称为躁郁症，这是一种情绪障碍，考虑到它的周期性特征、有时很长的无症状间隔期和并未衰退的智力功能，它的预后明显更有利。

会诊过程很短，瓦尔堡感觉很差，他觉得克雷佩林“精力旺盛”，也就是说粗鲁并野蛮、暴力且专制，或许是与他已经习惯了的近乎阿谀奉承的文雅形成了对比，但克雷佩林的诊断扭转了形势并使宾斯万格家族出了丑：“躁狂—抑郁混合状态”与“一种绝对有利的预后”！

然而，这位杰出的神经心理学家还是在他简短的结论中谨慎地建议，把这位难缠的患者留在疗养院里，因为过早出院可能会减缓痊愈的进程，而卧床休息到下午和鸦片疗法都将有利于痊愈……仅仅通过一次敲锣打鼓的会诊和几行干巴巴的概述，克雷佩林就把那个将瓦尔堡永远禁锢在智力能力逐渐衰退和削弱中的诊断丢进了废纸篓，打开了几乎确定可能痊愈的大门。正是在这一天，瓦尔堡档案中的精神分裂症一词被违心地放进了括号，并用铅笔加上了“躁狂—抑郁混合状态”。

后来证明克雷佩林是对的，而已经成为瑞士精神分析协会会长的宾斯万格于1926年在克雷佩林去世时向他致敬，他引用了瓦尔堡的话但没有说出他的名字：“我几乎不知道我的一个朋友的这个半无花果半葡萄似的处方对谁如此合适：上帝存在于细节之中。”尽管如此，他还是推荐了弗洛伊德来接替他的老竞争对手克雷佩林。或许是命运的嘲弄，1956年，宾斯万格获得了克雷佩林金奖——国际精神病学界的最高荣誉！

怎么会犯这样一个诊断错误？

三位神经心理学家，或许是四位——如果我们算上第一个在他汉堡的诊所接待了瓦尔堡的力诺(Lienau)博士的话——接连误入歧途，而且他们的诊断错误对患者及其未来的后果可能是灾难性的。怎么会犯这样一个错误呢？

宾斯万格受到他对心理分析方面密切关注的启发，已经很好地描述了瓦尔堡人格的最初神经官能症的结构，包括使他被路人看作“疯子”的恐惧症和仪式——我们今天称作TOC——强迫症：有疑病倾向的卫生强迫症，表现为反复洗手和超长洗澡仪式的细菌恐惧症——包括理发剪在内的个人洗浴用品反复清洗，担心被下毒而必须用银制餐具的饮食恐惧症……强迫症妨碍了他的科研工作，并导致了适应变化的巨大困难，即使只是扔掉一件旧睡衣或一次理发。为了放心，他把一些个人用品走到哪里带到哪里，哪怕是从一个房间走到另一个房间时丢了其中一样用品，都会导致他最大程度的担心和狂怒，但此物一找到，他又立刻平静下来。如果给他换房间，为了不使他焦虑，就必须把新房间布置得同旧房间一样。在美景疗养院，为了模拟耶拿诊所和汉堡诊所的那种浴室与卫生间分开的布局，他曾在想象中把房间分成两个空间，在他的脑海中把一套用具变成了两套：比如，同一只长颈大肚玻璃瓶既属于卫生间，又属于浴室，而他却坚信有两只不同的玻璃瓶而不能自拔，肥皂也是一样。我们是否可以从中看出他父亲强加于他的宗教仪式的痕迹？瓦尔堡整个青年时代都在奋力与之抗争，但却从中发展出一种焦虑与负罪感，这使他不停地自我辩护，并且在他陷入精神病时爆发了。他的图书馆难道没有揭示这种强迫症似的收集欲吗？他对女性的征服欲或者诸多真实的和想象的病症不也一样吗？

从他的精神病发病时起，构成一幅疯子画像的所有要素都汇集在一起，还有许多家族先例：情绪激动，伟大的想法，文字游戏，注意力不集中，以及从公鸡到驴的转变，增强的精力和增多的活动，睡眠时间的缩短，以应激性为核心并伴有挑衅性和偏执狂。其实位于中心的主要的是抑郁症状，但是精神科医生们或许都被临床症状中表现明显的两个要素——幻觉和变狼妄想给欺骗了，患者听到被折磨的家人的哭喊声并自以为是一个狼人，今天这仍然意味着一种严重的人格分裂。

然而瓦尔堡在他的笔记中完美地说明了他那些幻觉产生的根源，这是一种防御机制，而不是精神分裂的证明："想象思维的特点就是一种意识中的视觉或声音的刺激取代了它的真实起因……一个生物形态的原因，其可控的实物尺寸允许进行想象中的防御。比如，当一扇门因空气流动而发出吱嘎声，这种刺激会在野人或孩子心中引起一种不安的感觉：这是狗在低声嗥叫。或者当塞内加尔人把火车头比作一只河马时，这对他而言是一种理性的进步，在这个意义上，他把这个未知的、他看见装载着庞大货物的动物归入了他已知的、习惯猎杀的这种生物中。"[3]

如果我们今天仍然因为您拼命叫喊、袭击路人并宣称您变成了狼人而把您送往精神病急诊室，那么这种谵妄很有可能被解释为一种严重的妄想，而您最终会被留院并注射几针安定。然而，在历史上，希腊埃伊纳岛的保罗医生（625—695）已经把这种“变狼疯”归入忧郁症。在16世纪，精神病学先驱约翰·韦尔（Jean Wier）医生在布拉邦特行医，并勇敢地同蒙昧主义做斗争。没有质疑魔鬼的存在（出于谨慎），也没有招来严格的调查，他起来反抗对女巫们的驱逐，并认为中邪和其他巫术是一些想象的疾病，是情绪失调导致的感官幻想。他的鸿篇巨制《论妖术》（*De praestigiis daemonum*）或《关于魔鬼幻想与欺骗的历史、争论和论述》（*Histoires, disputes et discours des illusions et impostures des diables*）出版于1563年，后来被弗洛伊德视为有史以来最重要的十本书之一。

在他著作的第五卷中，他给我们介绍了几种变狼妄想的情况，尤其是1541年在田野里攻击农民并杀死多人的一个男子的案例。当时人们费了好大劲儿才将该男子捕住。他声称自己是一匹狼，但他的皮毛翻到了里面。他后来被捅了几刀，没出现任何毛，但外科医生们已经救不了他了。韦尔认为，变狼忧郁症与黑色胆汁——“狂怒”的载体过多相关，并且详细介绍了与忧郁核心相关的发疯般的暴怒。他介绍了病人的情况：面色苍白，双眼深陷，只在夜晚出门，口渴，舌头非常干，口中无唾液；他们的双腿因为被狗咬和他们互相拳来脚去的恶习而有多处擦伤。治疗包括放血至昏厥，吃带血的肉，泡温水浴，喝牛奶，用葫芦、含阿片的复方软糖剂制成的药以及其他治疗忧郁症的方法。在他们发作时，用镇静剂摩擦他们的头部，用鸦片擦他们的鼻子，正如熟读经典的克雷佩林后来所提倡的做法。

如何进行瓦尔堡的存在分析？

宾斯万格提出的“本相还原”试图介绍构成一个个体的主观经验，他看待世界的方式，同时消除一切干扰或主观性——胡塞尔称之为“悬搁判断”。这就是为什么当萨克斯尔想要告诉他自己对那些事的观点时，宾斯万格回绝了他。对患者已改变的主观经验的系统性描述分析，只能由提供关于自己的主观感受的无意识信息的患者来进行。这位现象心理学家不满足于一次临床诊断，而是试图通过移情进入患者的大脑中，甚至进入患者的感受中，从而理解他们。他研究现象学，也就是说，根据胡塞尔的观点，事物在患者眼中是怎样的，而不是它们本身是怎样的。这就像观看一位表现主义画家的画作，融入其中，而不是只看一张照片。在此之上形成了一切经验的巨大财富的结构框架，即适合人类的方式。海德格尔认为，每个意识的感受都会根据它的存在重要性来获得它的意义，这就是本体论：我们将意义赋予与我们相关的一切，已经存在的或正在变化的一切。

书写狂瓦尔堡在他的书稿和日记中给了我们第一手资料。他说他忍不住在夜里或早晨吼叫，尽管他下午变得和蔼可亲，这是他在这个世界的存在状态，他的生存方式，表现了他的痛苦和恐惧：他爆发出了如此大的一座火山，他就需要用他的叫骂声、释放性的叫喊声、书和他的日记片段来填补这个空间，就需要用铅笔在撕得很小的纸片上不停地写，直至他那些像地震仪的记录数据一般难以辨认的字迹盖满整片纸。话语迸发出来，合在一起，互相碰撞，用到多种语言，甚至创造出一些新的语言，并从他那狼人的“大嘴巴”里用多种声音表达出来。这是一场战斗，一次沉醉；达到躁狂的状态是一次酒神狄俄尼索斯的肉欲的欢庆，一种无尽的愉悦，它把瓦尔堡从始终困扰他的仪式和父命的双重重压导致的窒息感中解放出来，使他摆脱他在第一时间就通过逃避来抗争的一些遥不可及的梦和一些魔鬼……

这个过大的空间告诉了我们他生存的意义，他的方向——这是自高自大的升天：他想与仙女、美人会合，只要与她相会一次，他的人生就会是光辉的、玫瑰红色的，他积累图书、日记、工作、被征服的女人，然而，正如宾斯万格分析的易卜生笔下的主人公——建造者索尔尼斯，他因极端垂直而感到眩晕，并将从他企图建造的高塔上跌落下来。欢庆结束了，一切变得阴沉、黑暗、静止，地面结实而坚硬，生命停止了，他企图与他的家人一起自杀。正如索尔尼斯一样，他后来梦到在他休假时，他的孩子们被关在着了火的图书馆里。他想要杀了他的家人以保护他们，他否定自己的宗教，过于热衷地搜集召唤妖怪的魔法书。他导致了德国的战败，他的未来因为他的错误而无法被改变，他的主题将被不停地重申并反复咀嚼，还伴随着一些蝴蝶，他原地踏步，他再无著述。一切都是狭小封闭的，仙女在遥不可及的远方。像农神萨杜恩一样，他吃自己的孩子。现在是凝固了的过去，空虚，没有意义；未来已经因过去的错误无法改变，因此也属于过去：他再也给不出任何可能性，他也是空虚的。

这种状态是混合型的，躁狂症和忧郁症，而生命的形式被打碎了。

在躁狂症阶段，空间，对想要完全占有它的瓦尔堡来说，变得太小了，它取消了时间，消灭了肉体，打败了对方。时间，像地平线一样无边无际，不复存在或过得太快：陶醉于酒神节幻想的瓦尔堡无法遵守一个作息时间表——即使有宾斯万格强加的约束。他忙碌而不专心，总是迟到，甚至在他家人来探望他时也如此。他需要几个小时来洗漱、选择衣服，哪怕只是一个很小的而他马上就会放弃的选择。在膨胀的瓦尔堡和其他人之间已经没有空间，都被他占满了。任何一扇门、任何一个社会规范都不能限制他的随便。一切都掌控在他手中。对方得不到敬称、被打败、被痛揍——在这个被宠坏的孩子自私的、以自我为中心的世界里已经不存在对方了。他游戏着、操纵着，但当对方离开时，他没有表现出任何情感，即使是在感情上亲近如萨克斯尔、恩布登博士或女护士弗丽达——那个差点被他掐死的诱惑人的“女神”。周围的世界变成了瞬间的、点状的，在一个不真实的现在——另外，对方不应该来扫他的兴或想要抢走他的玩具。如果对方的唯一目的就是来破坏他的节日计划，那“破坏者”遭受的暴力都是应得的，就像莫扎特的歌剧中被唐·乔望尼打死的唐娜·安娜的父亲。

尽管经过一些冗长而严苛的仪式的清洗和保养，瓦尔堡的身体仍然在衰退。这个喜欢把自己装扮成牛仔或印第安人的花花公子，这个拥有两面神雅努斯的脑袋的疑病患者，极度歇斯底里的表演狂，有过敏性鼻炎、对猎物强烈反感的过敏患者，会假装昏厥或心肌梗死以吸引注意力的人——他日渐消瘦，糖尿病威胁着他，一个很大的疝从他的肋部鼓出，痔疮折磨着他，他的动脉血管逐渐硬化。

思想的逃避可能是导线，宾斯万格在一本大部头的书中对此做过长篇大论，定性多于定量（思维流、说出或写出的话增多）：患者又蹦又跳，躲在书籍和艺术作品中，以逃避他那银行家的未来，他在印第安人那里和关于日本的幻想中拯救自己，通过征服一个又一个女人来寻找“女神”。

这是一个真正的旋涡，它围绕一个中心或在原地长久地停留。他的世界是可变的、任性的、活动的、易逝的、简单的、垂直的。他为之奋斗的东西，一旦得到满足就拒绝接受。没有什么是最终确定的。他跳舞、滑冰，用一条腿一直滑到傍晚，在一个很大的湖面上—— 一个结了冰的湖，在7月的北方，他在自己的镜子上滑冰。像一只奇怪的涉禽，单腿着地，他滑啊滑啊[4]……只能是周而复始、永不停歇的圆圈运动。

用图像来准备一场讲座能治愈一种精神疾病吗?

为了打破这个恶性循环，瓦尔堡向宾斯万格建议做一笔很奇怪的交易，这是在宾斯万格的现象学课上得到的一个想法：如果他也能够成功地准备一场高质量的讲座，并在美景疗养院举办，宾斯万格就应该视他为已痊愈并让他回家。惊讶的宾斯万格接受了这个赌约。他是否期待着一次失败，以坚定他最初的诊断？因为克雷佩林使其蒙受的羞辱而动摇或因为弗洛伊德介绍给他的“歇斯底里的”亿万富翁的突然去世受到震动，他难道突然想要转向一种实验方法了？他在确认自己对艺术治疗的兴趣吗？他希望通过瓦尔堡的讲座更好地理解他吗？

瓦尔堡要试着回到他跌落前的高度，他想把他的空间扩展到宇宙的大小，那里住着仙女、蝴蝶和神。他要重走精神升天之路，试着融入其中，以真实的或想象的方式；这对他而言是问题的核心，他想要让我们明白："这是用感官确定原因的个体发育冲动的宣泄。"[5]

让我们试着澄清：当米开朗琪罗把《创造亚当》画成我们刚刚看到的那幅画时，正如我们所见，他在造物主的食指与其创造物的食指之间留下了一个空隙。我们可以想象，画中的这一幕出现在人类刚刚诞生之后，此前的一刻，他们合为一体，正如母亲与她的孩子，但自此以后，一个空隙把他们隔开了。创造之谜源于分娩之谜，瓦尔堡这样告诉我们。从物质上可认定的是，分娩构成了原始因果思想的基础，从而使人想象出事物关联的原因：一个母亲，一个孩子。两个创造物中的一个与另一个的分离就构成了一种不可思议的灾难。主体与客体之间的抽象思维空间是建立在因切断脐带连接而感受到的经验基础上的，这就是焦虑的源头。造物主刚刚抛弃了他的创造物，给了他自由，把他扔到了世间，给了他选择的自由，但他不再有安全感。他一出生就哭喊着，就像十字架上的耶稣：“我的上帝，你为什么抛弃了我？”瓦尔堡拼命地吼叫，撕心裂肺。一个解决方法出现了：神话思想按照创造物的形象重新创造了造物主。“用感官确定原因”在意识中置入了一个生物形态的原因，用瓦尔堡的话说，其可控的实物尺寸允许在想象中进行防御。造物主因此成了一个年老的、威严的、长着胡子的掌权者，他把妇女和孩子们包裹在他那大脑形状的斗篷里。米开朗琪罗也因此通过神情慌乱的亚当很好地画出了造物主的创造物，画得与造物主一样好！“食指是从无到有的过渡”，哲学家卡西尔的观点更进一步。瓦尔堡后来说，卡西尔到访美景疗养院是他的康复过程中的第二个基本因素。如果我们把这句话用在米开朗琪罗在西斯廷礼拜堂天顶上画的壁画中造物主和亚当的手指“之间”的话，它尤其能引起共鸣。怀胎九月，那个伸着手指的孩子马上就想要给事物取名字了，这是他与世界相互作用的第一个迹象，承认了世界的差异性。他张口说话了，不再与世隔绝！

一声惊雷：1923年4月21日的讲座，从思想的逃避到赋格的艺术

2月7日开始的逐渐增大剂量的鸦片加劳丹酊疗法，对瓦尔堡的烦躁不安没有真正的效果。直至3月12日弗里茨·萨克斯尔来帮助他准备讲座，他才平静下来，用药剂量逐渐减小。这一疗法于18日结束："它没有带来任何缓解，患者的状况跟以前一样差。"我们可以读到病历中的这条"阴险"的旁注。然而，瓦尔堡能够每天工作2—3个小时，从4月4日起，宾斯万格琢磨着他的患者是不是已经快要在他们的赌约中获胜了，尽管他对瓦尔堡的病情还没有深刻的认识。讲座日期的临近使瓦尔堡重新烦躁不安起来，仪式增多了，比如他诋毁裁缝为这个专门场合定制的西装衬里的质量不好……

1923年4月21日，在美景疗养院举行了一场关于《蛇的仪式》的讲座，副标题为"北美洲普韦布洛印第安人的领地的图像"。瓦尔堡邀请的听众范围很广，有医护人员、住院病人，尤其很有可能有尼金斯基。克雷佩林

未获邀请，这使瓦尔堡狂怒；他还因为施拉特牧师的出现而生气，这个讲座是作为科学研究的“成果”而举行的，而牧师却把它看作一个试图摆脱囚禁状态的人绝望的忏悔，“一个类精神分裂患者（不可治愈）的忏悔，灌进了灵魂医生们的档案中”[6]。任何亵渎神明的科学卖弄都不应渗透进“失控的人类灵魂中存在的这种对永恒的印第安文化的比较研究中。图像和词语应该是一种救赎，让后人得以尝试自我反思，防止魔法本能与抑制——‘毁灭性的逻辑’之间的紧绷或裂解的悲剧”[7]。

角色逆转了：毛毛虫阿比·瓦尔堡，因为吼叫而嗓音嘶哑，在幻灯片的忽明忽暗中投射着他精心选择并展示在屏幕上的图像，他将自己融入其中，对它们进行了将近两个小时的评论——这是一部电影的时长；他对那些不可避免的技术问题应付自如，在我们的眼皮底下完成了他的蜕变，通过这次具有象征意义的讲座变成了蝴蝶。

在出席一场科学讲座的专业听众中，我们大致区别出三类行为：有些人在睡觉，另一些在酝酿性爱故事，但今天路德维希·宾斯万格应该属于第三类，那些专心致志扯着耳朵听的听众。这是出于他们最高的警惕性吗？这类听众只关心一个极其重要的问题：他会说到我吗？瓦尔堡会引述我的话吗？

这位演讲者，刚刚结束克雷佩林提倡的鸦片疗法，请大家原谅他可能的记忆衰退，毕竟……已经过去了这么多年。他借助他的照片来传递并让听众感受到他在演讲中省略的东西，“被砍了头的青蛙的难以忍受的痉挛”——对一个正在死去的世界的印象，在这个世界中，他也许可能通过一个象征行为看到原始的异教人类的基本特征。

基本的？本质？我们想象得到，宾斯万格放心了。他眯起眼睛，隐隐露出一个微笑，伸直了双腿，回忆起他在自己关于现象学的讲座中所说的话：“有一些基本的经验，可以使人超出特定的个别事实，直达超越事实的纯粹的、一般的本质，而重视本质在理解一个人及其病理时可能是最基本的。”

讲座的开头是讲述27年前在普韦布洛地区的一次旅行。我为什么去了那里？是什么吸引了我？瓦尔堡在准备的笔记中问自己。这是一次病态的旅行，一次逃离，就像兰波去埃塞俄比亚或凯鲁亚克“在路上”吗？就像他从少年时起就为了逃避他的银行家或犹太教士的命运而躲进了艺术史里吗？就像他的思想逃进了他的躁狂阶段吗？

这向旁边迈出的一步最终看似是有益的，这病态的旅行转变成了传授宗教奥义的旅行，使他获得了精神力量，将他的思想调整到对文艺复兴时期艺术的研究中来。“原始”民族的艺术与宗教之间的有机联系在他看来是如此明显，以至于在他的长途旅行之后，他非常清楚地看到了原始人的认同感，或者更准确地说是不可毁灭性，这使他们在所有时代都永远保持不变。他找到了他的圣杯，可以重拾他的工作，证明他既擅长佛罗伦萨文艺复兴时期的文化，又擅长后来的德国革命时期的文化。

在他的精神病院的尽头，瓦尔堡感觉他现在像他那些亲爱的印第安人一样，是一个文化与文明十字路口的地震仪：“我输出了我接收到的征兆，因为在这个混沌的、毁灭的时代，每个人，尽管弱小，都有义务增强他的宇宙组织意愿。”汉斯·伯格，他在耶拿的精神病医生，随后有了记录患者大脑活动电信号的想法，发明了脑电图。在研究想象波动时，他在神经元相互作用的混乱中惊奇地发现了一种意想不到的节奏性。

瓦尔堡对自己记忆的图像回忆逆转了时间的箭头，并通过他的记忆力的作用，给了他一种节奏性，使他能够再一次借助近30年前曾拯救过他的古老的传授宗教奥义之路去唤醒——如他希望的那样——他的宣泄范围。他通过自己生命的跳跃捕捉住了他那已变成圆圈的生命轨迹。

他1895年去美国访问，最初是因为参加他弟弟保罗的婚礼。瓦尔堡决定延长他的停留时间，因为他从内心深处厌倦了他当时正在研究的唯美主义艺术史："我开始逃向真实的东西，逃向知识、冒险，与此同时我去华盛顿访问了史密森学会。它是美洲西部的大脑和科学意识。"面对周围的文化空虚，瓦尔堡受到了这种美国式"佛罗伦萨"的吸引。

他在那里首先遇到的，是一幅令他印象深刻并唤醒了他冒险欲望的图像，一幅非常糟糕的彩色插图：一个印第安人站在一片巨大的岩石断层前面，而他的村子就建在这个断层中。浪漫的幻象让位于知识：他询问了土著研究方面的几位先驱，他们给他介绍了一本科学参考著作，尤其是通过一次关于印第安陶器的装饰象征意义的讨论，令他对史前蛮荒时期的美洲的普遍意义大开眼界。他写道，“雅典人，印第安人，多么相近的远房亲戚”，并当场决定到科罗拉多州西北部进行现场调研，尽管因为临近冬季，家人都强烈反对他的这次旅行。他希望研究印第安人，破解他们的“美国清教徒”的现代特点构成的“隐迹纸本”以及他们的西班牙—印第安人的基础。严酷的气候并不能使我们这位充满激情、自高自大的英雄害怕。他坐火车前往圣达菲，然后骑马继续他的长途旅行，最后以步行结束——好一个朝圣者。除了他的这次追寻之旅的“科学”与浪漫的一面之外，他还想通过体能锻炼来增强他的身体防御能力。

他来到了里约格兰德河和新墨西哥州东南的几个普韦布洛村子，背着一架柯达拍立得相机。受到不懂西班牙语尤其是印第安语的限制，他在六周后中止了调查，筋疲力尽，灰心丧气，准备前往西海岸。尽管方言数量众多，印第安人之间为了互相表达意图而使用的符号语言仍然被这位探索者记录下来，当他在佛罗伦萨重新开始研究运动中的艺术形象的姿势时又回忆起了它们。继续他的旅程，再次上路，他一度想乘船去日本，甚至试图自学日语，但在帕罗奥图与几位儿童心理学研究人员的会面使他想要回到印第安人那里，在霍皮族孩子身上试验他们的方法，以研究神话文化的延续。他再次出发前往亚利桑那州，在那里停留了关键性的六周。

瓦尔堡现在给我们展示了几幅分散在新墨西哥州和亚利桑那州干旱地区的普韦布洛印第安人的穴居村庄的景象。“这个原始的异教的人类堡垒突然出现在北美的技术世界中，以迷信的、魔法的习俗达到影响自然的目的。我们判定他们是落后的，他们荒诞的魔法和务实的活动无法在我们自由主义的精神中共存，我们太急于做出判断，而忘记了人类及其环境的无限可能。干燥和干旱教会了人们魔法和祈祷……”[8]

这证明了摩西和《出埃及记》，宾斯万格一边想一边露出了微笑。他想到了瓦尔堡对动物和无生命物体的细腻情感，这与他对“文明”世界代表们的极端粗暴形成了对比。

“它们只通过在一棵树里凿出的一架梯子回到住处，这架梯子直接通往二楼，而且在遭到袭击时可以撤回，另一架梯子通往底层，类似地下室，没有通往外部的门。”[9]从第一张幻灯片起，瓦尔堡就给我们展示了一些彩色的木偶——克奇纳神，它们装饰着房子也保护着它们。它们后来吸引了马克斯·恩斯特和安德烈·布勒东。它们代表着最早的孩子们的灵魂、舞蹈者和他们的面具，并很快以人类和自然之间的调解人的身份出面调解。瓦尔堡认为，上帝藏在细节中：他让我们注意一把扫帚，一个挂在墙上的不适宜的制造物，证明了技术和“文明”对这个世界的入侵，而除此之外，也证明了一个观察者无法不干扰他所观察的对象……路德维希·宾斯万格后来回忆起此事，强调分析者与其患者之间不可避免的相互干扰，这远离了弗洛伊德的理论。

这位艺术史教授用了很长时间来阐述陶罐上的绘画的象征意义，这些陶罐用来装运非常珍稀的水。他把这些画与一种古埃及的象形文字——能读懂的画，一种用图形表示的象征性文字——进行了比较。尽管受到耶稣会会士的影响，鸟一直是所有异教习俗的象征，它用羽毛向自然界的魔鬼说情，尤其是蛇。在这里，作为气象之神，蛇象征着带来降雨的闪电。

下面到了跳舞时间，佩戴的面具是对它所象征的被觊觎的动物的适当模仿，这里指的是羚羊，尽管它们已经从这个地区消失几个世纪了，但习俗延续了下来。因为化装而融入了面具的猎人舞者丢掉了他的身份，变形了，这是使他能获得他认为比他高等的猎物的唯一办法，因为他完全是他自己，就像奔跑之于羚羊，力量之于熊，相反，人类只知道去做某件事。

这些话在未来的海德格尔的读者宾斯万格的脑海中引起了怎样的共鸣呢？他是否会对美景疗养院组织的假面舞会有不同的看法？瓦尔堡对化装的热爱是否源于他的这次旅行或是否证明了他的表演症？他那跳跃的、多变的存在方式是对庆祝节日的印第安人的存在方式以及对尼采笔下酩酊大醉的狄俄尼索斯的音乐的共鸣。“在掌控一切的人和思考的人之间，还有一种建立象征关系的人”[10]，向导告诉我们，同时给我们展示了在鼓声中跳舞的印第安人和一些缠绕着羽毛的棍子，棍子象征着动物的前爪，而印第安人因为一种决定他们生命的神话和选择性的姻亲关系与这些动物联系在一起。

在猎人的舞蹈之后，瓦尔堡在市场上加入了农民们的舞蹈——玉米舞（humiskatcina），人们戴着木偶面具，穿着相应的衣服，这个舞蹈持续一整天。男人们每人手里都拿着一个用掏空的南瓜填满石子制成的“铃铛”，而此时他们膝盖上绑着的龟甲上挂着的另一些石子则发出类似的撞击声。舞者们自己转着圈，不知疲倦，神情严肃而庄重，一个祭司把神圣的面粉撒向他们。他们的舞蹈以一棵装饰着羽毛的矮小针叶树为中心，旁边有一个小石头建筑。对树的崇拜只属于人类，把我们与自然的力量联系起来，在这些力量中，人类生根，扎入地下世界。公园和花园都具有治愈能力，美景疗养院的院长这样想着……

瓦尔堡提醒我们，从此以后，在墨西哥，一个代表玉米之神的女人就这样在40天的节日中被崇拜着，然后被献祭了，而牧师滑入了她的皮囊中，通过魔法担负起她的神灵的“本质”，从而将她的超人类的力量的一部分据为己有。人们化装成羚羊，为的是壮大到它的水平，更好地吓唬它；人们对神也做同样的事，为的是窃取他们的一部分神力。

印第安人的象征繁殖力的圆圈舞，献祭处女来求雨？宾斯万格把目光转向尼金斯基：他的话会在这位舞蹈之神的记忆中引起怎样的共鸣？异教的苏联人和印第安人，一定是远亲！他是否会记起他为沦为丑闻的舞蹈《春之祭》所编的舞蹈动作？由戴亚基列夫创办的俄罗斯芭蕾舞团，斯特拉文斯基的作曲？这出芭蕾舞剧的主题是一样的，同样的“本质”，还有首先映入眼帘的圆圈的形象……他会不会站起来，冲上台去做最后一次跳跃？但是将瓦尔堡从他的圆圈疯狂中拯救出来的火花并没有触动那个永远沉睡的动物。他满足于继续在一片纸上不知疲倦地乱画一些圆圈，在他的妄想中与世隔绝。

另一幅画，瓦尔堡继续：与舞蹈的单调无味形成对照的是，接下来在白天结束时突然出现的几乎全裸的“小丑”们，滑稽地模仿着这种仪式。他们狼吞虎咽，喝尿，乞讨，互抢衣服，互相拍打，互相浇脏水，朝观众喊一些污言秽语，与驴和狗一起表演滑稽短剧，开始做一些猥亵的动作。尼采的幽灵突然出现了，就像狄俄尼索斯；宾斯万格和瓦尔堡都不能不将此与尼采的《悲剧的诞生》相对照，或者更准确地说，根据今晚来纠缠美景疗养院的这位哲学家的奠基之作，讽刺诞生于古希腊人的合唱和音乐。接受过专门实验的瓦格纳后来在拜罗伊特回忆起这一幕，设计了他的节日剧院：音乐家们隐藏在乐池中，音乐从这个神秘的沟壑中传出，就像凭空突然出现的神谕，它“凝结”成了歌剧演出的舞台。

最后一支舞，最原始的，是与世界上最危险的创造物之一活响尾蛇一起跳的。通过神话与自然的调和，变成了闪电和降雨者的它们与舞者们一起构成了神奇的统一，舞者毫不犹豫地把蛇放到自己的嘴里。

瓦尔堡与尼采钟爱的古希腊的狄俄尼索斯建立了一种关联，在这一过程中，酩酊大醉、疯疯癫癫的女祭司们陪伴着森林之神，手持蛇和献祭的动物跳舞。宾斯万格是否看见了那些爬行动物，那些束缚瓦尔堡的心魔？他像拉奥孔一样斗争，企图像印第安人那样控制住它们，用他仅存的声音。

但是这蛇，来自埋葬死人的土壤深处，会像维吉尔引导但丁一样引导他。他能够摆脱地狱，给人们指一条路。它变了形，滑出了他的皮囊，离开了它那必死的外壳，并使它再生，就像夺走了吉尔伽美什的长生草的那条蛇，克服了疾病和死亡的痛苦，得以复活和重生。瓦尔堡像印第安人那样把它吐在他的图像上。重生的狄俄尼索斯，酿酒之神，酩酊大醉地舞蹈，并走出了冬季，让位于阿波罗的太阳，梦与图像的光辉世界。他迷惑了瓦尔堡，并使他变了形。这条妖蛇从此就盘绕在阿斯克勒庇俄斯之杖上，他是康复之神以及那些不朽的还将重现的死去的灵魂之神，象征着再生与不朽。让我们回忆一下阿斯克勒庇俄斯，阿波罗之子，像宾斯万格一样宣扬通过水疗、利用野外空气、暗示、娱乐和文化来治疗。他因使死人复活而被宙斯用雷劈死了。在医学和希波克拉底一起诞生的科斯岛，人们用一条活蛇的形式来纪念他，就像霍皮人所做的那样，而瓦尔堡在13世纪的一本西班牙日历的插图中为我们展示了那些线索，这本日历是他在梵蒂冈的图书馆中发现的。瓦尔堡为了创造一颗跳舞的星星而经历了足够多的混乱之后，[11]发现阿斯克勒庇俄斯就是这样整合了黄道十二宫并掌管着天蝎座，在这个星座的影响下诞生了先知和医生，而蛇神则以这种方式变成了图腾。

在古代占星术中，数学和魔法是趋同的：我们只能把无限封闭在一些轮廓中才能设计和感知它，这些轮廓是用一个星座中所有星的亮点通过数学方法画出的那些轮廓，或是一个象征的轮廓，或者像使瓦尔堡着迷的乔尔丹诺·布鲁诺认为的那样，是一个印章的轮廓，在一场讲座的幻灯片之间，在一些音符之间，在一个狂躁症患者的蹦跳之间，在瓦尔堡和宾斯万格之间，在上帝的手指和亚当的手指之间。

W.或者儿时的记忆：阿比·瓦尔堡的秘密

瓦尔堡9岁时，他的母亲得了很严重的病。她在上奥地利州一个温泉疗养地的一些天主教姐妹家里接受治疗，瓦尔堡仍能记得那里的味道。大家都认为她不行了。在绝望中，瓦尔堡被在教堂里欣赏到的几幅关于“耶稣受难”的画触动了，这些宗教主题的绘画与曾在他得伤寒症期间纠缠着他的巴尔扎克作品中的异教插图相呼应，他突然从中感受到了赤裸裸的悲剧力量。

于是他决定反抗，第一次吃了非清真的香肠，并试图通过贪婪地阅读连环画和带插图的印第安人小说——如《最后一个莫西干人》(*Le Dernier des Mohicans*)——来淹没自己的悲伤，并通过投身于这些图画和阅读为自己创造了一个药方。他后来也没有忘记那个配方：“痛苦的感觉在对残暴行为的浪漫幻想中得到了宣泄。我于是为自己主动打了残暴的预防针，这表面上是必要的个体发育自我保护行为的一部分，它是人类为生存而斗争时天生的，直到潜意识的阁楼中形成新秩序之前都可以使用。”[12]

我朝我身边这个小印第安人偷偷瞥了一眼，他一直在专心地听着，对他的这身行头非常自豪。当闪电与在瓦尔堡的现在中延续的过去的某个时刻取得了联系时，它使瓦尔堡得以复述他生命内在的故事，而一切感觉都消失了，未来和痊愈的大门向他敞开了。

复原

瓦尔堡

离开疗养院的瓦尔堡幸福地发现，他汉堡家中的那棵人们以为已经死了的苹果树又开花了，他也重新开始工作了。他与宾斯万格定期联系，告知他自己的研究成果，并邀请他出席自己的研讨会。

随后的几年被“激情的智慧”和矛盾形容法填满，是他生命中最幸福也最多产的时期，我们可以称之为复原：大难不死，必有后福。或许曾使他拒绝任何最终解决方案且无法忍受一件受约束的被强迫的事情，沦为唯一一种可能性的那种灵活性发挥了作用，再加上宾斯万格作为康复监护人的微妙的关心：与他的妻子喝茶，安排普林茨霍恩来访，给他寄书……瓦尔堡建成了他的图书馆——“文化学图书馆”（Kluturwissen-schaftliche Bibliothek）或称KWB，他想为“文化学”而建，以容纳他在社会学、经济学、法律、教育、思想、文学、艺术、人种学、伦理学和政治学等方面的著作。中央的椭圆形房间形似霍皮人的一个祭坛。他又开始举办讲座，专门做成一种只包含插图的图册：黑色背景上的宽大布告板，上面用别针别着一些被瓦尔堡的天才联系起来的图像，把古代人物的摄影、文艺复兴时期的绘画，还有明信片和邮票都混合在一起。这种由形状、象征符号的变换、人类为寻找他们在宇宙中之方向而斗争的各个伟大阶段以及超越了语言桎梏的延续所构成的无声的记忆术，被命名为谟涅摩叙涅——记忆女神和缪斯们的母亲。他的工作，是真正的“鳗鱼汤”(即包罗万象的)，试图暂时固定住有序流失的围绕不同主题的图像，并获取其中的知识。这是永恒的重组，像电影胶片一样连续不断。他在一些“转瞬即逝”的笔记中描述了这种记忆术的原理……所以他的遗产使弗朗西斯·叶芝夫人在对记忆术的研究中受益匪浅也在情理之中。

与此同时，瓦尔堡还雇用了格特鲁德·宾(Gertrud Bing)。这位博学的女青年很快就成了他最亲近的合作伙伴、他的“女性意象”，并陪伴他到罗马长途旅行，因为宾斯万格不建议他回美国。“同事宾……我的旅行和思想伙伴……这个专心致志、不知疲倦的约拿单不再满足于翻阅我咏唱的那几页诗篇(哦，主！)，而是用她动听的(且不沙哑的)歌声加入了我的歌声，使其变成了一首二声部的歌”[13]，这是他在1929年4月28日写下的，其中提到了《圣经》中扫罗的长子约拿单的友谊，他依恋大卫，爱他如己。在象征着“维纳斯、朱庇特和太阳神的复活”的罗马庆祝复活节时，他在梵蒂冈聆听了将“灵魂的所有糟粕洗净”的《黑暗的训诫》，并对乔尔丹诺·布鲁诺的人格和作品产生了兴趣，这是“思想纯粹的历史学家”

与“纯粹无理的”历史学家之间的交叉点，也是打开记忆术拱门的钥匙。

他在这次以“抓住想象中的升天与坠落在其文化印记的深度中的表现价值”为目的的寻访米开朗琪罗之旅结束时，最终发现了密特拉的传说与法厄同的传说之间存在的紧密联系。密特拉是从一个洞穴的石头中生出来跳到天上的古波斯神，基督教初期对他的崇拜在罗马达到了顶峰，而法厄同是太阳神赫利俄斯之子，在驾驭他父亲的战车时被雷劈死，马都倒下了，战车也散架了，而法厄同跌进了犹豫之河。瓦尔堡在一个专门为密特拉修建的礼拜场所的浅浮雕上发现了一块旋转的板，一面是象征着坠落的法厄同，就像年迈的米开朗琪罗后来画的那样，另一面是升向太阳的密特拉。于是瓦尔堡写道，他已经“找到了通往西斯廷礼拜堂的《最后的审判》的道路”。10月底，返回汉堡途中，他被一次心肌梗死打垮，在给他铺床的宾小姐和楼上预感到丈夫生命终止而发出痛苦的哭喊声的妻子中间。像弗洛伊德和恩培多克勒一样，他将被火化，如凤凰一般。他本来想拥有与1494年4月16日在整夜沉思《求主垂怜》这首大卫的诗篇之后在佛罗伦萨被烧死的萨沃纳罗拉一样的墓志铭："想要成为讲道者的你，要学会如何进入另一片海洋！你必须用上帝——小船的主人喜欢的方式航行。"

宾斯万格

与此同时，路德维希·宾斯万格失去了大儿子，他的法厄同，那个追随他的足迹，给自己取名为罗伯特，像父亲一样，热衷于研究古希腊人、哲学、数学和星相学，注定要在将来执掌美景疗养院帅印的儿子。"鲍比"，这个杰出的年轻人，与法厄同相似，从一列火车里被甩了出来。崩溃了的宾斯万格加倍热情地工作，完成了他的蜕变。1925年2月15日，通过写给对他在哀痛中的工作给予支持的弗洛伊德的一封信中流露出的情绪，这位维也纳精神分析学家认为，宾斯万格可能有轻度的精神失常。瓦尔堡对此并不陌生：先是称赞新版的《梦的解析》，然后将其与康德的《纯粹理性批判》（*Critique de la raison pure*）做比较。宾斯万格说他很难理解精神分析师面对精神分析对象时应保持与收报机面对一个声波时一样被动的无意识的必要性。在这样机械的、缺乏共情的条件下，我们怎么能够理解这个对象？采用了如此理性和唯物主义的途径，小心地避免感情的浪漫主义——“移情作用”，瓦尔堡在接近艺术作品时如此珍视的内心感受——弗洛伊德是如何参透米开朗琪罗、列奥纳多·达·芬奇、歌德和莎士比亚灵魂中的秘密的？宾斯万格认为，通往理解他的病人们的道路很大程度上归功于他对这位患者的基础性著作的阅读。1929年，他在给瓦尔堡写的信中谈道：“理想是……我从你的阴影中获取阳光（这种说法不是一种口误）！”[14]解梦也从宾斯万格于1930年发表的一篇简短的论文《梦与存在》（*Rêve et existence*）那里获取了一种存在主义的表达方式，存在分析的程序宣言，这位精神病学家在里面第一次表达了这一哲学雄心，即把海德格尔的现象学与一种图形或存在方式的设计方面的精神病理学——尤其是非常瓦尔堡式的（新近的）垂直方式结合起来。为一次关于维吉尔（让我们回忆一下，《梦的解析》正是以引用维吉尔的话开头的）的专题研讨会而写的《梦与存在》这篇论文中，头几行文字不能不让人想起但丁“地狱篇”的第一首诗，后面紧接着影射了里尔克的一首关于消失的亲爱之人的哀歌，最终被部分删除了。宾斯万格在转变中获得了重生，而这次轮到他走出了阴暗的王国，撰写了这篇奠基性的文章，并于1954年首先交给了米歇尔·福柯，后者希望用法语传播他的思想。

1933年发表的这位存在分析学奠基人的主要文章之一，阐述了“思想的逃避”——躁狂症发作的基本症状。文章中引用的第一个临床病例是美景疗养院的一位女患者，她与瓦尔堡有许多症候学上的共同点：遭遇了思想的“有意”逃避的她用铅笔给疗养院的厨娘草书了一封信，指责厨娘混淆了厨具，这使人不禁想起瓦尔堡写的那些信。这封信的签名为A. B.，并用突出的大写字母W开头，仿佛给出了关于这个患者真实身份的几条线索！在这篇文章的后面，宾斯万格承认，在与克雷佩林令人印象特别深刻的会诊之后，他开始远离他的导师布鲁勒的非常宽泛的精神分裂症的诊断。他描述了躁狂症的“大嘴巴”，被激怒的狼人的嘴巴，大张着，流着口水，边咳边骂……

宾斯万格通过思考、复活和延续相关的力量，关闭了“对西格蒙德·弗洛伊德的记忆”。弗洛伊德认为，歇斯底里者忍受着模糊的记忆——“他们的过去的延续”的折磨，是他们症状的起因；瓦尔堡认为，症状来自一种记忆的影响，在人世间搞破坏的古代某种异教动机的延续，它引起了一个正常机制的危机和中断，而再向前一步，就是复活。它需要蜕变。

文化学图书馆和共鸣

图像使时间凝固，它们以照片的形式保存了时间的某个瞬间，从而形成了记忆，使时光倒流，给了思想一个轮廓。瓦尔堡通过投入他过去的人类学工作的图像中，逆转了时间的箭头：受到印第安霍皮人的仪式性的蛇舞的启发——蛇在其中象征着带来降雨的救命的闪电，他最终把使他窒息的妖怪变成了善良的同伴。从地狱出来以后，这位仙女和文艺复兴方面的专家蜕变为蝴蝶。他的精神科医生路德维希·宾斯万格也完成了蜕变，他受到自己对病人的治疗方法的启发，将他们的症状归入他们的感受，而不是一种单纯的疾病，从由现象学发展而来的共情出发，创造了存在分析学。他使海德格尔回溯至被尼采视为他的原型的赫拉克利特。拉斐尔用赫拉克利特的忧郁外形描绘了米开朗琪罗，赫拉克利特强调了达到和谐所需的对立统一的力量的必要性：瓦尔堡与宾斯万格？爱笑的德谟克利特与忧郁的赫拉克利特？莫扎特与狄俄尼索斯——米开朗琪罗与阿波罗的爱音乐的、躁狂的、狂欢的知己，因为不能达到绝对的完美而悲伤吗？

正如记忆术项目中的图像，瓦尔堡图书馆中的书籍也是按照歌德喜爱的“选择亲和性”来摆放的。它们在几乎无尽头的书架上的位置和相邻的书籍是按照研究发展方向和新到的书所散发的奇妙气息而不断变化的。瓦尔堡认为，这个魅力无穷的图书馆是活的，每本书中都会跳出一个灵魂；如果把多本书汇集在一起，会通过一种共鸣和新生的现象，突然出现另外一些书，就像他在罗马与宾小姐一起咏唱的文艺复兴时期的复调音乐。狂妄自大的音乐迷尼采一上来就会认为他的查拉图斯特拉是对路德和歌德的文章中拼凑的日耳曼大调和弦的补充。在一个爱好音乐的家庭中长大的瓦尔堡，会毫不犹豫地按照人们能否达到高级“和谐”的能力来评判他们。这些延续属于共鸣现象，源于上游的本质。

小瓦尔堡，一蹦一跳，像闪电一样有活力，书写狂，喜欢文字游戏，淫乱的花花公子，爱戏弄人，爱开玩笑，才华横溢，得以复活并找到了通往西斯廷礼拜堂《最后的审判》的道路的忧郁的“狼人”，你这德国与意大利之间的地震仪，难道没有超越时间和空间，像上帝宠爱的狂人莫扎特和忧郁的米开朗琪罗之间的一个调谐的音叉那样精确地振动过吗？你难道没有在同一个狼群中奔跑过吗？1929年在罗马写下“有时候我觉得我在尝试，像心理历史学家一样，在自传的反射作用下，通过图像识破西方的精神分裂症：一方面是精神恍惚的仙女（躁狂的），另一方面是哀痛的河神（抑郁的），正如两极，敏感的人在其间忠实地塑造着他的印象，在造物主的行为中寻找他自己的风格”的那个你？

在我们面前，但丁用几句诗结束了他的“炼狱篇”。它们确认了我们正在进行的蜕变，并允许我们继续：“我从最神圣的水波中归来，如同新的树木生出新叶一般得到新生，身心纯洁，准备上升到群星。”[15]

注释

1 汉斯·奥尔德（Hans Olde）拍摄，他还拍过尼采临终时的纪录片。

2 S. Freud, L. Binswanger, *Correspondance*, p. 236.

3 P. -A. Michaud, *Aby Warburg et l'image en mouvement*, Macula, 2012, p. 289.

4 D'après *Le Patineur*, paroles: Étienne Roda-Gil; musique: Julien Clerc; 1972.

5 P. -A. Michaud, *Aby Warburg et l'image en mouvement*, p. 272.

6 Ibid.

7 Ibid.

8 A. Warburg, *Le Rituel du serpent*, Macula, 2003.

9 Ibid.

10 Ibid.

11 D'après Nietzsche, *Ainsi parlait Zarathoustra*, «Prologue», paragraphe 5.

12 P. -A. Michaud, *Aby Warburg et l'image en mouvement*, pp. 285-286.

13 A. Warburg, *Miroirs de faille, à Rome avec Giordano Bruno et Édouard Manet, 1928-1929*, Les Presses du réel, 2011, p. 123.

14 L. Binswanger, A. Warburg, *La Guérison infinie*, p. 296.

15 Dante, *La Divine Comédie*, «Le Purgatoire», derniers vers.

第 三 部 分

赋格的艺术

证明了音乐与生物的规律互相协调并能够生成（再生）它们的形态

第七章

音乐与生命的等式

在无花果的艺术中，我们认识了审美共情：吃下一个水果，就像欣赏一件艺术作品，会滋养我们，使我们转变，改变我们对这种水果以及我们生活的这个环境的感知；我们与之互动，在感觉之外产生一个故事、一首新诗、一个新的世界观。逃避的艺术为我们展示了图像的力量，它们刺激我们的记忆和想象，使我们能够跳进过去。过去在现在中延续，并且能够治愈或再生一个人或者一种文明——因为我们见证了瓦尔堡的图像化记忆的拯救效果，或者回归古代带来的文艺复兴。过去的延续，通过与这个环境的互动来产生重复和差异，就像进化与遗传，审美共情是一种共鸣现象，一种音乐，一种赋格的艺术。如果它的有机载体依靠的是镜像神经元和共情回路的话，那么在这一过程中是否存在一种数学模型，使我们能够概括和协调大脑、音乐和宇宙呢？谁能帮助我们解开这个谜呢？

分形学家

我们现在位于最后一组画中，它们将把我们引向光

明。在我们脚下，仿佛从一根软管中钻出来的上帝正在两对裸男之间把水和陆地分开。（图12）

一位庄重的男子正在观看这幅壁画，并向我们提问。他严重谢顶、戴着眼镜，操着难以界定的中欧口音，体态像熊—— 一位研究人员，或许是一位数学家！

“你们在水和陆地‘之间’发现了什么？”他一边指着这幅画一边问我们，游戏开始了。

“……海岸线？”

“布列塔尼的海岸线有多长？”

“我们需要一张地图……还需要准确地知道诺曼底到哪里结束……或者如果是指大不列颠的话……我会说大约长2700千米……”

我们的情报员摇了摇头，带着浓重的小舌音说：“地图不是版图！如果海岸线是直的，那么问题在第一步就解决了。但是真正的原始海岸线是非常曲折的，‘凹凸不平的’，因此比所谓的直线距离更长。你们如何进行测量？”

“我需要沿着海岸线走，测量走过的距离……”

“您呢，小伙子？”

图12

“一样，但是，由于我的腿更短，我走的时候得离陡峭的地形更近。因此我会更快地感到累，因为我走的步数更多，走过的距离更长！”

“的确如此，正如您所见，观测者的身高不可避免地产生了影响。您觉得对一只老鼠来说会是怎样的？对一只苍蝇呢？对一个原子呢？”

“需要经过的路还要更长，因为每一个小海湾都分成了许多更小的海湾，以此类推，一切都是比例的问题，但是那么……”

“是的，我们可以用多种方式来考虑，但是，在所有情况下，如果我们离开‘以人类为中心’的观点的话，最终的长度将是如此之大，以至于我们可以理所当然地把它看作无限大！现在看看这条线段（图13），把它分成三等份，在中间组成一个三角形（图14），擦去它的底边，你们得到了什么？”

图13

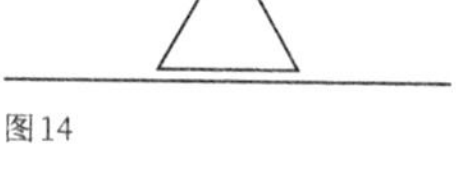

图14

“一顶女巫的帽子！”

“……或者一个海湾？”

“重复这个操作，你们会得到越来越多的起伏——‘粗糙度’（图15），也就理解了为什么走过的距离会逐渐趋向无限。”

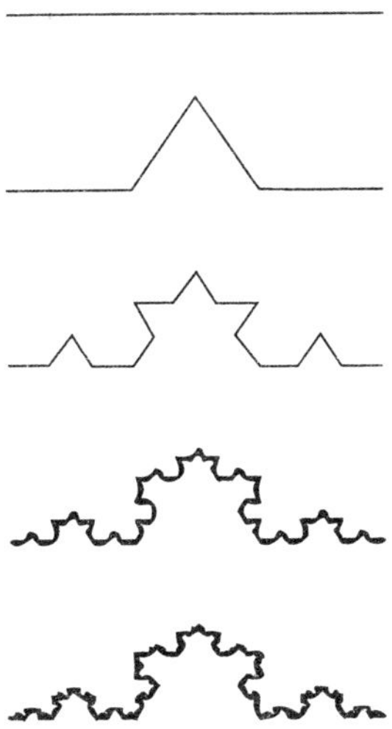

图15

“你们把它与我们需要走过的路程做了对照吗？”

“现在从最初的一个三角形出发，你们将得到——”

“一片雪花！（图16）”

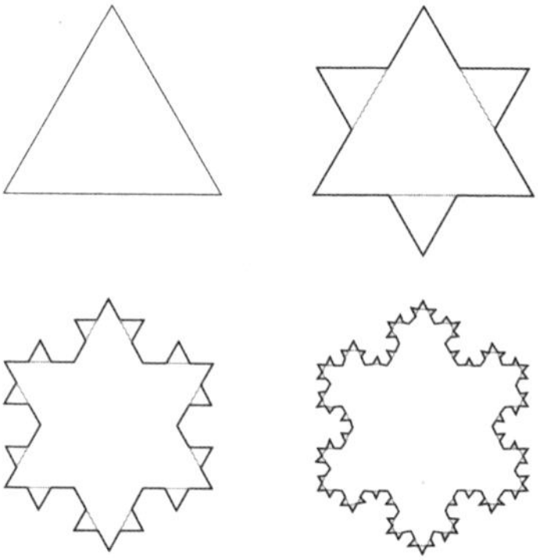

图16

“实际是一条科赫曲线，科赫是它的发明者，20世纪初的一位瑞典数学家。”

“现在观察这个三角形（图17），从它内部切下一个三角形，使切下的三角形的每个点位于这个大三角形每条边的中点。”

“像这样？”（图18）

“我认识它，这是一个黄金三角形，任天堂游戏《塞尔达传说》中的街机底板的标志！”

“这有可能，现在请对三个新的满的三角形重复同样的操作。”（图19）

“这是法国国立路桥学院[1]的标志！”

图17

图18

图19

“是的，但是如果您无限地继续这一操作，最初的三角形的面积将变为零，而构成它的小三角形的周长之和将变为无限大……您也可以对一个立方体进行类似的操作，那样您将得到具有相同特性的某种‘海绵’：内部是空的，而内表面积无限大！”

“这让我想起了肺部结构，或者列奥纳多·达·芬奇的那些经历，他让人给羊肠去脂并仔细清洗它们，从而使它们变得非常薄，以至于能攥在掌心里。然后在相邻的一个房间里，他把羊肠的一端接在一对铁匠铺用的鼓风机上，膨胀的羊肠填满了整个房间。尽管这个房间很大，房间里的人却被逼到了一个角落里。这些透明的、充满空气的物体最初占据那么小的空间，而最后变得令人惊奇地大。但这一切要告诉我们什么呢？”

“您联想到了一些自然要素，羊肠和肺，这让我很开心。您在我的研究中看到了为生命建立数学模型的一种尝试，我对此很满意！但是请看看您的周围，在西斯廷礼拜堂的这个天顶上，您看到了什么？”

“我们在一些几何图形中，一些矩形和一些正方形围绕着那些创世的画，而先知和天使的形象则被一些三角形包围着，裸男们的盾牌是一些圆形，上面又包含着其他的图像……”

“您还记得1623年伽利略在一本关于彗星的著作《试金者》(*L'Essayeur*)中写了什么吗？”

“我想，是的，万物皆在数中之类的……”

“准确的引文是：‘这本在我们眼前不断翻开的鸿篇巨制中所写的是哲学(我说的是宇宙)，但如果我们不首先学习理解这种语言并认识写成这本书的符号的话，我们就无法理解这本书。它是用数学语言写成的，其中的符号是一些三角形、圆形和其他几何图形，没有它们，就无法理解书中的任何一个词。没有这些方法，我们就会在一个黑暗的迷宫中徒劳地游荡。’”

“我们实际上可以把西斯廷礼拜堂的天顶看作一本打开的书，上面画满了几何图形，而我们试图破解它的语言……但是据传伽利略出生在米开朗琪罗去世的那一天！”

“是的，但是，像米开朗琪罗一样，伽利略曾受到柏拉图、毕达哥拉斯和《圣经》的启发，他们讲了同一件事！在伽利略之前，人们认为只有上天是有序排列的。天文学家们可以预测太阳和行星的运行轨迹，但是似乎地球的起源是一片混沌。伽利略证明了存在一些共同的物理定律，为牛顿敞开了大门。我将试着帮助您走出您的陷阱——这个由西斯廷礼拜堂的天顶构成的迷宫；请跟随这条阿丽亚娜之线——逐渐占满了一个正方形的空间的这条线；它开始时只有一个维度，没有厚度，但通过占满正方形的空间，它最终不可思议地倾向于一个二维空间，既有长度又有宽度！”(图20)

图20

“令人惊讶，这有点儿让我想起了波洛克的一幅油画！但是这样一来，我们——尽管被西斯廷礼拜堂天顶囚禁，但仍然发现了它的细节的我们，既不在一个二维空间内，也不在一个三维空间内……”

“的确，你们在一个中间的、可分割的世界中变化，在二维和三维之间，我把它称作‘分形’！”

“本华·曼德博！”

“为你们效劳！你们的又一个维吉尔，如果你们允许的话！既然命运将你们扔到这里，就请与我一起登船，沿着这条蜿蜒的海岸线航行吧！”

曼德博是一位数学家，1924年出生于波兰华沙，一个阿什肯纳兹犹太人家庭，这个家庭出了许多犹太教士和数学家。他那个在法兰西公学院教书的叔叔佐列姆的建议使他受益匪浅。他在反犹主义抬头之前逃离了波兰，移居巴黎，在巴黎被占领后，又转移到科雷兹省的蒂勒市，后又在里昂的公园高中就读大学预科班。他17岁时高中毕业，以会考第一名的成绩考中高等师范学院，以第三名的成绩考中巴黎综合理工学院，他更喜欢后者，这使他的叔叔很失望。他的“秘密”在于把代数问题“看成”几何问题。对概率感兴趣的他后来学习了信息理论，并移民到美国，受到了IBM基础研究实验室和耶鲁大学的欢迎。他醉心于他刚刚给我们列举的那些数学“怪物”，它们出自20世纪初的一些学者的想象：谢尔宾斯基的三角形和海绵，皮亚诺曲线……他从中推导出了被困在两个维度之间的“分形物体”的概念。这些分形物体使他能够试着用数学方法来解决这种混乱情况：他从借助比例连续递减的自相似性而反复出现的一些形状出发，试着找到了决定几朵云、一条海岸线、一棵花菜或一个肺、几座印度或柬埔寨寺庙、几个非洲村庄、凯尔斯书的那些版画和一些凯尔特人的首饰等形状的等式。他把尼罗河的洪水、证券交易所的股价波动和气体的热力学联系起来，想象出星系的形状，试图找到生机勃勃的生命的等式，正如伽利略所愿……分形能够通过不同比例的重复游戏成为共情的数学载体吗？这使我们想起两个人之间、一位观众和一个艺术作品之间、蓬热和他的无花果之间的交流，考虑到他们之间永久的相互作用，这不只是两个实体，也不会是三个或只有一个。

曼德博打断了我的遐想，继续他的论证：“最后，再取一条直线段，然后从中去掉三分之一（图21）；继续这样去掉每一条新线段的中间的三分之一（图22），您逐渐得到了……”

“‘尘埃’！”

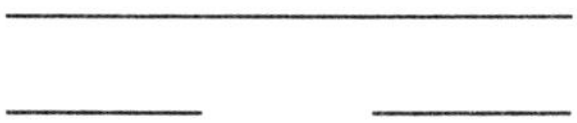

图21

图22

“从直线段的初始尺寸1出发，您趋向了一个空间……”

“尺寸为零！”

“想象出这个畸变的德国数学家格奥尔格·康托尔被它搞得十分‘疲惫’，以至于在疗养院度过了他生命的最后几年。我记得哲学家莱布尼茨在成为数学家时走的是相反的路：他从无限小及其细微变化出发，追溯至它们所组成的物体。他因此发明了无穷小微积分，之后发现了可以测量面积的积分法。他用一个优雅的符号（∫），一条使人联想到小提琴的音孔的蛇形线来表示它们。在弦乐器的面板上切割出的这条开口通过连接共鸣腔里的空气与外界的空气，起到发声的作用……”

“亲爱的大师，如果您见到莫扎特或巴赫，您会对他们说什么？”

“我会对莫扎特说他的音乐也可以分解为一些速度，比如奏鸣曲中的三拍，快—慢—快，而音乐的结构，至少在他那风流潇洒的音乐中，是由一些重复的元素组成的，就像在一个分形物体中。请您观察一片蕨类植物的叶子，取它的一部分，它与整片叶子相似，以此类推，一部分的一部分也是如此，仿佛它们互相嵌套在一起，就像俄罗斯套娃。这个‘多级’世界的观点在科学上是个假命题，但是物体互相嵌套的观点却始终锚固在人类灵魂中，体现在各种文明中……”

“或许因为我们是由一个女人所生，而这个女人也是出自另一个女人的腹中，等等，我们在我们的内部孕育我们的后代……您看到米开朗琪罗在我们周围天顶下面的墙上所画的耶稣的祖先们的形象……或许，这就是因果关系的起源。举个例子，很久以来人们都以为精液是由微生物——‘小精灵’构成的，这些小精灵自己发育成了男人，他们的睾丸里也含有一些小精灵，而他们又包含着其他小精灵。哲学家莱布尼茨，还是他，生活在莱比锡，曾影响了巴赫；他捍卫着‘打褶的’世界这一观点：每次当我们展开旧世界的褶子时，就会出现一个新世界，与旧的相同，但比例更小，就像我们位于两面镜子之间时的无限折射现象：‘物质的每一部分都可以被设计为一个长满植物的花园和一个养满鱼的池塘。但是每一根植物的细枝、每一个动物和它们的每一滴体液还是一个这样的花园或一个这样的池塘。’[2]这种复多性被无限重复的单元所支配。可我们距离原子理论还很远呢！但是这多么接近赋格的艺术！哲学家吉尔·德勒兹认为，借助巴洛克风格，褶子将趋于无限。”

“什么是赋格？”男孩问道。

“你知道《雅克兄弟》这首歌吗？如果曼德博领唱，那么当他唱到‘睡吧，睡吧’时，我开始唱，而当我唱到同一处时，你也开始唱，此时数学家已经唱到了‘敲响晨祷的钟声’（图23）：这是一种使人联想到分形学的结构，同一个音乐‘物体’被重复并包含了它的前一个版本，第四个声部就可以完成我们这整首歌。这实际上是一种‘卡农’：同一旋律，即主旋律，被重复并由四个声部相继进入模仿，使其间隔重叠；人们把这称为对位法。各声部可以以相同的音高重复主题，即同度；或者以不同的音高重复主题，比如以高八度来唱，就是八度卡农，或者五度卡农，用‘so’来代替‘do’，以相同的间隔递进。主旋律可以以更快的速度或者更慢的速度重复。赋格采用同样的模仿原则，但方式更微妙。在卡农中，各个声部似乎在互相追逐，而在赋格中，主旋律似乎是从一个声部‘逃’到了另一个声部，又像

图23 《雅克兄弟》乐谱

凤凰一样，在每一个声部再次出现并重生，有时或多或少有所变化。问题在于主题、论据和解法，就像在一个数学论证中那样。巴赫绝对是赋格艺术的大师。莫扎特虽是数学爱好者，但在伦敦受到他父亲和约翰－塞巴斯蒂安·巴赫演奏的巴赫作品的激励，通过努力学习，14岁时成功地通过了波兰音乐学院对位法专业的入学考试，这是在西斯廷礼拜堂的插曲发生之后。他得到了音乐家和数学家神父马尔蒂尼的帮助，掌握了这门约束性很强的技法，之后在维也纳通过范·斯维腾男爵重新认识了对位法。他的最后一部交响乐《安魂曲》那令人眩晕的最后乐章《朱庇特》表现出他已完全掌握了这一技法。《魔笛》的序曲中的赋格结束了开头几小节的混乱。威尔第后来遇到了类似的问题，也懂得了如何使他粗犷的地中海式的精神服从于他的《安魂曲》中北欧式的严谨。接近80岁高龄的威尔第在他的最后一部歌剧《法斯塔夫》的最后乐章中再创辉煌。其中的赋格宣称‘世界终究不过是一场闹剧，我们都被它欺骗了’，它意味着通过不同主角声音的混合达到和解。马勒在他的第一交响乐《泰坦》中从第三乐章开始运用了小调的《雅克兄弟》。门德尔松让人们重新认识了巴赫并且自己也沉浸其中。贝多芬、勃拉姆斯和瓦格纳后来都曾向他致敬……”

带变奏的咏叹调

“巴赫——莱比锡的‘唱诗班领唱’的音乐是对数学家康托尔和化为音乐的莱布尼茨的呼应。听！有人正在钢琴上弹奏《哥德堡变奏曲》，它像摇篮一样摇着我们的梦，另外它还是一个失眠症患者根据传说谱成的。它重复着，变化着，就像一个生灵。我们看见了一位艺术家，毫无疑问，他戴着鸭舌帽和露指手套，坐在破烂窄小的琴凳上——是加拿大钢琴演奏家格伦·古尔德在弹琴！这是约翰-塞巴斯蒂安·巴赫的巅峰作品之一，它诠释了曼德博的话。的确，巴赫生活在莱比锡——莱布尼茨的故乡，并受到莱布尼茨哲学思想的浸润。变奏曲的最初咏叹调来自他的第二任妻子——安娜·玛德莲娜·巴赫的那本音乐小册子。这个主旋律产生了30种变奏，它们发展了主旋律，之后当这个循环结束时，它又再次出现，仿佛要重新开始。也就是总共32段。巴赫难道不敢谱那第33段，'神曲'，耶稣复活的象征，类似于但丁《神曲》中的33×3首歌吗？难道他感觉自己无法画出耶稣的面孔，正如列奥纳多·达·芬奇对他在米兰的壁画《最后的晚餐》的担心？然而，正如萧沆所说：'如果有人一切都归功于巴赫，那就是上帝。'或许古斯塔夫·多雷在为《神曲·天堂篇》所画的插图中用所有的天使组成了一个新的天使的形状，给了我们一个解决方法：整体，这个自我再生的完整的部分可能会构成最终变奏，第33个变奏。我们在进行一次循环旅程，从前15个变奏开始，从最远的点开始，通过一个新的序曲创建的接下来的15个变奏回到起点。巴赫把每3段编成一个卡农，最后一个变奏除外，它是一个‘嘲讽’——掺杂了根据惯例宣布合唱结束的两个流行曲调的音乐玩笑。除此之外，几个小的赋格把作品分割成3个相等的部分……

“因此，3个赋格和9个卡农有规律地分割了《哥德堡变奏曲》，这是我们在一首“巴赫”中依据重复和差异的原则能想象到的更完美的形式，为‘封圣仪式’而苦恼的第五位使徒，他有时会预感到莫扎特和贝多芬，之后回归自己最初的源头，准备好一次新生，一次终极变形。用了3个循环、9幅图来追溯历史，回到我们与米开朗琪罗的源头：与我们在西斯廷天顶上的徒步旅行形成对照，它的目标鼓舞着我们。延续这样的形式，同样地，我们的故事需要9章，分3个部分来找到通往尼哥底母之路。从‘无定形’的混沌中出现了形式，那个我们可以牢牢抓住并给予意义的‘毛坯’。

“1940年春天，列维－斯特劳斯在马其诺防线上时，通过观察一朵蒲公英花而产生了结构人类学的观点：‘我相信正是在那时候，我躺在草地上看着几朵花，尤其是一朵蒲公英花的那一天，我变成了结构学家。当时我还不知道有这个叫法，因为我想到了那些组织法则，它们必然应该支配一种与我正在注视的花同样复杂、同样和谐和微妙的布局，而我还未想象到它可能源于一系列累积的偶然性。’[3]人类会因此受到大自然的结构以及生物的不同形式在自然中维持的关系的影响吗？

“勒·柯布西耶受到莱比锡的启发，于20世纪50年代应多明我会会士的请求，在里昂附近修建了拉图雷特修道院；这座教堂是一个没有表面开口的混凝土盒子，是一个黑暗的房间，一个密闭的暗箱，就像一个单元，一只眼睛，一个没有门和窗的单子。‘每个单子都像是一面活的镜子……代表着宇宙，遵循它的视角，与宇宙本身一样有规律。’[4]莱布尼茨告诉我们，并补充道，‘任何物质都如一个完整的世界，如上帝或者整个宇宙的一面镜子，每一个都以自己的方式表现出来’[5]，此外，它能够定义普遍共情，‘每种简单的物质都有一些关系来表现所有其他物质，因此它是宇宙的一面永恒的活的镜子’[6]。然而，教堂的墙壁都有一条大缝，垂直的用于日出，水平的用于日落，还有一些隐藏的喷涂颜色的开口，用作彩绘玻璃窗。地下墓室的形状像一只耳朵，在倾听宇宙的声音。教堂的尺寸是基于黄金比例计算的，勒·柯布西耶从他的形态学和黄金分割率出发，认为这是确保人类在他的居住单元中的舒适度的理想比例。回廊内院布满了几何图形，正方形、矩形、立方体和其他平行六面体、三角形和金字塔、圆形、圆柱体、斜面：一个凹凸不平的几何世界，与我们在西斯廷礼拜堂的天顶上经历的那个世界遥相呼应。勒·柯布西耶的一个助理借助一种巧妙的组合艺术使修道院那些朝向外部的开口有了节奏，包括后来用在他的音乐中的斐波那契数列[7]——这个助理就是伊阿尼斯·泽纳基斯——希腊建筑师和音乐家。

“莫扎特也提出过用掷骰子的方法随机创作出圆舞曲的建议。这些‘音乐玩笑’在18世纪很流行：连续抽签使人们能够在一本乐曲集中选择一些现成的三拍小节。首尾相连的它们最终可以谱成45 949 729 863 572 161种不同的圆舞曲！作品的名称？《对音乐或作曲一窍不通也可以用两个骰子谱成我们想要的那么多种华尔兹的入门教程》。”

毕达哥拉斯之一

正当我们想问问他是否有点儿通鬼神的魔法时，曼德博消失了，但约翰－塞巴斯蒂安·巴赫和莫扎特从下面向我们示意，这回轮到他们向我们提问："是谁第一个尝试从纯数学角度出发统一了宇宙的所有法则，并凭直觉发现了自然界不同元素之间的一种相似性和一些神秘的对应？"

"我想想，波德莱尔？热拉尔·德·内瓦尔？不，还要早，当然那是……毕达哥拉斯！他在25个世纪之前就宣传哲学并发现了数学和音乐之间的共同根源。人们有时会苦涩地回忆起他那个著名的定理，但这个传奇人物并没有证明这个定理！请看，他在这里，他已经围着我们转了一会儿了！"

他长着大胡子，非常英俊，头发很长，穿着陈旧的白色羊毛衣服，貌似耶稣，注视着我们，仿佛在测量我们。他可能不会讲话，把沉默的艺术发展到了极致——"舌头上有头牛"，可能只写了几个生命的原则，以支离破碎的“金科玉律”的形式从古至今传给我们。哲学家黑格尔把他视为“第一位宇宙大师”，并具体地对照了他的生平与耶稣的生平。公元前580年左右毕达哥拉斯出生于希腊的萨摩斯岛，父亲是珠宝商，母亲的怀孕是被德尔斐的女祭司皮提亚（Pythie）发现的，他的名字“毕达哥拉斯”（Pyth-agoras）就由此而来，表示“皮提亚宣告的人”。灵魂转世即轮回（包括转世为动物和植物），大师奥维德很自然地让毕达哥拉斯在他的《变形记》的最后一卷中发表了长篇大论。毕达哥拉斯很年轻时就读过《伊利亚特》（*Iliade*）和《奥德赛》（*Odyssée*），在到埃及之前接受了最伟大的学者们的教导。由于他被传授了奥西里斯的复活奥秘，神父们在他的臀部刺上了太阳神阿图姆－拉那带翅膀的圆盘的刺青……

但是毕达哥拉斯的传说还没有结束！波斯人入侵时被抓住的他和其他希腊人都被押往迦勒底，他却得到机会，从一些魔法师那里了解了数字和音乐的初步原理。他在那里见到了查拉图斯特拉，查拉图斯特拉净化了他的灵魂，并在幼发拉底河给他行了“洗礼”。后来他在印度见到了佛。回到希腊后，他又自学了俄耳甫斯的奥义，下到了地狱。他在意大利南部的克罗托定居下来，在那里开坛授课——“卓越与努力”。算术、音乐、几何和天文将汇集在数学科学中，构成了未来的“四术”。他在港口遇到了几个渔民，简单检视了他们的渔网后，他就给出了网中捕到的鱼的准确数目，买下了它们，并且作为一名绝对的素食主义者，要求他们把这些鱼放生。他的门生多达600人，他们献出自己的财产归公所有。而这位没有人叫得出名字的导师却只吃面包、蜂蜜和蔬菜——蚕豆除外。这位前卫的音乐治疗师用他的咒语来缓解灵魂和肉体的痛苦，同时始终关注行星——被他比作缪斯的天球——的无声的和谐。动物和大自然抵挡不住他的魅力：暴风雨平静了，河流向他致意。像耶稣一样来到这个世界拯救人类的他，被一个煽动群众反对他的学派的“犹大”打死了。在熊熊的大火中，他在穿越一片蚕豆田时死去。两名门徒目睹了他的升天……同是上帝和人，这个被查拉图斯特拉施洗过的神童曾经下过地狱，创造奇迹，开展谈话，教授和谐与节制，相信灵魂的永生；他遭到了迫害，升上了天，完全与福音书中描述的一样。他启发了柏拉图，还有莱布尼茨。

“可是数学和音乐之间的联系呢？”

“健康！在数的作用下。”

大师终于开口讲话了，这令我们大吃一惊。毕达哥拉斯说“健康”而不是“早上好”，这证明了他的优先次序，也揭示了他教学的基本概念：“拿着这条绳子，把它扯紧，使它振动，然后听它发出的声音……”

“‘do’？”

“现在，从中间剪断它，重新使它振动……”

“高八度的‘do’！”

“再把剩下的绳子平分成两段……”

“又高了八度！”

“现在把这条绳子分成三段，使最长的那一段振动。”

“‘so’！”

“分成四段……”

“‘fa’！”

“一或单，万物的原则，原始单位，产生了二、三、四，”他一边说一边画着一些点，并把它们连起来，(图24)“一方面生命被无止境地创造出来，另一方面它是稳定的。”

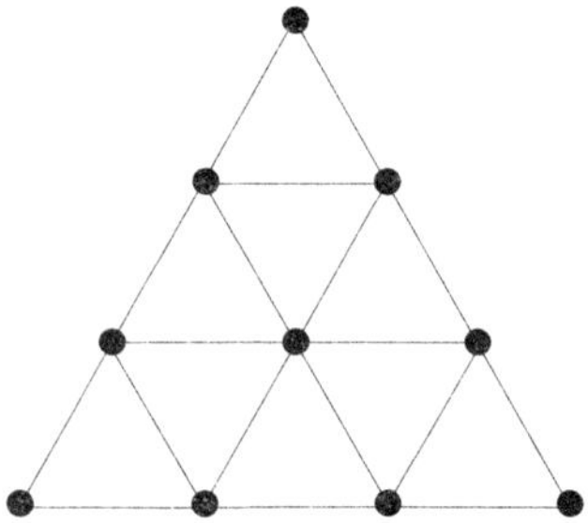

图24

“莱布尼茨说，变化的法则构成了每个特殊物质的个性，也就是说每种状态都由它之前的状态来解释，他从中悟出了他的道理。”

这堂课结束了。

毕达哥拉斯之二

“在梵蒂冈的壁画《雅典学院》中，拉斐尔所画的毕达哥拉斯正在凝视着那个由一些更小的三角形组成的神秘的三角形，毕拉格拉斯学派把它称为‘圣十’，同时把它与我们刚刚发现的那些和谐法则联系起来。数字和几何图形产生了音乐和宇宙。在一旁，柏拉图的胳膊底下夹着自己的书——《蒂迈欧篇》，在这本书中他讲了同一件事；莱布尼茨和曼德博都受到了他的启发。圣十中到底有多少个三角形呢？数数吧：1＋2＋3＋4！”

“可是巴赫遇见过毕达哥拉斯的某个‘转世’形态，或者更准确地说是某个‘挥发’形态吗？”

“从某种意义上吧，仔细看这幅画(图25)，你看见了什么？”

“寓意画，一个名字和一段拉丁文文字，一个徽章，还有……几个谢尔宾斯基三角形！”

LAURENTIUS MIZLERUS

PHILOS ET MEDICINAE DOCTOR, IN SERENISSIMI REGIS POLONIARUM AULA CONCILIARIUS ET MEDICUS, ACADEM. MOGUNTINAE SCIENTIARUM

图25

“对，但劳伦斯·米兹勒（又名克里斯多夫·米兹勒）生活在1711—1778年，远远早于曼德博或任天堂！同时身为医生、巴洛克音乐作曲家、哲学家、数学家、波兰启蒙哲学先驱、历史学家和出版商的他让别人称呼他毕达哥拉斯！1731—1734年，他成为约翰-塞巴斯蒂安·巴赫的学生并视巴赫为朋友和导师，1778年他在华沙——曼德博的故乡去世。在他关于波兰历史的鸿篇巨制中，出现了一些徽章，就像你看到的那样，包含两个谢尔宾斯基三角形！米兹勒，他会是毕达哥拉斯和分形学的发明者之间那个缺失的环节吗？尽管他的作曲无足轻重，但是他对音乐理论的兴趣，无论是古代的还是当代的，都使他把这项研究视为一门真正的科学，正如克罗托的那位大师的观点，它基于数学、哲学和对自然界的模仿。作为音乐学的先锋，他于1742年将约翰·约瑟夫·富克斯用拉丁文写成的《艺术津梁》翻译成德语，人们还记得，莫扎特在去意大利前曾认真研读过这本书，它还被用作第一个计算机辅助作曲程序的算法。巴赫也有此书的一本拉丁文版本。米兹勒的哲学思想受到莱布尼茨的深刻影响。”

米兹勒于1738年创建了著名的音乐科学通信协会，包括20名成员。他的目的是方便音乐研究者之间通信分享理论文章并互相讨论；这是网络出现前的一个社交网，其成员包括巴赫、泰勒曼、亨德尔和其他巴洛克音乐家。1755年，最后一位受邀者是列奥波尔得·莫扎特，一年后他那令人敬畏的儿子出生了。每位成员都需要提供一幅肖像，作为他的简介，还要有一篇学术文章。1747年入会的巴赫因此找人为他画了那幅著名的油画，在画中，他手里拿着他献给协会的六声部《卡农变奏曲》(BWV 1076)的乐谱。随之，路德的一首圣诞赞美诗的《管风琴变奏曲》(BWV 769)成为他加入协会后的最初的工作，该作品作为理论贡献旋即出版。一段逆行卡农，即像镜子中那样反着演奏的，结束了这一作品，正如《哥德堡变奏曲》一样，它会无休止地在每年圣诞节到来时被重新演奏。米兹勒于1754年撰写了巴赫的悼词，这成为这位唱诗班领唱传记的基础资料，巴赫最后几年的风格演变可能受到了他这位学生的影响。

你知道，音符、字母和数字之间存在一种对应关系：'la'对应字母A和数字1；降'si'对应B和2；'do'

对应C和3，以此类推……还原‘si’对应H和8，因此BACH（巴赫）对应音符降‘si’、‘la’、‘do’、还原‘si’，如图26：

图26

这是“Motif Bach”（巴赫乐旨）或他常用的签名，尤其是在他的最后一部作品《赋格的艺术》结尾的签名，据他的儿子卡尔·菲利普·埃马努埃尔说，这本未完成的书是他死前卧床撰写的。我们在他加入米兹勒的协会时演奏的卡农中也会多次听到这个音阶。许多作曲家借用这个乐旨来向他致敬：舒曼、李斯特、里姆斯基–科萨科夫、奥乃格、勋伯格、韦伯恩、普朗克、阿沃·帕特，甚至埃尼欧·莫里科内！[8]

现在，字母与数字之间的对应关系显示：B + A + C + H，即2 + 1 + 3 + 8，等于14。这个数字是巴赫经常使用的第二个签名，有时倒着写成41。当然，米兹勒欢迎他的导师和好友作为第41位成员加入他的学会，而出现在这位作曲家的肖像画上的卡农也成为出自《哥德堡变奏曲》咏叹调的一组14段乐曲的一部分。[9]然而，因为斐波那契数列和音乐中的其他黄金分割比例的发现，数字在巴赫音乐中的影响有时会让位于通灵的解释。比如，显然他自愿将他的《小调弥撒曲》——他专门为三位一体的奥义所做的音乐遗嘱——分成27部分，即3×3×3！[10]构成它的基石的信经祈祷，参照公元325年召开的尼西亚主教会议，也被称为《尼西亚信经》(*Symbolum Nicenum*)。这次会议中，在君士坦丁大帝的推动下，强令将基督教作为国教。这一被巴赫编成音乐的祈祷包含——你不会对此感到惊讶——三个组成部分，每一部分又包含三首合唱曲。中音声部的三首歌曲至关重要，使人联想到：① 圣父创世和化身(Et incarnatus est)；② 圣子救世(Crucifixus)；③ 圣灵永生与圣化(Et resurrexit)，这与路德珍视的三位一体和救世牺牲的宗教学说完全相似。这个完美的有序、对称的整体结构构成了一个三角形(图27)，而它顶端的耶稣受难像是这部信经和整个弥撒的中心制高点。

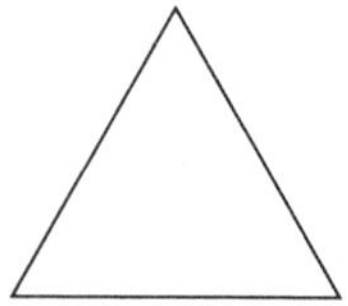

图27

因为与莱布尼茨的和谐固有的比例和与分形的比例相似，《尼西亚信经》的三部分也使人相继联想到造物主圣父、救世主圣子和圣灵，这是对中音声部的更高层次的复制！“去寻找，你就会找到。”巴赫这样建议！

母牛与哲学家

“对数学的研究可以使我们从整体上理解毕达哥拉斯、柏拉图以及天文学家伽利略、开普勒眼中的宇宙，巴赫听到路德对着他的一只耳朵说，音乐是在神的话语之后唯一值得赞美的东西，与此同时，莱布尼茨对着他的另一只耳朵悄悄说：‘音乐是算术的一种隐藏的练习，灵魂没有意识到它在数数。’音乐和数字，它们都源自宇宙吗？‘谁更智慧？’毕达哥拉斯问他的门徒们。‘数字。’他们回答。‘谁更美丽？’‘和谐。’‘这些事物和谐的原因是什么？’莱布尼茨在1704年的一封信中自问，‘这取决于本质的观点或事物的观点。事物的本质实际上是数字，它们构成了生物的可能性……’前定和谐，这恰恰概括了莱布尼茨的思想，‘最好的世界’。甚至连恶也是神的计划的一部分。造物主是一个完全‘理性’的存在，‘服从于’逻辑的基本原则，不会发生任何没有理由或没有原因的事情，这是被采纳的最好的解决方法，即使有时我们不知道这一方法的原因，比如当他听凭犹大的本质存在时……”

“这下我知道为什么那只母牛笑啊……笑啊！”

“你解释一下吧，未来的哲学家！”

“那个有名的奶酪盒的盖子上画着一头快乐的母牛，它戴着几只耳环，耳环是用无穷尽的画着大笑的母牛的盒子做成的：这解释了莱布尼茨的多级世界的观点，与曼德博或巴赫的观点一样！”

“明白了。”

“母牛在笑，这对一头母牛来说可不寻常，因为它明白了‘一切都是最好的世界中最好的’！”

“于是你希望这样能拯救我们？正是因为这种玩笑，伏尔泰将牛顿的著作翻译成法文，使牛顿得到了好处，却使莱布尼茨失去了信誉！没有一个人出席莱布尼茨的葬礼，甚至他的秘书也未到场，而牛顿却在威斯敏斯特修道院得到了盛大的葬礼并葬在那里！他的万有引力定律统治着所有科学，直至爱因斯坦降临，而那时爱因斯坦还是小提琴演奏家。$E = mc^2$，能量与光速和质量相关，力是物质。任何物质都是力，莱布尼茨想，他或许对这种有利于他的形势逆转感到高兴，而当没有质量时，从令爱因斯坦心醉神迷的量子力学的观点看来，一个光子的能量与它的波长成反比。[11]最后，基本粒子将由拉紧并振动的‘细绳’构成，以此颂扬毕达哥拉斯！”

万能钥匙

戈特弗里德·威廉·莱布尼茨于1646年出生在莱比锡，德国东北部的一座城市，1723年，38岁的巴赫定居于此，直至1750年去世。这就解释了这位哲学家对这位音乐家的影响。莱布尼茨或许是历史上最聪明的人之一，他还是科学家，尤其是数学家和逻辑学家，同时还曾担任外交官、法学家和图书馆馆员的职务。他棋艺高超，还会用拉丁文、德文和法文书写。他经常去海牙拜访斯宾诺莎，并常读伦敦的牛顿的著作，他们的观点如此相近，以致牛顿后来指责莱布尼茨剽窃了他的微分的想法。像牛顿一样，他不会无视神秘学，并于1666年左右成为纽伦堡炼金术学会的成员。他发表了关于化圆为方的论文，并完善了帕斯卡计算器，从那以后它就可以进行四则运算了。作为经院哲学的继承者，他了解逻辑学和记忆术。乔尔丹诺·布鲁诺的作品启发了他对无限的研究和他的“单子论”。他对文艺复兴时期的秘传—通灵的神秘学思想和拉蒙·柳利的组合记忆术无所不知，柳利促使他设计了一个“万能图书馆”的百科全书项目，就像卡米罗和他的阶梯剧场：“编纂一本百科全书，即有序地收集尽可能足够多的事实，以便推断所有有用的事实，这对人类的至福非常重要。”莱布尼茨认为，我们的所有观点都是在构成人类的思想字母表的、数量非常少的简单或“原始”观点的基础上形成的。那些所谓复杂的观点都是出自这些简单的观点，通过一个与算术和代数计算法则相似的组合体系组成。因此可以把推理简化成一种通用的逻辑计算，这就是1666年他20岁时发表的那篇关于组合技巧的论文的研究对象。源于简单观点的复杂观点组成以及事实推断成了一道计算题，这正是拉蒙·柳利想用他的“球节”实现的，目的是宣传基督教信仰，使各种信仰的人皈依基督教。他在这篇论文中特别写道：“两位哲学家之间再也不需要比两位数学家之间更长时间的讨论了，因为他们只需要拿起他们的笔，坐在计算桌边（如果他们愿意，可以请求一位朋友的帮助），然后对对方说：我们来计算吧！”

一些数字、一些字母、一些几何图形、一些源于圣书体的符号或者一些汉字，通过“相似性”，从“数学比例”的希腊意义上直接解释了思想，而不是语言，从最简单的思想直到最抽象的思辨，无论是数学的、科学的、形而上学的，还是美学的。他梦想有一种象征性的语言，一种万能的文字，所有人都能理解、易学易记，并且可以进行示范。他想象出一种逻辑计算，能完成一次理性论述，在任何领域都可推理，不仅是为了沟通，也是为了获得一种百科全书般的知识，这一工具可以完全像一种绝对形而上的工具一样，实现思想的推论进程。这就是"万能钥匙"，为了发现"构成事实的最初形式与理性或思想的链条之间的完美对应性"[12]。胡塞尔后来也希望把哲学变成一种"数学"科学，但莱布尼茨是第一个提出灵魂与计算器之间存在一种相似性的人……需要注意的是，这位哲学家，在与路易十四派往中国的法国数学家及耶稣会教士约阿希姆·布维（中文名为白晋）之间的频繁书信往来中受到启发，对只用数字0和1的二进制计算产生了兴趣，它后来成为计算机计算的基础。

"例如，0写作0,1记作1，但2写作10，因为在只包括0和1的这种计算中不存在2。那3呢？"

"11。"男孩答道。

"真棒，那4呢？"

"100。"

"好！这种奇怪的计算方式启发了莱布尼茨，这是中国神话中的皇帝伏羲建议的表示数字的方法，伏羲发明了文字，创作了《易经》[13]，这是一本关于变化的书，也用来预测未来并据此做出决策。250年后，这种语言成为了计算机的基础！莱布尼茨很久以来都在自问这个二进制方法的用途，最终凭借他惯常的乐观主义发现了一种形式美，它揭示了数的性质和它们之间的联系—— 一种在人类用于预测和决策的最古老的文字之一和阿兰·图灵后来发明的计算机语言之间编织起来的神秘联系。”

谁咬了那个苹果？

艾伦·图灵1912年出生于伦敦。他和他的兄弟一起在一个寄养家庭中长大，因为他的父母住在印度，他后来经历了英国寄宿学校的艰辛。10岁时，他在圣诞节收到一本名为《每个孩子都应该知道的大自然的奇迹》（*Les Merveilles de la nature que tout enfant devrait connaître*）的书。这本书从一个机械论的角度描写了一些生理现象，比如形态发生。这个孩子在数学和生物学之间建立了一种联系，尤其是有机化学，把他引向了他后来的研究。高中时他是个差学生，不喜欢人文科学和一个绅士应接受的所有教育，不修边幅也不合群，在草地曲棍球比赛中，他更喜欢研究草地上植物的形状和它们的生长情况，而不是参加比赛。

他有时会戴着一个防毒面具来上课，担心患上过敏性鼻炎。由于缺考和行为怪异，他差点儿被劝退。他找到了莱布尼茨两个世纪以前编出的公式，一个可以计算圆周率π的无穷级数，这为他赢得了赞扬和他的数学教授的保护：

$$x - x^3/3 + x^5/5 - x^7/7 + \cdots\cdots$$

从那以后，他就献身于科学研究，尤其是数学和逻辑学，目的是参透生命的奥秘。他思考在花茎上按照数学顺序生长的花瓣，并与他唯一的朋友克里斯多弗·莫科姆讨论，这个比他年长一岁的出色男孩在化学方面出类拔萃，还教给了他天文学的入门知识。图灵悄悄地爱上了他，但莫科姆因喝了被感染的奶牛产的奶而死于牛结核病，那时他刚刚通过了剑桥大学的入学考试。无论如何，为了纪念好友，图灵自己后来也通过了这一考试。

图灵在国王学院求学的那几年恰好是他的专业基础重新遭到强烈质疑的时期：如果说大卫·希尔伯特捍卫的是数学上的一种形式主义决定论的观点，那么库尔特·哥德尔则在1931年发表了他的不完备性定理，在这个定理中，他解释了有一些数学命题是真的，但不可证明。1933年，冯·诺伊曼发表了他的《量子力学的数学基础》（*Fondements mathématiques de la mécanique quantique*），其中阐述了自然界中可能被我们忽视的一种决定论的观点，尽管物理学的数据有时具有偶然性。图灵从中找到了他长期以来对概率计算的兴趣的合理依据，而年轻时代的莱布尼茨也曾热衷于此，后来的曼德博也对此着迷：计算难道不是预言的同义词吗？一个偶然事件的无穷反复可能产生一种集合现象，它给予混乱某种凝聚力，减少偶然部分，从而得出了一种统计预测性的决定论。上帝也玩骰子吗？图灵后来在他的工作中获得了最高的评价，并被国王学院授予“院士”称号。

为了更好地解放灵魂，我们的主人公通过每天跑步来占据自己的肉体。我们能像莱布尼茨希望的那样把思想与数学联系起来吗？图灵于1937年1月发表了他的第一篇文章《论可计算的数与决策问题的应用》，在他24岁时用数学方式描述了计算行为的本质，打开了通往计算机语言的大门。我们已经谈到了“图灵机”。他被美国普林斯顿大学邀请去攻读数学逻辑专业博士学位，这所大学里的科学家除了爱因斯坦、冯·诺伊曼和那个时期恰好在那里的哥德尔外，还有……埃尔文·潘诺夫斯基——阿比·瓦尔堡的杰出门生。回到剑桥后，图灵接触了哲学家和语言专家路德维希·维特根斯坦，但是后者并不赞同他在数学方面的观点。

战争使图灵出了名，因为他成功地破解了德国海军的一台名为“恩尼格玛”的密码机每天生成的密码。他在布莱切利园的宅邸——英国的解密中心里工作了两年。他秘密前往美国，在贝尔实验室可以合成声音的最新电子元件的协助下，为丘吉尔和罗斯福之间的电话通信加密。他的机器名叫达丽拉，那个对参孙撒谎的女人的名字！他在那里见到了克劳德·香农——信息论的创始人，图灵与香农交流了人工智能的可能性，或者至少是一个电子大脑的可能性。战后，这一工程在美国的冯·诺伊曼和英国的图灵的指导下开始实施，每个人都在自己的项目中优雅地参考对方，但图灵集中精力于编程。然而他的人工创造智能甚至生命的梦想仍然没有满足，他想出了一个试验：一个操作者能否有一天无法知道他的对话者是一个男人、一个女人（说谎者，比如达丽拉？）还是一台电脑？（说谎者，比如电影《2001：太空漫游》中的HAL——这是在用每个字母的前一个字母秘密地向IBM致敬吗？）他休了一年的假，专门研究神经学和生理学，重新质疑植物和动物形态的起源，重新找到了他童年时关于“生物组织”的梦：正如列维-斯特劳斯和他的蒲公英一样，图灵欣赏着一朵向日葵花蕊中雄蕊的双螺旋布局和它们按照斐波那契数列的生长方式。一种代代相似的形态的出现原因使他着迷。恩尼格玛的密码术揭示了其中的一个决定论，不久后，沃森和克里克于1953年，然后是雅克·莫诺和弗朗索瓦·雅各布于1970年，先后发现了DNA的双螺旋结构和“基因密码”。图灵于1952年发表了他的第二篇基础文章。这篇文章阐述了一个数学—化学理论，即形态是通过一个自行组织的驻波过程发生的，这些驻波可以用数学方法确定，与“形态发生”物质的偶然传播有关——这一次我们谈到了图灵的“结构”。他这样解释动物皮肤上的斑点或斑纹、贝壳上的彩色几何图形（它们会使曼德博联想到谢尔宾斯基的三角形）、章鱼触手上的吸盘的结构，但是他也想到了沙丘的起伏以及胚胎生成过程中其他肢体、手指和脚趾的生长——他的最后几个假设在60多年后刚刚得到了巴塞罗那的一个研究团队的确定！[14]

不幸的是，图灵的同性恋倾向在当时维多利亚思想仍很盛行的英国遭到了严重的诟病，由于这位天才和皇家学会成员正在为设计一种“电脑”而工作并为拯救这个国家做出过贡献，不能把他关起来或给他做脑叶切除手术，法官决定对他处以实验性的化学阉割。图灵看着自己的身体在激素的影响下逐渐女性化，而与他的意愿相反，最终依赖于肉体的灵魂决定摆脱这具肉体：他的研究所阐明的预测性决定论只是局部的，整体行为是不可预测的，因为参数在过程中发生了变化——没有退路，在相同的最初条件下没有可能的路线，这与信息学相反！一切都不可计算！自由的裁决存在吗？整体大于各部分之和！他的万能机器只能解决某些问题，还存在一种逻辑不可能性的定理，表现为停机问题的形式[15]：1954年，图灵自杀了，他咬了一口蘸过氰化物的苹果，就像他喜爱的白雪公主那样，华特·迪士尼用他的那些动画形象为其注入了生命的这个创造物使他惊叹不已！[16]我们还记得他的少年好友是被感染的牛奶毒死的，而他始终感觉自己与之相连，通过思想……也通过这颗禁果！

与记忆术相关的组合技巧诱惑着神学家们，拉蒙·柳利、卡米罗和他的阶梯剧场、乔尔丹诺·布鲁诺、莱布尼茨和图灵都在寻找一种万能的、预见性的、浮士德式的能够把生命变成一个等式的知识。使克里斯多弗·莫科姆——他与之难舍难分的朋友复活？美学共情，正如爱情，是一种组合技巧！

论带着一本博尔赫斯的《阿莱夫》旅行的益处

从前在布拉格有一位伟大的犹太教士，在人们的记忆中，他的名字叫布拉格的马哈拉（1520—1609）。他是著名而神秘的博学者，犹太教传统指派他创造一个“哥连”，一个他通过自己的精神力量赋予其生命的泥人，反映了上帝造物的神力。哥连就像神的光芒出现之前的亚当，与雷电作用之前弗兰肯斯坦创造的巨人或者编程前的图灵机相似。这一过程的最后一步是把一张写着上帝的神秘的不可说出的名字的纸放到创造物的嘴里，并在他的前额从右到左刻上3个希伯来文字母“אמת”，意思是“Emet(h)”，即“真相”。哥连成了他的仆人，但是这个巨人一直不会说话。当他从犹太教士那里逃走，想要在犹太人区搞破坏时，他的创造者略施小计就使他跪下了。于是犹太教士擦去了他前额上的字母 א (Aleph)，结束了他的生命，因为剩下的两个字母对应的词“Met(h)”的意思是死亡！

“所以你口袋里的那本书保护了我们！但是最终，如果一切都只是重复和差异，就像在美学共情、分形、巴赫的卡农、镜像神经元、DNA、进化、过去的延续或者一般存在中一样，那么这个万能的对位法的最初和弦又从何而来呢？它的第一个主旋律是什么，是使整个系统产生共鸣并能够注入生命的振动吗？”

“你儿时关于寻找最初‘源头’、关于宇宙起源的问题是人类思想的核心。它不停地激发着想象力，因为那里或许有尼哥底母问题的答案……我们身处其中随着米开朗琪罗的壁画和它所产生的复调音乐逐渐转变的这个礼拜堂或许就是最奇特的答案之一，而莫扎特也并非对此无动于衷。”

注释

1. 国立路桥学院创办于1747年。国立路桥是法国第一所工程学桥，国立路桥学院是全世界第一所工程院校。——译者注

2. Leibniz, *La Monadologie*, 1714, § 67.

3. Entretiens avec Jean-José Marchand filmés les 25, 26 et 27 juillet 1972 à Montigny-sur-Aube (DVD 2006 aux Éditions Montparnasse).

4. Leibniz, *Principes de la nature et de la grâce fondés en raison*, 1714, § 3.

5. Leibniz, *Discours de Métaphysique*, 1686, art. IX.

6. Leibniz, *Monadologie*, 1714, § 56.

7 数列，最初发明用来预测兔群总数的变化，其中，每个数字都是前两个数字之和：0 1 1 2 3 5 8 13 21……，且一个数字与它后面的数字的比值趋向于黄金比例或黄金分割率，即大约0.618。

8. BO du film *Le Professionnel, Le Retour (sur le nom de Bach)*.

9. 1974年在斯特拉斯堡被重新发现。

10. G. Cantagrel, *J. -S. Bach. Passions, messes et motets*, Fayard, 2011, pp. 285-286 et pp. 308-309.

11 $E = hc/\lambda$，其中h是普朗克常数，c是真空中的光速。

12. P. Rossi, *Clavis universalis*, Jérome Million, 1993, p. 215.

13. Voir P. Lemarquis, *Portrait du cerveau en artiste*.

14. J. Raspopovic, L. Marcon, L. Russo, J. Sharpe, «Digit Patterning is Controlled by a Bmp-Sox9-Wnt Turing Network Modulated by Morphogen Gradients», *Science*, 2014, 345 (6196), p. 566.

15 Voir J. Lassègue, *Turing*, Les Belles Lettres, 2003.

16 苹果品牌的被咬了一口的苹果的标志和它的那条彩虹与图灵和他的性取向毫无关系。根据与热拉尔·贝里（Gérard Berry）的私下沟通，好像图灵实际上是在一个俄罗斯轮盘上赌他的性命，这位概率爱好者在多个苹果中随机选择，选中了唯一有毒的那个！

第八章

西斯廷礼拜堂的秘密：圣杯是一首乐曲吗？

如果说有些人曾经梦想并仍在梦想通过数字（或希伯来文字母）来模仿生命和思想，那么另一些人则相信音乐的力量，因为它的确出自同一来源。在我们的脚下，在我们旅程的倒数第二幅画（图28）中，上帝创造了太阳和行星。根据圣奥古斯丁的解释，先有天空后有大地，先有永恒的灵魂后有从中抽取肉体的原始物质。灵魂先于物质？

一些有声图像

恩斯特·克拉德尼——与莫扎特同时代的德国物理学家——创立了现代声学。他对“有声物体”很感兴趣。请看他在拿破仑面前是如何展示的：在一个铜盘上撒上沙子后，他用一条琴弓摩擦铜盘的边缘，得到了一些几何图形，激起了皇帝的好奇心。沙粒服从了发出的声音频率，画出了2个、4个、6个、8个星星，然后当频率加快时，又分出了10个、12个、14个、16个分支，并出现了中间过渡的图像，包括鳞状排列并被半径分割的圆、五边形、六边形、完美对称的万花筒图像。它们最终以晶莹的拼花模仿了花的形态或甲壳的形态，仿佛声

图28

音通过沙粒的布局产生了生命的形态——让图灵、曼德博或是文艺复兴时期的某个炼金术士嫉妒得脸色苍白！“cimatique”诞生了，并将使艺术家和研究人员们梦寐以求。在使音乐能够“雕塑”我们的大脑、令植物生长，在使宇宙的起源回溯到一个声音、一次“宇宙大爆炸”，在使振动的细绳构成基本粒子的这些条件下，没有什么值得惊讶的！在人们赋予音乐的性质中也没有什么出人意料的——如果它被视为一种科学，一些与生命有关的神力，包括生命的延长和创造。

“如果你们想要发现宇宙的秘密，请从能量、频率和振动方面来思考。”尼古拉·特斯拉宣告。让我们向下方看一眼吧：西斯廷礼拜堂的地面铺着大理石镶嵌板，组成了一些几何图形，我们所处的位置特别便于欣赏它们！又是一个迷宫，一个造房子游戏？“下面的与上面的一样……”翠绿石板——公认为赫尔墨斯所撰写的炼金术文字中最著名的那个——上面写着。六个连续的同心圆像水中的涟漪覆盖着它的表面，把我们引向了祭坛。第一个不完整的圆在礼拜堂的外面结束，仿佛在那里等待我们，像是一条准备好黏住我们的舌头。

通过了这些让人联想到上帝用了六天时间创世的旋涡[1]的考验后，我们到达了最庄严的那幅画（图29），第七幅画，四边形，占据了礼拜堂的整个宽度：一个大圆位于中央，被四个小圆围绕着，它们都框在一个正方形里，而这个正方形又被尺寸介于前面两种圆之间的另外四个圆围绕着，那四个圆又被一个囊括了所有图形的大正方形框起来。这难道不是一些需要破解的声学图形吗？

图29

在苏格兰爱丁堡以南的罗斯林礼拜堂里，教堂的拱门上悬着的方块石头上，有15世纪雕刻的一些几何图形，它们使人联想到克拉德尼的有声图像。一位内行的音乐家曾试图借助一个天使雕塑来破解它们，找到可能产生这些图形的声音，这个天使通过他的手指在石头中刻着的一个“谱表”上的位置来指明解读这些图形的钥匙。他从这种“凝固的音乐”、这种令莱布尼茨着迷的万能的语言中获得了一首非常悦耳的经文歌。[2]

我们立于其上的几何图形大理石铺面在1553年小汉斯·荷尔拜因的油画中《大使们》的脚下也出现过，而且画得极其细致。这幅作品因隐藏了许多符号而闻名，尤其是变形的图像，当斜着看时，能够在画的下部看到一个骷髅头。

两位大使打量着我们，并邀请我们来破解他们的画谜。他们庄重地分列于一个搁物架的两侧，架子上放着与四术——天文学、算术、几何、音乐——相关的一些科学物品、乐器和乐谱。他们脚下的镶嵌画第三次出现在伦敦威斯敏斯特修道院为历代国王加冕的祭坛上；这次是在1268年，英格兰在亨利三世统治时向一位镶嵌画工匠订购的，这位工匠来自……罗马！交错排列的圆形和正方形，就像在列奥纳多·达·芬奇珍爱的《维特鲁威人》中被这个世界的大人物们——教皇与国王们的微观世界挤压的宏观世界，正如我们再仔细看时发现的那个骷髅头象征的虚空所暗示的，这些大人物们也终将归于尘埃。但是虔诚的亨利三世——威斯敏斯特修道院的镶嵌画的资助者可与巴黎用“真正的十字架”炫耀自己的圣路易相抗衡，后者在西岱岛刚刚建成的圣礼拜堂里收集耶稣受难的遗物：圣荆棘冠，他为此贡献了王国年收入的一半；刺穿十字架上的耶稣的肋部的百夫长朗基努斯的长矛的矛尖……为了安慰英国君主，耶路撒冷的主教送给亨利三世一些“圣血”，也就是圣杯。来自最后的晚餐和长矛刺穿的伤口，被将耶稣葬进坟墓，也是最后一个接近耶稣肉身的尼哥底母收集起来的珍贵鲜血。圣杯在威斯敏斯特？

法国驻英国的《大使们》给了我们一条线索吗？让·德·丹特维勒——荷尔拜因的这幅作品的出资人，和他的朋友——即将担任圣职的主教乔治·德·塞勒夫于1553年4月11日，一个圣周五在伦敦会面——根据画中的圆柱形日晷显示的时间。我们猜出在画的左上角稍微分开的绿色厚帘布下面是一个有耶稣像的十字架，与骷髅头相呼应，这让人联想到亚当的头骨。同时身为鲁特琴演奏家的丹特维勒右脚踩在神秘的地板面的一个外圆的中间，这块地板见证了历代国王和教皇的选举，而米开朗琪罗也在它的上方创作出他的壁画《创造亚当》。他手中的匕首指向摆在搁物架下层的一本打开的路德翻译的赞美诗集，同时指着一本乐谱，它位于一个少了一支笛子的笛子套和一把琴弦断了一根的鲁特琴之间。我们从左面的那页上可以看到圣歌《圣灵降临》（*Veni Sancte Spiritus*）的男高音声部的音符，在梵蒂冈享有盛誉的帕莱斯特里纳和法兰西–佛兰德乐派的复调音乐家们都为此着迷，直至莫扎特在12岁时创作了他自己的版本；右面那页上是十诫的缩小版。神恩与法律，暗示了路德以及法国人为推翻查理五世而对德国新教徒提供的秘密支持吗？赞歌的男高音声部是格里高利圣咏，依据传统支持以它为骨架的整首复调音乐，它可能是天主教徒与新教徒之间和解的一种愿望——两个不同的声部歌唱同一个乐谱、同一个基调，但或许应该探究得更远一些：这首歌是在圣神降临节唱的，教皇依诺增爵三世创作的歌词大意为："圣灵求你降临，从至高的天庭，放射你的光明……"我们把它叫作圣神继抒咏。那么圣杯是一首乐曲吗？

难道你没有听到天堂的和声吗？

声学家克拉德尼还是玻璃柱琴的发明者，这种乐器可以通过湿手指摩擦玻璃柱发出奇怪的声音，把振动传递给一些金属线或金属片，它们的张力和长度决定了音高。它的演奏效果令人起鸡皮疙瘩，[3]管风琴师们把它回收利用，作为他们的乐器游戏之一。比这早几年的1761年，本杰明·富兰克林就已经按照类似的原理制作了玻璃琴。把尺寸递增的水晶碗固定在一根金属轴上，金属轴带动碗旋转，此时演奏者用湿润的手指摩擦碗边，奏出空灵的、十分和谐的音乐，使人想到了当时还没有出现的电子琴。这种乐器很快就大受欢迎，成为会客室和沙龙里的时髦配件，电影的祖先——“神灯”放映会的伴奏乐器。帕格尼尼称之为“天使的管风琴”，玛丽-安托瓦内特曾弹过它，歌德、夏多布里昂和泰奥菲尔·戈蒂耶曾赞美过它，托马斯·杰斐逊甚至称之为“献给音乐界的最伟大的礼物”。信奉“动物磁气说”的弗朗兹·安东·麦斯麦医生先后在维也纳和巴黎将玻璃琴用于患者的放松和催眠，从而使他的好友和宠儿莫扎特发现了它。莫扎特后来为这一乐器作了几首曲子，丰富了它的曲目集，尤其是他的最后一首室内乐作品K617。路德维希·凡·贝多芬、C. P. E. 巴赫，尤其是葛塔诺·多尼采蒂，都抵挡不住它那天使般的声音；这是歌剧《拉美莫尔的露西亚》中那疯狂的咏叹调。是这个乐器使它发疯了吗？正因如此，玻璃琴在德国的某些城市被一纸警察令禁止了，并在1835年左右消失了，这正是创作《露西亚》的那一年，它在乐谱中被长笛取代了：它使动物们吼叫和抽搐，使人联想到家务、痉挛、早产，甚至孩子的死亡，它那令人伤感的音色不到一个小时就会摧毁最坚强的男人。它把演奏者们送进精神病院，或许是因为铅中毒，与水晶成分和标记黑色“琴键”的油漆相关。在20世纪初，理查德·施特劳斯再次将它用于他的歌剧《没有影子的女人》，他希望与他的歌剧编剧雨果·冯·霍夫曼斯塔尔一起创作这部歌剧，与《魔笛》产生共鸣，使神灵的世界与人类的世界在一种东方故事和秘传符号的氛围中交织在一起。一些现代炼金术士将这一乐器中的铅换成了金后，它变得安全了，今天重新引起了人们的兴趣，再次频繁光顾电影配乐的暗室——米洛斯·福曼的《飞越疯人院》、纪录片《小企鹅大长征》，并以它的多样性取胜——碧玉（冰岛歌手）、汤姆·威茨、街头霸王……

曾经使人发疯的音乐能够反过来治愈和延长生命吗？

由于音乐对肉体和灵魂的作用以及行星的影响（克拉

德尼热衷于研究陨星），在18世纪末，魔法思想逐渐过渡到了科学。在那之前300年，对于为美第奇家族翻译赫尔墨斯和柏拉图著作的马西尔·费辛而言，毫无疑问，音乐和一幅有利的星运图中的图形可以赋予雕塑生命，使人起死回生。我们还应该从中发现那个旋律，重新找到俄耳甫斯用他那悦耳的歌声从地狱夺回了他的未婚妻欧律狄克的那些和弦……让我们聆听着阿列格里的《求主垂怜》那优美的乐曲来合唱一首大卫的赞美诗吧，它在某个圣周五在西斯廷礼拜堂穿越了我们的身体，我们悬在礼拜堂的天顶上，就像胎儿悬在它的胎盘上。下面的莫扎特来与上面的米开朗琪罗会合，或者是相反的，作曲家散发的气息刺激了我们的记忆，仿佛他本人的记忆，就让《求主垂怜》为我们讲述他的故事，也是我们的故事，并向我们揭开他的秘密吧……

一位好奇的收藏家

“注意观察这位正在用眼镜检视一块燧石的胖乎乎的男人，这是一位细腻的文人，他把博尔赫斯的作品译成了法文，他也是超现实主义者的朋友，后来成为法兰西学院院士；他叫罗杰·卡约（Roger Caillois），他发现了我们。”

“你们认识红玛瑙吗？”还没等我们回答，他就滔滔不绝地继续说道，“这是一种未经人工添加即有着阿波罗与缪斯们一起弹奏里拉琴图像的石头，在古代与黄金等价。”他接着说：“你们听说过意大利的那些石头吧？佛罗伦萨旁边的阿尔诺边界上的那些景观大理石，上面有一些正在燃烧的或烧成废墟的想象中的城市，画家们与大自然串通，在其中补画了几个人，以便最大限度地取悦珍奇屋的爱好者们。或是中国人的‘梦幻石’，上面显示了任何艺术家都无法画出的景色？智者可以观察它们几个小时，以进行神秘的远足。一首小诗表达了他们在静修时的感受。玛瑙与碧玉的图画滋养了观者的想象，但我的奖杯，我最令人激动的发现则是我拿在手中的燧石。请欣赏它形成过程中印在内部的循环图案，早在人类出现并把它制成武器或用它摩擦生火以前——它或许比人类存活得更久。一次‘振动’持续下来就会磁化柔软的硅石，使其服从于半‘音乐’式的召唤……”[4]

“一个声音的印记？仿佛短暂的声音在物质中寻求永

恒，就像阿列格里的《求主垂怜》在莫扎特的大脑中？”

“请看这块燧石，”收藏家没有回答我们，而是继续说道，“它从远古时代起就在温度变化的作用下，在它的内部封住了一种液体，就像一颗心脏在跳动。”他补充道，一边思考，一边给了我们一条新的线索，“人类经历了可能很持久的毁灭，然后重新出现，而往往在他们生命的尽头，又神秘地重新盖住了他们最初的景象……我一直在观察飞虫，无论这些飞虫是一些蝴蝶，还是一些思想，而我无法为自己确定一个唯一的目标，我为此感到遗憾，我必须向你承认这一点。只是，随着我研究一些既没有关联也非同源的主题，如隐喻、战争、社会、梦，我发现这种多样性有汇聚作用——这不是为了解释不可解释之事，而是为了走向一致……我发现了有形世界、精神世界和想象世界之间的一种统一性和连续性，就像一种广义诗学的最主要的几个元素……”

音乐和生命的形态

如果卢克莱修说过鸟儿给了我们歌唱的欲望，那么人种学家罗曼·西莫奈尔（Romain Simenel）——研究摩洛哥南部阿特－巴安兰的柏柏尔部落的专家——曾经说过，动物和花儿教会孩子说话：4—12岁之间时常“逃学”的小羊倌们发展了他们的象征性思维，同时受到他们在森林中偶遇的那些植物和动物外形的启发，编造了一些口头隐喻，森林是神怪的领地，他们在其中自由地探索，但回到家就守口如瓶。[5]从摩洛哥的阿特拉斯山区的原生态音乐中得到的形式也是如此。[6]语言上的一些相似性在柏柏尔人中着重表现在声音、物质和思想之间的对应关系上。一些植物学现象可能因此表现为模仿植物生长的一些音乐结构，这对于这个群体的延续至关重要，并从那时起就在每个人的内心扎下了根。

民族音乐学者玛利亚·罗夫兴·奥尔森发现了妇女们的“ahwas”——在夏季重大节庆的夜晚载歌载舞的乡村音乐——与大麦和海枣的生长之间的结构相似性：两个妇女合唱团互相交替应答，每次反复时悄悄升高的音区形成一种微妙的“平整”，使人联想到一棵海枣树的“树干”以及海枣树叶落地后相继留下的痕迹，也让人想到大麦的麦穗。有时候作为辅助的令人心潮澎湃的男声应答四处迸发，此时出现女生的对歌，就如麦穗的“芒刺”。

旋律、气息（风）和灵魂用同一个词来表达——“rrih”。沙丘本身有时也会在风的作用下“唱歌”。歌是诗的载体，正如枝干托着花朵和果实：同一个词“aqqayn”用来描述诗、种子和果实，弗朗西斯·蓬热也不会否认这一点。而我们会在女人们的面部妆容上、银首饰里、衣服上找到歌曲的“动机”，就像读书一样。

另外，旋律的形式会与高山的形式相结合。民族音乐学者阿拉·N.索科洛瓦认为，生活在高加索西北高地上的阿迪格人的音乐也与他们所处的环境相像：如果说生活在更远的广阔草原上的俄罗斯人唱着和弦丰富的悠扬旋律并将其发展到无限，那么大山里的阿迪格人则狂热地崇拜一种水晶般清澈的男高音，它用较短的旋律唱出歌词，让人联想到冰川那锋利的起伏。与此同时，一个男声合唱团为其伴唱，用一些没有意义的音阶低声吟唱，让人联想到回声。[7]将他们与他们所处环境联系起来的这种复调音乐构成了他们美学乐趣的顶点，伴随着他们的出生、入学、结婚和其他仪式，并起到一种治愈作用。我们有时会在其中听到河流的声音、石头沿山壁滚落的声音、小鸟和动物的叫声，就像在贝多芬的《田园交响曲》中。牧羊人会肯定地告诉您，音乐对动物、昆虫、鸟类和植物起着作用，如果他们的羊群听着用羊角吹奏的音乐走向牧场的话，会长得更壮、更肥，也更顺从。

他们的生态系统中没有天然鸦片，当他们被子弹射伤，被蛇咬伤或摔成骨折时，他们会要求用那些来自时间尽头的音乐来纾解痛苦。这种音乐试图使他们与他们的环境握手言和，以药物的方式深入他们的身体组织。尤其不要让病人单独待着或待在黑暗中！要用游戏、歌曲、笑话或幽默画来阻止他睡着。男孩女孩们围着病人嬉戏玩耍、又唱又跳，一位技艺娴熟的大提琴手为他们伴奏。歌曲可能是壮烈的，抑或是喜悦的、吸引人的，而病人会因此忘记他的痛苦。其他更加平静的曲调会抚慰他的肉体和灵魂，治愈他的创伤，减轻他的焦灼。人们不是说一名好的口琴演奏者能够让瘫痪的人跳舞吗？

对瓦尔堡而言是无限的治愈；对瓦格纳而言是无限的旋律，正如高加索大山里的音乐：“伟大的旋律，正如我所创作的拥抱着整部悲剧作品的旋律……在灵魂中激发出的情绪，应与在落日下一片美丽的森林里躲避城市喧嚣的散步者心中激发出的情绪相同。”[8]

1872年发明了审美共情一词的罗伯特·费肖尔的博士论文题目是《论形态的视觉》(*Sur le sentiment optique de la forme*)[9]。他在后来的两篇文章——《审美行为与纯粹的形式》(*L'acte esthétique et la forme pure*)[10]和很久之后的《论对自然的美学欣赏》(*Sur la contemplation esthétique de la nature*)[11]中阐述了他的观点。他特别写道:“通过我们自己的本性,通过自然在我们身上的体现,我们与我们之外的自然相像,而且由于我们的相似性,我们融入自然之中。”[12]因此,当我们通过共情把自己融入一棵树中时,我们任凭它的木本力量通过它表达一种向上的感觉。[13]费肖尔继续写道:“审美是……一种内心模仿。这种无意识的模仿是由全部行为构成的。当一处风景中的某个东西迷住了我们的感觉、情绪或情感时,这应该是因为它的形态、色彩、光线促使我们内心的那个人去做出共鸣的反应行为,而通过这些行为,我们的肉体习惯于在真实生活中表达灵魂受到刺激时的状态。”[14]因为只需伸展皮肤,把它交付给大自然,它就能用它的魔棒把我们变成打击乐器,[15]就像精神恍惚的女祭司们变成了神的管乐器一样!

音乐，精神和宇宙

因此，音乐模仿了生命的形态，但它也可以重新创造它们，就像利用声学图像那样。难道音乐不能修复它们吗？美第奇家族的医生马西尔·费辛在他的著作中探讨了健康的生活，或者更准确地说，保持知识分子的健康的方式、延长他们生命的方法以及星宿的影响。他认为关键是精神的保养，它是肉体与灵魂的中介，是知识分子们特别诉求却又忽视的关键，而他们本该像音乐家爱惜乐器或士兵爱惜武器一样爱惜精神。精神是使人忧郁的黑胆汁的释放。这种极易激动的“情绪”解释了自亚里士多德以来的躁狂抑郁气质与天才之间的常见关联，在《自然神经科学》杂志上刊登的最近的一项遗传学研究[16]加强了这一观点。费辛认为，土星影响下的忧郁，正如魏尔伦提到的，将被木星战胜，并将进一步被太阳打败，有时候也会被金星和水星战胜。为了自我保护，这位佛罗伦萨的医生建议了几种“精神”食物：葡萄酒、一些芳香植物、一些气味——特别是焚香、纯净的空气、阳光——尤其是音乐，它像精神般轻盈，歌声承载着理智的内容，而且是动态的，与图像相反。运动和行为也具有相同的性质，具有像面部表情一样反映出来的精神特征。作为对镜像神经元的预示，费辛写道："歌曲……模仿了灵魂和谈话的意图和感情，也复制了身体姿势、人体运动和精神特征，同时它还模仿并扮演了所有角色，它如此强大，以至于它使歌唱者和听众都模仿并完成了同样的事。"[17]他把音乐视为"一种理性的飞行动物"，一种脱离躯壳的人类精神，它针对听众的精神，并自然而然地对其产生最强大的效果。

在更高的层次上，整个宇宙也是一个具有肉体和灵魂的生物，肉体和灵魂之间由一个"宇宙"精神连接起来，它使宇宙的灵魂对肉体施加它的影响力。只要我们通过下述小方法使我们的精神变得更加"卓越"，我们就能从中捕捉到它的气息：吸收葡萄酒、精白糖、黄金、桂皮和玫瑰的香气……一些吉祥物有助于吸引一个吉祥的行星的影响，但这些都比不上音乐：人们从毕达哥拉斯和柏拉图时就知道它是建立在与宇宙相同的和谐的比例上的；通过一种共鸣现象，它可以使我们与星辰保持一致。语言、歌曲和其他声音从太阳和阿波罗中烘托出木星的理性。每个行星都对应着一个神及其精神属性，音乐模仿并传递着它们，是它们的表现和精神：在木星和以它命名的莫扎特的交响乐的影响下，我们突然变得更加快活，充满幸福感和愉悦感，它温和地驱散了土星的米开朗琪罗式的忧郁。金星的音乐有什么样的效果？也同维纳斯一样丰腴、轻盈和温柔吗？你们听到这首“太阳”的赞歌了吗？它庄严而灿烂，集仁慈和优雅于一身，高于所有其他行星，介于莫扎特与米开朗琪罗之间。

正是马西尔·费辛本人用他的鲁特琴，或者更准确地说，用他的“高音里拉琴”——小提琴的始祖，诞生于中世纪的古提琴，并借鉴古希腊的里拉琴加以改进（在文艺复兴时期，复古使得乐器制作得以进步）——即席创作了这首乐曲。列奥纳多·达·芬奇也是位演奏高手，他的演奏使米兰公爵为之倾倒。这位画家亲手制作的乐器是银质的，形状像一个马头。而美第奇家族的那位医生的乐器则较为朴素，只装饰着用歌声迷惑动物、植物甚至岩石的俄耳甫斯的肖像。拉斐尔在梵蒂冈签字厅里的那幅画上将这把里拉琴还给了阿波罗。

费辛焚着香，鼻孔下面夹着一枝玫瑰。等一会儿，他要接待波提切利，试图把他的哲学思想变成“能产生影响”的图画——一种受到行星影响的扑克游戏，后来发展成塔罗牌。他的视线从一个吉祥物上移开，若有所思地品尝着一杯葡萄酒，试图使他的精神得以升华。他的声音仍然纯净、清澈而温柔，忽而顿挫，忽而流畅，有时激昂，有时压抑，宣告着俄耳甫斯向着太阳说出的“咒语”，既不是真的在说，也不完全是在唱，而是通过为其伴奏的即兴创作的神秘音乐表现出来，引领他向着星辰之光奔去。少顷，他将唱出一首大卫的诗篇，他是犹太的俄耳甫斯，根据亚伯拉罕献祭公羊内脏的传说，里拉琴的琴弦就来自于他。他梦到了延长他生命的办法，这是他早已通过阅读柏拉图的著作和《圣经》了解到的，还梦到了肉体复活和重生的想法。他想到了他翻译的赫尔墨斯·特里斯墨吉斯忒斯的著作，想到了神秘的《波依曼德拉》(*Pimandre*)，里面写着古埃及人了解能够赋予雕塑生命并使死人复活的神奇的圣歌——莎士比亚听到了它的和弦，从而写出了他的《冬天的故事》(*Conte d'hiver*)。

寻找不老泉

费辛和美第奇家族——考虑到他们的徽章上挂着的药丸，这个家族最初的代表可能是医生——并不是唯一寻找长生不老药的人。因为国王和教皇们的职权来自神授，所以身体衰老和消亡的问题更加使他们不安；其次，他们所代表的教会是永恒的，这自相矛盾地衬托出了他们世俗躯壳的脆弱性。国王们可以因子孙后代聊以自慰，出自他们的肉体的“王子们”可以确保继承他们的王位，而教皇们则被官方剥夺了这一特权，尽管有些教皇重用亲属——当然，女教皇琼安除外！直至13世纪末，教皇死后，尸体都会被煮沸并切割成块，而他们的财产，甚至他们近亲的财产，自宣布他们去世那天起就立即遭到掠夺和洗劫。1484年8月12日西斯都四世死时，他的侄子利拉奥伯爵的宫殿被劫掠一空，而伯爵夫人的农庄也遭到了掠夺。当司仪来处理教皇的遗体时，圣器室管理人早已卷走了死者的所有财产，包括他的床，甚至没有给他留下一件衬衣或者一个容器用来倾倒香水，清洗尸身。而1559年保罗四世死时，监狱里的犯人们被一个狂热的女疯子放了出来，她敲碎了主教的雕像，拿他的头玩杂耍。儒略二世因为担心自己注定的命运，害怕因这一根深蒂固的传统而被夺走财产和衣服，提前支付了他的葬礼费用，希望为掩盖他的耻部的雪白祭服缝上金边。他不想落到与他的前任亚历山大六世同样的地步。亚历山大六世的原名罗德里戈·波吉亚更加为人熟知，他那因患疟疾或中毒而死亡腐烂的尸体被丢弃，随后被几个粗野的军人取笑和虐待，他们用拳头把他砸进一个极窄的棺材里，然后盖上一块旧地毯。

然而，教皇们的至高职权为他们的肉体复活提供了担保，正如《信经》中断言的那样，争论仅在于判决是在事件之前还是之后做出的。在这方面，我们试图理解的米开朗琪罗那幅著名的《最后的审判》，实际上画出了尼哥底母和他的后继者们孜孜以求的这一“肉体的复活”，这也在我们的探寻中鼓舞了我们。当最初的基督教徒谈论在他们洗礼的时候获得一种“新生”时，他们当然是指的精神层面，但是最有权势的人都有强烈的欲望去寻求第一级的成就，正如尼哥底母所希望的那样。教皇和红衣主教们很早就表达了对阿拉伯人传入欧洲的医学和自然科学的强烈兴趣，它们主要取代了阿维森纳的知识。他们怀抱着更加长寿的希望，可他们的生命往往非常短暂，[18]“世间的荣耀转瞬即逝”。为了驱除似乎与他们的任命成对降临的死亡的命运，而这种命运与耶稣那短暂生命的相似性只不过是一种微薄的安慰，他们的周围总是围绕着医生、学者，还有艺术家。

13世纪，牛津的方济各会学者罗吉尔·培根就与天文学和炼金术相关的光学问题与教皇克雷芒四世通信，使人们隐约看到了返老还童和延缓衰老的可能性。几年后，西班牙的皮埃尔——一位来自葡萄牙的医生，因其眼科学论文而著称——当选教皇，命名为若望二十一世。他确定了光对于延长寿命的至高作用，并给出了一些保持面容青春的药方。不到一年后他就死了，是被他让人在他的维泰博宫殿内修建的卧室天花板砸死的。由于没有时间完成他的长生不老药的配制，他或许会疯狂地叫喊：“我的小册子该怎么办？谁来完成它！”不久，一道罗马教皇的谕旨[19]就禁止分解教皇的尸体，14世纪末，人们开始用防腐香料保存教皇的遗体。开始只是涂抹遗体外部，在居伊·德·绍利亚克——教皇克雷芒六世的私人医生——的指导下，以埃及人的方式进行。这使得逝者的遗体在九天的葬礼期间一直暴露在大庭广众之下，这有时会在前来吊唁他并可以通过一扇栅栏门亲吻他的脚的信徒心中产生一些奇迹。

从儒略二世起，在涂抹防腐香料过程中提取出的内脏被放置在梵蒂冈大教堂下方的一些洞穴中，装在密封严实的祭器中，他们的遗体将被掩藏在“石棺”里，上面卧着一尊按照他们的形象雕成的塑像，一种石雕的死者卧像，它展现出永远年轻的容貌，而不是一张被岁月磨损的脸庞，仿佛耶稣的代表永远活着，并展示着他那张修整过的、光彩照人的脸。教皇博义八世曾被诅咒将于1303年死去，他甚至把按照他的形象制成的镀金银质小雕像放在兰斯大教堂和亚眠大教堂的祭坛上，以期永生，这种付诸图像的“永恒的遭天谴的记忆”使他后来遭到了腓力四世的严厉谴责。[20]作为佛罗伦萨派往罗马教廷的使者，但丁于1301年10月见到了博义八世。出于谨慎，这位教皇“扣留”了他几个月，之后释放了他。为了报复，这位诗人在他的《神曲》中设计了大祭司——

“新法利赛人的王子”因买卖圣物罪被罚下地狱的情节。这是命运的讽刺：尽管做了诸多努力，博义八世仍然于1303年去世，他如此害怕的预言灵验了！

医生与教皇：《秘中之秘》！

因此，问题不仅在于借助越来越精细的防腐香料保存技术防止尸体腐烂，以期肉体的复活，而是要延长寿命，甚至永葆青春。身体的保养，温泉疗法和浴疗法（许多温泉变成了“教皇专属”），去度假区疗养，在梵蒂冈创建花园，使得罗马教廷变成了移动的，远离被感染的病人——根据阿维森纳的阿拉伯—波斯医学，这些病人尸体腐烂后会生出蛆和苍蝇。衰老不就是因为活人繁育过多污染了我们周围的空气吗？第一个教皇医生的职位是在13世纪初由依诺增爵三世创建的，他也是圣歌《圣灵降临》的作者，这首歌的名字在油画《大使们》中出现过。他曾在巴黎求学，在他布道医学知识时曾为自己注射麻醉剂。乔万尼·卡斯特罗马塔博士来自享有盛名的萨莱诺学院——欧洲最古老的医学院，并幸运地当选了第一位教皇医生，不久后又有70多位同行加入了为红衣主教服务的行列。他们的报酬数额惊人，在靠他们自己的家人养活的主教的遗嘱中享有很大的优先继承权，其中一些人自己不久后也成为教会的要人。希波克拉底和盖伦出现在依诺增爵三世的故乡阿纳尼大教堂的地下墓室中，而萨西亚圣灵医院则建在罗马、梵蒂冈附近。

这一科学赞助帮助收集并传播了125本医学和外科学书籍，包括新的出版物或古老的手抄本，如阿维森纳的那些书，有些从那以后永久地遗失了，如狄摩西尼的《眼科学》(*Ophtalmikos*)。眼科学和光学始终居于优先地位。有一些治疗创伤、瘘和溃疡的软膏；还有一些药丸可防治卡他性炎，使皮肤焕发光彩，改善听力和嗓音，无须节食即可瘦身，从而使教皇们即使生命垂危也仍然能够变成“美的典范”。编年史作者们吹嘘教皇们精致的容貌（这一谎言往往被肖像揭穿）和他们清晰、洪亮的嗓音，在大祭司的外貌标准中，美是最基本的。对一本据称是亚里士多德写的神秘之书《秘中之秘》的翻译为此提供了便利，它揭示了这位大师给他最著名的学生亚历山大大帝提出的保持其身体健康和众所周知的美貌的建议。一个中世纪的传说不是断言这位变成法老的希腊皇帝知道三处可以使人永葆青春、永生不朽和起死回生的神泉吗?

于是如依诺增爵三世所愿，教皇看上去更年轻了，但问题还在于要延长寿命。在卡斯特罗马塔博士的鼓励下，有人根据《秘中之秘》编纂了一本书，解释如何延缓衰老。传说书的作者可能是维尔纳夫的阿尔诺或拉蒙·柳利——我们在记忆术中曾经提到的那位马略卡岛的充满激情的方济各会修士，这两位作者是作为蒙彼利埃大学的创建者被提及的。实际上，这本书好像出自牛津的方济各会修士罗吉尔·培根之手。他的文章阐述了一种科学实验观点，而不是魔法观点，而且我们猜想，它获得了巨大的成功，这启发了马西尔·费辛——由于衰老与身体的冷却和干燥有关，一些“神秘的”物质(因为只有社会精英才知道它们)可能有助于保持热量和湿度：维尔纳夫的阿尔诺认为，溶于饮料中或与食物一起煮沸后服下的黄金可以确保身体组织的再生和年轻化，并保持记忆力，这后来成为这一医学的最大秘密，我们今天仍在风湿性关节炎的治疗中使用它。永生在望，它甚至是自然的，但从地上乐园被驱逐出来后就已丧失，人类的寿命从那以后就只能因为他们愚蠢的有害的生活方式而耗尽了。只有天文学、炼金术和光学才能使他们重新获得永生，像吉祥物一样与星辰建立关系，以便从中获取疗效，重新找到丢失的和谐与平衡，同时停止躯体的腐朽和衰老，预见复活者的荣耀的躯体未来的完整性，同时借助那个时代的“实验科学”，以人为方式与大自然的力量做斗争。让我们回忆一下，教皇依诺增爵三世所做的圣歌《圣灵降临》的歌词大意是：“圣灵求你降临，从至高的天庭，放射你的光明……”

音乐天使

德国画家马蒂亚斯·格吕内瓦尔德在1490年左右画的祭坛后部装饰屏出现在我们眼前并展开，为我们揭示了我们一直追寻的光明、光学和音乐之间的关系。音乐直至17世纪才在“四术”的延伸中被视为一门科学，与天文学、算术和几何联系起来，正如我们在《大使们》中所提到的。幻想研制出长生不老药的“眼科医生”教皇若望二十一世曾经在喝着教皇专属泉水时自问：射穿泉水的阳光如何变成了彩虹——大洪水之后关于上帝的“记忆”的标志。这个装饰屏由科尔马南面的伊瑟南镇的安托南医院订购，用于辅助治疗患有麦角中毒（由一种致幻的蘑菇导致的中毒）的病人，在它中间几块板[21]上的右边画着光芒四射的耶稣从墓中出来，他荣耀的躯体升上了天。他的光辉照射着他左边的圣母，圣母像水晶一般，将光线衍射到下一个形象上。而在他的上方，一群音乐天使呈现出光谱里的所有颜色，从红外线到紫外线。他们演奏着高音里拉琴——马西尔·费辛和列奥纳多·达·芬奇的神奇治愈乐器，同时把它转变成各种形式，正如之后的弦乐器：小提琴、中提琴、大提琴……最后这个，如果把中提琴放在两腿之间，就变成了大提琴。一位音乐家朋友曼弗雷德·斯蒂尔兹把《维特鲁威人》看作一节大提琴课：在这幅著名的画上，胳膊的运动引起了拉琴弓的那只手和触琴弦的那只手之间的必要错位，从而使琴音开花、盛放……在象征大地的方块和象征天空的圆圈之间盘绕的维特鲁威人表现出了微观世界与宏观世界之间的和谐。格吕内瓦尔德的天使交响乐团完成了同样的奇迹：不同“情绪”的平均分配，无论它们是与色彩、行星还是与声音相关。这首天使的“复调”乐曲可以通过回归和谐达到治愈的效果，但同样可以通过重新达到统一使身体重新得到平衡，正如耶稣即将复活的光辉灿烂的躯体。克洛德·贝尔纳认为，内环境的稳定性——现代医学的基础——传递了类似的观点。牛顿希望彩虹是七色不是一个偶然，它与音阶的7个音符和处于宇宙和谐中的太阳系的行星相似，这与他的敌人莱布尼茨的观点不谋而合。从音乐出发，向着和谐与光明前进。一只装饰着孔雀羽毛的堕落天使一直待在交响乐团之外。它想将所有的颜色、所有的声音据为己有，那就是启明星——带来光明之星。

一出音乐剧

被博义八世“扣留”的但丁得以在延长的逗留期间初步了解了复调歌曲的艺术。虽说这位教皇忧心于复活和延长寿命，但他的图书馆里有一本名为《巴黎圣母院的乐师们（1160—1250）》的经文歌集，他们是最早在欧洲发展这门精妙的科学并留下书面痕迹的人。早前，依诺增爵三世在巴黎求学期间，已经欣赏到了它们的美妙之处，并在它们的浸润下创作了他的圣歌《圣灵降临》的歌词。但丁后来也来到巴黎。这位诗人的童年仍然受到这些天使般的歌曲的熏陶：在献给女祭司们和其他人的圣歌中间，在《神曲》的作者年轻时经常出入的佛罗伦萨圣雷帕拉达教堂的弥撒曲集中，我们找到了它们的痕迹。

复调歌曲在托斯卡纳和意大利北部的传播可以追溯至13世纪，当时是为了战胜翁布里亚和威尼托。亚西西的嘉勒——圣弗朗索瓦的精神伴侣，1252年圣诞节卧病在床时曾经用她身体和精神的耳朵聆听了附近教堂里传来的这些和谐的歌声。这些古老的、常常是即兴创作的二声部、三声部甚至四声部的复调歌曲需要歌唱者和信徒的记忆力来应答。方济各会修士们把它们引入了科西嘉岛，多声部的交织使人们通过和声的技巧听到了一个额外的声音——圣母的声音（受到了音乐天使们的启发？）。现在，萨尔泰纳（Sartène）地区的一位牧羊人仍然会唱《神曲》，却不知它的来源：他是从他的父亲那里学来的，而他的父亲是从他的父辈那里学来的。

因此，受到这些天堂歌声记忆熏陶的但丁出色地把它们用作他的《神曲》[22]中的“配乐”也不奇怪，包括《又圣母经》，后来成为科西嘉岛的圣歌。在充斥着亵渎宗教的喧闹声的“地狱篇”中，一些乐器已经在很多地方出现了：世界末日的喇叭声喧天，在别处，它们给魔鬼的军号伴奏，夹杂着鼓声和铃声。一个下地狱者的外形像鲁特琴，另一个的大肚子像鼓一样轰鸣；他身后的一个魔鬼吹着小号，而从第一首歌开始，就提到了懊悔的大卫的诗篇《求主怜悯》——在即将来临的圣周五和一片黑暗的森林的阴影中，但丁寻找着他的路，向他还没有认出的维吉尔抱歉道：“请怜悯我……”大卫是唯一被但丁视为敢说实话的诗人前辈。在“天堂篇”的结尾，作为呼应，他再次提到了“这位皇家唱诗班成员，他在诗中说‘请怜悯我’，为他犯下的错误而懊悔”[23]，而他那把齐特拉琴形似耶稣，能通过像被钉在十字架上的耶稣一样在木板上绷紧的琴弦的力量来驱逐魔鬼。

这首忏悔之歌自然地在“炼狱篇”的中心找到了它的位置，但这只是在单声部版本中，因为懊悔者们还没有达到和谐。他们必须一起努力，在他们的追寻中紧密团结起来。从美人鱼的歌声和其他庸俗的音乐中解放出来，这些被歌唱的诗篇对灵魂起到了药物般的疗效，正如大卫想要缓解扫罗王的焦虑，它们后来被托马斯·阿奎那的祈祷所取代。圣奥古斯丁在他的洗礼中不是声嘶力竭地唱着歌吗？音乐是灵魂之药！

“炼狱篇”中引用的第一首诗篇是《以色列人出埃及》(*In exitus Isräel de Aegypto*)，它可以被视为怀着新生的想法摆脱了罪孽。它讲述了想要离开法老去找寻应许之地的希伯来人逃离了埃及，在摩西的领导下在沙漠中流浪。他们是否带走了尼罗河的祭司们的秘密，藏在他们的赞美诗和祷文吟唱中？这些吟唱影响了精神，提升了灵魂，并由此诞生了格里高利圣咏，而这些圣咏又产生了由它们作为载体的复调歌曲。马西尔·费辛是否想到了这一点，试图从中找回他的鲁特琴奏出的神秘和弦，就像后来的里奥纳德·科恩用他美妙低沉的嗓音去寻找大卫王演奏的秘密和弦？哈利路亚！哈利路亚！口口相传延续至今，变成了日课上的《圣灵降临》……

在“炼狱篇”的音乐中，荣耀之位自然归属忏悔诗篇之王——《求主垂怜》。它出现了两次，与单声部合唱交替出现，就像在修道院中，或者间隔着管风琴演奏出的几个小节。我们首先在粗心大意者身上找到了它，它又在贪食者的阶段重新出现：原罪，通过嘴传播，也通过嘴治愈。吞下“无花果”后，它将因吸食了耶稣的血和尸体，因它所呼出的歌声——礼拜仪式的组成部分，而不只是装饰性的可选项——而得到净化。不久，音乐天使们就会迎接忏悔者们，在通往天堂的七级峭壁的其中一级上，一个温柔甜美的嗓音将歌唱真福之一。仍是在他们的歌声的指引下，诗人跨过了曾使他变瞎并把他与地上乐园分隔开的火海。

《求主垂怜》最终在其华丽的复调歌曲中迸发出来，美丽的贝雅特丽齐随之而来，之后是但丁的忏悔和维吉尔的离去，格里高利圣咏始终在男高音声部，支撑着更高的声部，人们甚至会在天堂之歌的和弦中跳舞，就像在哈莱姆区的福音歌曲中：“转过你神圣的目光，转过身来，贝雅特丽齐/就像歌中所唱；转向你忠实的爱人/他，为了找寻你，走了这么远的路！”[24]贝雅特丽齐的眼睛（和她的微笑）把但丁送往了天堂。被她同情的目光（和她的镜像神经元？）的力量改变了容貌，他从此以后可以毫无畏惧地面对面地直视太阳，升上星辰。然而他很难回忆起他的宇宙之旅的细节，因为完美是如此难以形容。但是音乐，精神的语言，却比智力走得更远，揭示了事物的本质。他融化在来自天堂的优美的复调歌曲中，这些歌曲陪伴着他，使他重新听到了和谐统一的天体的音乐，并借助它破解了三位一体的奥秘：三个声部合唱同一首歌，三个声部的三首合唱曲融为同一首和撒那（Hosanna）[25]，乞求拯救的《求主垂怜》。多样性的全体人类回归了创世者的统一，正如我们声音的回声返回到我们的耳朵里。上帝是一位音乐家，我们是他的旋律，上帝是一个附点，我们是他的对位法。“在这个深度上，我看到/构成宇宙的所有散乱的碎片/聚集在一起/相亲相爱地组成了一个整体。”[26]

音乐建筑

我们将在皮埃尔·德·美第奇——“伟大的洛伦佐”的儿子——的图书馆里收藏的上千本书中找到另一本《巴黎圣母院的乐师们（1160—1250）》，这个图书馆中有25本书是关于音乐的。这一本是路易十一送给这个著名的银行家家族的一份礼物。百年战争使这门精妙的艺术从巴黎转移到法国北部和勃艮第大区，促进了所谓法国—佛兰德艺术学院的诞生，后来在整个欧洲开枝散叶。另外，可能是科西莫·德·美第奇向该学院最早的名人之一——从康布雷来到教皇礼拜堂的纪尧姆·迪费——定购了那首神秘的经文歌《玫瑰花开》。正如我们所见，这首经文歌是为1436年在佛罗伦萨圣母百花大教堂举行的祝圣仪式及由布鲁内莱斯基所建穹顶的揭幕仪式创作的，我们不知道它是否使人联想到这座教堂的建筑或所罗门圣殿的建筑，但它肯定是源于同一本质，源于“四术”的艺术上游的比例感，而“四术”本身又与宇宙的结构和天体的音乐有关。

从格里高利圣咏出发，只需增加一个完全模仿的高音声部，这门艺术就变得复杂、深奥了，它开始呼吸，同时获得了一种垂直的维度，好像一座宫殿从它的地基上拔地而起：同时发出的多个声部互相增强，互相交织，表现出精湛的技艺，同时遵循“作为背景”的那条旋律主线，就像人们开始从同一时代的绘画中所发现的那样。最后，所有声部汇聚成这首和谐的对位法作品的最后一个和弦，它就像一个消失点吸引着它们。格里高利圣咏在男高音声部上支撑着整首歌曲，这个声部在油画《大使们》中出现过，是这部作品的真正骨架和音乐建筑的“地基”。低音声部是后来发明的。

经文歌，比如《求主垂怜》，最初是宗教性质的简短作品，后来也征服了世俗世界，代表了这门音乐科学的巅峰：增加的那个声部用拉丁文歌唱宗教歌词，随后，人文主义要求《维吉尔》或其他经典采用一首用本土语言创作的诗歌，比如彼特拉克的诗，为什么不呢？若斯坎·德普雷（1450—1521）后来成为这一领域最杰出的代表。这位非凡的音乐天才将修辞艺术改编成音乐，从西塞罗的作品中汲取了新的力量，开发了一种用于歌词的最有表现力的音乐语言。他的音乐娓娓道来。路德给他起了个绰号叫“音符大师”。他将他的对位法艺术的界限拓展至一首24个声部的经文歌，即诗篇《神是我们的居所》（*Qui habitat*）。然而，另一位复调音乐家约翰内斯·奥克冈以一首32个声部的《承神之佑》（*Deo gratias*）超越了他——这首歌的主题从低音向高音重复，形成了一种真正的声音分形。某些乌托邦主义者后来还尝试过40个声部！

正如两个世纪后超越了所有这一切并对其进行了发展的巴赫，这些复调音乐家们已经喜欢上难以理解的暗示和有待发现的隐藏含义：费拉拉公爵（Duc de Ferrare）赫尔克里·德·埃斯特（Hercule d'Este）认为，若斯坎·德普雷创作的这首弥撒曲的主题使人联想到这位资助者的姓氏：

Her cu les Dux Fer ra ri ae

Re do re do re fa mi re

但是谜题往往非常复杂。音乐，被誉为一种科学，超越了它的美学和感官使命。它还应承载和传递一些有时只有内行才能理解的知识。正如在巴赫的音乐中，数字具有很高的象征意义。我们因此发现每小节三拍使人联想到三位一体，正如但丁的《神曲》或者依诺增爵三世的圣歌《圣灵降临》中每一段有三句诗。他的记谱法是一个圆，象征着无限、永恒的回归、衔尾蛇——那只吞食自己的尾巴的蛇。两拍的小节打断了这个圆，变得不完整，用一个半圆来表示，如果速度加快，则加一条线：所以我们今天的乐谱中仍然用于四拍的小节大写C与字母表没有任何关系。[27]“三位一体”：卡农中理想的

3个声部！当出现7个声部时，是为了每天唱七遍赞歌，或者用于葬礼音乐，参考了耶稣母亲遭受的七次痛苦。乐谱上的音符涂成黑色，就像挽歌《林中仙女》（*Nymphes des bois*）中那样。在别处，爱情歌曲的手抄本是一颗心的形状。

若斯坎·德普雷在梵蒂冈为醉心于炼金术和音乐的亚历山大六世波吉亚工作了很长时间。我们今天仍能见到这位作曲家的签名，刻在西斯廷礼拜堂音乐家专区的墙上。佛罗伦萨的科西莫·巴托里把德普雷与米开朗琪罗作比较，两人都是“大自然的奇迹”，孤独地位于巅峰之上，两人都“使人们睁开双眼，陶醉于这些艺术之中”。德普雷后来毫不犹豫地创作了5个声部的华丽的《求主垂怜》，向在狱中将最后一篇沉思录献给这首圣歌的萨沃纳罗拉的记忆眨了眨眼。这位于亚历山大六世统治下在佛罗伦萨死于火刑的多明我会修士的文章后来传播到了整个欧洲，路德为他的书题写了咄咄逼人的前言：“耶稣通过我们将萨沃纳罗拉列为圣人，教皇们和教皇主义者们都得因此而死。”

波吉亚——法老教皇

罗德里哥·波吉亚（1431—1503），儒略二世的前任，成功地将自己的寿命延长至72岁，担任教皇约12年，尽管他有诸多暴行且躲过了各种针对自己的暗杀企图，特别是他的乐师企图用浸了毒药的信谋杀他的那次，就像是《玫瑰之名》中的情节。与同样来自伊比利亚半岛的眼科医生教皇若望二十一世不同，他奇迹般地从祭祀大厅屋顶坍塌事故中幸存下来。然而，尽管百般防范并深谙秘传之术，他仍然未能躲过死亡，他的躯体仍然被分解和亵渎，因为大自然对他的一厢情愿无动于衷。

然而，他还是在1498年目睹了他的前任依诺增爵八世的遗体得以完好保存，当时他下令在圣皮埃尔打开依诺增爵八世的棺材，以便转移。据说，死于六年前的这位教皇临终前接受了历史上第一次输血，为达成他永生的欲望，牺牲了三个儿童的性命。

波吉亚被让他来到西班牙的叔父——教皇卡利克斯特三世——推上了教阶，于1492年8月登上了权力顶峰。他选择了亚历山大六世的名称，以纪念亚历山大大帝——变成法老的希腊皇帝，那部延长生命的神秘著作就是为他而作。他给自己的儿子起名为恺撒，以纪念他希望不惜一切代价重建的古罗马的荣耀。这位未来“王子”的肆无忌惮启发了马基雅维利。

波吉亚让人挨着西斯廷礼拜堂在梵蒂冈图书馆的上面修建了他的寓所。他知道这个礼拜堂的尺寸模仿了所罗门圣殿的尺寸，而他自己也受到古埃及神庙布局的启发。当时，天顶还是蓝色的，上面画着星辰，像法老们的坟墓一样。是若斯坎·德普雷的一位朋友——画家平图里乔承担了教皇家族这些房间的内部装饰，这些房间被布置成一个象征性的历程。这位身材矮小，被描述为高雅的、智慧的、可亲的、有教养的艺术家曾与他的导师佩鲁吉诺合作完成了西斯廷礼拜堂的装饰，而他的学生拉斐尔则完成了儒略二世顶层寓所的装饰。

让我们借道通往波吉亚塔楼的秘密走廊（今天已不复存在），前两个房间就在这座塔楼上。寓所内的壁画铺满了天花板和墙壁的上半部分。在第一个卧室里，在长长的经匣上，女祭司们正在与先知们对话。是摩西有幸见到了德尔斐的女祭司皮提亚。被一些古代动物图案或一些中世纪斗兽者包围的几个牺牲的场景使装饰显得完整。一幅关于天文学和星相学的寓意画和几幅行星的拟人画装饰着拱顶，地面铺成象棋棋盘形式。正是在这个房间里，恺撒·波吉亚让阿拉贡的一个好与人决斗的阿尔方斯勒死了他的妹夫——卢克雷齐娅的丈夫，因为他决定为他的家族与他人结盟。

在下面一个名为“信经”的大厅里，十二位先知与十二使徒配对，见证前辈宣布《新约》。随后的空间具有法律体制的功能，几位主教就是在那里被任命的。这个大厅专门用于七种自由艺术，音乐在其中占有一席之地，坐在宝座上的一位女子（玛丽亚？一位“缪斯”？）正在演奏高音里拉琴。天花板上，金色和天蓝色烘托出的徽章图案包围着一个胜利的太阳，而地板下方则沉睡着梵蒂冈图书馆的书籍。

让我们进入那几间更加个性化的“秘密卧室”，在那里这一传授宗教奥义的旅程就结束了。圣人室的装饰极其丰富，表现了多样的主题。这边是卢克雷齐娅·波吉亚，教皇的私生女，扮演了亚历山大的加大肋纳的角色。学习过所有自由艺术的她试图用手指尽显学识渊博地列举论据，使马克桑斯皇帝信服一些耶稣降生、死亡和复活的奥秘。天花板上，奥西里斯死亡和复活的循环的世俗主题与之交相呼应。奥西里斯转世为公牛阿匹斯，波吉亚家族的徽章象征。而教皇，作为耶稣的代表，根据复活的共同主题，被同化为奥西里斯。一幅亚历山大大帝——具有太阳般美貌的法老皇帝的肖像画结束了这一场景。现在是伊希斯，奥西里斯的妹妹，在画中她正在与赫尔墨斯·特里斯墨吉斯忒斯激烈地辩论，而摩西——古老的埃及智慧的代表，由此与神秘传统和犹太教神秘哲学联系在一起，而它们对基督教教义的有效贡献得到了皮科·德拉·米兰多拉的辩护："没有一门科学能够比魔法和神秘哲学更好地证明耶稣的神性。"[28]

弗洛伊德认为，摩西是埃及人，开创了一神教的法老阿肯那顿和他的妻子娜芙蒂蒂的近亲："阿肯那顿歌颂太阳神——埃及和埃及以外万物的创造者和保护者。他的赞歌中所流露的炽热情感可以与几个世纪后为犹太教的上帝耶和华创作的赞歌中的热情相媲美。"他在自己最后一本书《人类摩西与一神论》(*L'Homme Moïse et le monothéisme*)中这样写道，这本书在他去世那年——1939年出版。

在菲利普·格拉斯1983年为阿肯那顿创作的歌剧中，我们找到了这首太阳神的赞歌，一首与娜芙蒂蒂的优美的二重唱。弗洛伊德的书中混合了这位法老诗人和《死亡之书》（*Livre des morts*）中的古埃及文、誊写人所用的阿卡得文和诗篇中的希伯来文。

现在是时候进入最后一个房间，充满秘密的那一间……

卢浮宫博物馆埃及古董部的著名考古学家克里斯蒂娜·德罗什-诺布勒古尔认为，正是埃及的宗教为基督教扫清了道路。对奥西里斯然后是伊西斯的崇拜一直比基督教早几个世纪。在摩西之后，埃及的耶稣是否问过自己？当神父向信徒们展示祝圣用的巨大圣体饼时，源于埃及宗教仪式的给太阳神的祭品难道没有让人联想到升天吗？

阿比·瓦尔堡，在他最后一次去罗马旅行之际见证了罗马教皇的祭祀盛况，并从中发现了异教起源。这位埃及学家为我们展示了端坐在宝座上的法老——宝座直接放在利比亚人抬着的支架上，并把他与以类似的方式被瑞士护卫们抬着的教皇做了比较，游行途中包围着教皇的鸵鸟羽扇与拉美西斯二世法老的羽扇相同。刚一即位，教皇就要接受“开口开眼”的第一个仪式，这与在将木乃伊放到地下墓室开始其伟大旅程前用来赋予木乃伊生命并可使雕塑变“活”的做法相同。

作为埃及人的后裔和埃及最早的基督教徒，科普特人的音乐得以口口相传。然而，在尼罗河两岸发现了源于公元3世纪的书面基督教圣歌。在法尤姆省发现的另一张莎草纸显示了一种与一支希腊圣歌的歌词中的文字相关的符点体系，这可能是最早的音乐记谱形式。在公元1世纪，哲学家亚历山大的斐洛宣称，基督教徒采用了从法老时代吸取的旋律并加上了基督教的歌词，而且在最早的基督教礼拜仪式和古埃及对伊西斯的崇拜之间存在许多相似性。圣父、圣灵、圣子的新三位一体取代了奥西里斯、伊西斯和荷鲁斯的三位一体。科普特基督教教会的教义是建立在《圣人语录》(*Saintes Écritures*)和巴赫歌唱的《尼西亚信经》的基础之上的。尽管遭到神圣文章的谴责，大卫创作的诗篇仍然与源于埃及法老的魔法实践相关，也与祈求天使保佑的通灵魔法相关。它们的数量和等级不断扩展，我们甚至能在埃塞俄比亚的魔法滚筒中找到它们。在焚香疗法和咒语中，《圣经》诗篇

第50篇《求主垂怜》可以止血。然而它的主要用途在于治愈对黑暗的恐惧，这对于在黑暗中歌唱的乐段非常有用！

来自埃及的圣乐通过犹太教教士们的吟诵和科普特人的遗产征服了基督教世界，人们在文艺复兴时期梦想从中找到据说能延长生命或起死回生的神秘和弦。法老——人间之神不死，而是飞向天空与他的父亲太阳神会合！奥西里斯“ounen nefer”，奥西里斯永远年轻！

最后一个秘密大厅的大壁画上，亚历山大六世跪在地上，穿着他的大祭司礼服，三重冕放在地上，享受地、满怀希望地协助像太阳一样光芒四射的耶稣的复活。他或许藏起了那把作为礼物接受的而且那么喜欢在其他场合炫耀的圣矛！圣室内的窗户边缘的装饰从下往上描绘出需要经历的精神之路：摆脱了人类情欲的枷锁，依靠音乐达到精神升华，在他人的影响下像生殖力强盛的大自然那样再生，获得斯芬克斯谜一般的智慧。凤凰，永生的象征，和作为拯救者的海豚一起，在孩子们的手中宣告了复活。最后，长着翅膀的天使们围绕着波吉亚家族的徽章，位于整幅画的顶端。[29]罗德里哥·波吉亚是否记起了他为瓦伦西亚大教堂资助的壁画上的那些被圣母的光环环绕着的音乐天使们？——这位未来的教皇当时刚刚被任命为教廷大使，希望给西班牙注入通往文艺复兴的人文主义之风。

世界之魂

还要再等几年，哥白尼才在这种古埃及迷的背景下提出了他的日心说观点，启发了乔尔丹诺·布鲁诺。1512年，米开朗琪罗完成了西斯廷礼拜堂的天顶画。1541年，他的壁画《最后的审判》完成。复调音乐家们好像在他们艺术的复杂性中迷失了方向，最后，这一艺术远离了他们，那些忠实于圣歌歌词精髓的听众们也疏远了他们，尤其是当他们有时候会冒险创作一些世俗歌曲、华丽的爱情歌曲，甚至还有更加轻浮的、深受欢迎的流行叙事歌，例如若斯坎·德普雷那首著名的《蟋蟀》（*El Grillo*），为了最大限度地取悦听众而模仿了蟋蟀的叫声。在《钱的过错》（*Faulte d'argent*）中，把钱花光的作曲家琢磨如何给一个妓女付费。好色的奥兰多·德·拉絮斯在《她是一个修女》（*Il Estoit une religieuse*）中愉快地取笑了修女们的越轨性行为。这部戏虽然大获成功，但特伦托会议希望结束这些“淫荡的和不纯洁的”偏差以及戏剧性、炫耀和奢侈，从而回归“应该安静地抵达耳朵和心灵的”宗教经典的易懂性，远离耳朵的“空虚趣味”，“使歌词被所有人理解，从而使听众的心灵被吸引到天堂的和谐的愿望上”。

乔瓦尼·皮耶路易吉·达·帕莱斯特里纳（1525—1594）指出了“作曲家的恶习和错误，不是音乐的”[30]，后来被视为罗马圣乐学院“之王”和“之父”。他将这所学校从1562年开始的圣歌的流放中解救出来，用他那首精妙的《马尔切里教皇弥撒曲》证明了已到达巅峰的复调音乐艺术并不排除简单明了。在维也纳的约翰·约瑟夫·富克斯所著的、青年莫扎特曾研究过的《艺术津梁》中，富克斯把自己写成与他的导师帕莱斯特里纳对话的学生，“他将自己对音乐这门科学的全部知识归功于这束灿烂的音乐之光”。

帕莱斯特里纳钟爱用五声部作曲，不断寻求最纯粹、最丰富的和声，同时运用他掌握得炉火纯青的灵活的对位法，使得他所用的各声部的结构随着歌词的意义而变化。他发明了几首八声部经文歌，由两个和谐独立的合唱团演唱，有时是三个合唱团。在西斯廷礼拜堂，照规矩，格里高利圣咏的丧歌段和复调歌曲段之间应该交替，声部的数目会有变化，以免单调。帕莱斯特里纳为黑暗弥撒的晨经创作了几首《日课》。在复活节前三天的午夜刚过后举行的这些日课与圣歌和关于耶路撒冷毁灭的《耶利米哀歌》配合，而人们一根一根地熄灭大蜡烛，象征着耶稣被他的门徒抛弃了。《哀歌》中的每一首诗（除第五首外）都是以一个希伯来文字母开始的，同时构成了一种记忆法和一句传统的具有魔力的神秘咒语。帕莱斯特里纳通过他所作歌曲的丰富性和多样性自我超越，使我们隐约看见了世界的灵魂，后世将因此谈论改编成音乐的炼金术和乔尔丹诺·布鲁诺。[31]

1564年，米开朗琪罗死于罗马，年近九十。根据他的愿望，他的遗体被包裹得像一件货物，秘密转移到佛罗伦萨。葬礼场面宏大，人们决定打开他的棺材，致以最后的敬意。据瓦萨里说，所有人都等着“看到死亡25天并装在棺材中22天以后那具分解腐烂的尸体。但是我们所有人都看到他完好无损，没有任何臭气，反而使人联想到一个安静而甜美的沉睡者的安息。除此之外，他的容貌与生前无异，只是显出一点死人的脸色，四肢没有任何痛苦的变形；头部和双颊摸上去好像他刚死去几小时”。这个与西斯廷礼拜堂结合得最久最完全的人是不是得益于它那使人强壮的疗效了呢?

天使之声

格吕内瓦尔德画的装饰屏中，要想获得光明与和谐，还缺少天使的声音。西斯都四世为他的礼拜堂、儒略二世为圣保罗大教堂招募了许多儿童组成他们的唱诗班，但是刚刚接受了音乐培训的男孩变声了。另外，自从圣奥古斯丁受到圣保罗的影响后，考虑到放荡和荒淫的风险，禁止女子加入教堂唱诗班。16世纪末，阉伶歌手为罗马带来了解决办法。在8—10岁接受了从腹股沟的一个切口结扎精索的手术后，他们往往更加简单粗暴地用沸水浸泡外加使劲揉搓阴囊来自慰。最惨的情况是由村里的剃头匠操作的睾丸全切除术。麻醉不过是通过压迫颈动脉导致昏迷，有时采用冰水浴或鸦片，但剂量不当可能会致死。一次“事故”往往为这一难以承受的致残手术提供了正当性的证明—— 一份顺从的证明，从未有人提出异议，详细地列明被鸭子、天鹅或野猪咬伤的伤口，甚至坠马的经历，正如法里内利，儿时的他得到了精明的建议，并没有自己主动要求接受这一酷刑。

阉伶歌手在进入青春期前被剥夺了雄性荷尔蒙后，声带几乎不再变长，始终处于高位的喉部使声带保持在正常发育的共鸣腔（咽部、口腔、鼻腔）附近，使他们具有独一无二的音色。与儿童或女高音相比，阉伶歌手的音色十分柔软，因为甲状腺软骨没有变硬。他们作为纯洁的象征，没有喉结。如果手术成功，由于生长激素的不断释放，他们的肺活量高于常人，从而获得了奇迹般的嗓音的力量和灵活性，而且他们在青春期也不会承袭成年男子永久性的嘶哑嗓音。由于同样的原因，他们的身材也会比平均水平更高，四肢更长。肩膀始终很窄，肌肉组织几乎没有发育。脂肪像在妇女身上一样分布在胯部、臀部和颈部。有时他们的乳房会发育。他们的头发浓密，令他们稍感宽慰的是，他们摆脱了雄性激素招来脱发的烦恼，但是他们的毛发系统在其他部位都消失了，除了取决于肾上腺素的阴部。他们的脸色往往十分苍白，皮肤细腻柔滑。他们的嗓音横跨三个八度，使人联想到天使之声，用他们的即兴演唱愉悦听众，这是长期学艺的成果。

阉伶歌手自公元4世纪起出现在东方的教堂中，征服了君士坦丁堡的舞台，直至这座城市被洗劫，他们因此消失，连同意大利学者们垂涎的那些作品。他们可能在西西里岛找到了藏身之处，在罗杰二世国王的巴勒莫宫廷里，随后，1282年，阿拉贡人入侵，征服了西班牙，他们被收入天主教莫扎拉布教会的宗教仪式。正是在同时统治神圣罗马帝国和西班牙并且因为他的私生女玛格丽特·德·帕莫而与意大利贵族大家族结亲的查理五世的统治下，人们看到了阉伶歌手在欧洲发展起来。自1550年引入意大利供费拉尔公爵或曼托瓦公爵消遣之后，人们又于1574年在巴伐利亚宫廷礼拜堂里见到了他们。1589年，帕莱斯特里纳在圣保罗大教堂拥有了自己的阉伶歌手合唱团。1599年，合唱团正式进入西斯廷礼拜堂——在此之前他们可能以西班牙“假声男高音”之名隐藏身份。教皇克雷芒八世宣布，为教堂唱诗班创造了阉伶歌手应该是上帝的荣耀。他们很快就征服了歌剧院，并在近两个世纪内占据着主要地位，而法国除外，因为法国人认为“变得柔软”的童声高音“使人不舒服”。天使之声变成了神的声音、英雄的声音，甚至情人的声音。深受赏识的他们为大众的流言蜚语提供了素材，就像现在的影视剧明星，他们的任性、虚荣、巨额财富促使穷人们让自己的孩子接受阉割手术。他们的性爱史令人着迷。与佩特罗尼乌斯时代深受古罗马妇女赏识的宦官一样，被奉为神明的萨德侯爵看到：“思想自由的女人们说，他们的才能因为更加长久而更加珍贵。强烈的欲望永远不会使它们熄灭！”[32]

莫扎特很早就发现了他们的世界。他刚满9岁时，约翰－克里斯蒂安·巴赫在伦敦将他介绍给了著名的佛罗伦萨歌唱家乔瓦尼·曼佐里。英国音乐学家查尔斯·伯尼后来说，从法里内利之后，他再也没有听到过像这个天才这样有力的童声高音。这位阉伶歌手在意大利歌剧中唤醒了莫扎特，并给予他美声唱法的启蒙。莫扎特听着曼佐里的歌与约翰－克里斯蒂安·巴赫和亨德尔，度过了那个寒冬，不久就创作了他的第一首咏叹调《哇，他带来的愤怒》（*Val dal furor portato*），为他后来非凡的抒情曲的创作做准备。冯·格里姆男爵后来写道：“许多为艺术鞠躬尽瘁的礼拜堂的乐师们到死都不知道这个9岁的孩子知道的事情。”

1770年在意大利巡回演出期间，莫扎特再次见到了曼佐里，曼佐里当年4月将在佛罗伦萨演唱莫扎特创作的歌曲，这恰巧发生在西斯廷礼拜堂的小插曲之前。曼佐里在博洛尼亚拜访了法里内利，并见到了其他阉伶歌手，其中两个与他年龄相仿，他为他俩创作了几首拉丁文的经文歌。这些经文歌中的一首，名为*Misero tu non sei*，今天已经不复存在。阉伶歌手克里斯托弗利听到莫扎特在羽管键琴的伴奏下领唱阿列格里的《求主垂怜》后感到震惊，这更加使莫扎特名声大噪。1771年8月，曼佐里在米兰演唱莫扎特的戏剧小夜曲《阿斯卡尼欧在阿尔巴》，由两位阉伶歌手演唱的这首田园歌剧，在风格上接近约翰–克里斯蒂安·巴赫，充分发挥了他们的嗓音潜力。1772年莫扎特从米兰回到家乡时，正是阉伶歌手维南齐欧·劳济尼在《鲁乔席拉》中创作了塞西利奥的角色，莫扎特为他量身定做了《你们欢呼雀跃》(*Exultate Jubilate*)，其中第三乐章对“哈利路亚”一词的咏唱可是个真正的力气活儿。

回到家乡萨尔茨堡后，1776年，莫扎特向巴蒂斯塔·马蒂尼抱怨他所在的城市里无聊的音乐生活。在所提及的原因中，他明确指出："我们没有阉伶歌手。"从第二年起，莫扎特的愿望便得到了满足。大主教科洛雷多不甘落后，在他的大教堂迎接了弗朗西斯科·切卡雷利（1757—1824）。切卡雷利曾在佩鲁贾和威尼斯登台演出，后来成为莫扎特家族的密友。切卡雷利，总是很快活（"如果一位绅士或一位淑女与切卡雷利交谈，他总是大笑"——沃尔夫冈发现），经常出现在列奥波尔得·莫扎特写给儿子的信中。切卡雷利在莫扎特的姐姐南妮儿羽管键琴的伴奏下歌唱，向列奥波尔得学习小提琴，自愿把他的漫画像贴在周日下午的射箭比赛的标靶上。他在教堂之外的当地歌剧院登台演出，米歇尔·海顿的那首雄心勃勃的*Andromeda e Perseo*唱得尤其多。爱花钱的他为自己买了奢华的服装和一大堆饰品，尽管他的报酬优厚，却忘记了他在意大利的贫穷的老父亲，这让列奥波尔得大为恼火。他难道没有以自己的方式影响莫扎特如何面对自己有阉割倾向的生父吗？[33]莫扎特给他写信谈论圣乐，一种音乐会的旋律，并赞美他对自己的《简短弥撒》（*Missa Brévis*）的演绎。他很遗憾切卡雷利未能在慕尼黑参与《伊多墨纽斯》（*Idoménée*）的创作，因为文森佐·德尔·普拉托——伊多墨纽斯这一角色的扮演者无论是歌唱还是演戏都表现得很平庸，“如果我知道这位阉伶歌手如此差劲，我真的应该推荐切卡雷利”，1780年11月13日他在给父亲的信中写道。1781年，切卡雷利陪伴莫扎特到过维也纳几次。他常常花光了钱，有时住在莫扎特家里，但当莫扎特后来只剩下一张床时，他却拒绝与之分享！在美因兹、那不勒斯和威尼斯之后，切卡雷利在德累斯顿结束了他作为女低音歌手的漫长事业。他于1814年创作了一首十六声部的《求主垂怜》。莫扎特后来在他的多部伟大的歌剧中放弃了阉伶歌手，尽管在《费加罗的婚礼》中，由一位乔装改扮的女子饰演的小天使一角是对天使之声的写照，但晚期的作品《狄托的仁慈》（*La Clémence de Titus*，1791）中的塞克斯图斯显然是个例外。在他死后，人们在这位忧心人权的作曲家的图书馆里发现了多本“反对阉割做法”的小册子。

音乐家、画家和数学家

第三个人，莫扎特和米开朗琪罗之间缺失的那一环，那个用他的《求主垂怜》的光辉将二者聚在一起片刻的人就是格雷戈里奥·阿列格里（1582—1652）。很年轻时，他就在罗马的法国圣路易教堂与他的几个哥哥一起，师从崇拜帕莱斯特里纳的非常保守的教堂乐师乔瓦尼·贝尔纳迪诺·纳尼诺，学习歌曲和音乐。阿列格里，罗马一个马车夫的儿子，他是阉伶歌手吗？人们对他的描述是：温柔、单纯、仁慈，有着罕见的善心，每天都会去探望监狱的犯人，为他们慷慨地献出自己的时间。他完成了自己的音乐学习，特别是作曲方面，之后于1601年回到圣路易教堂，成为唱诗班的一员，与此同时，某个名为米开朗琪罗·梅里西、被称为卡拉瓦乔的人，30多岁，受到米开朗琪罗的启发，在圣路易教堂完成了他的三幅描绘圣马太生平的油画：耶稣的手伸向未来的福音书著者，感召他承担使命，让人联想到西斯廷礼拜堂里上帝伸向亚当的那只手。对于这位在埃塞俄比亚被刽子手的剑刺穿肋部的殉道者，正如耶稣被长矛刺伤，卡拉瓦乔以自己为原型，描绘出一张痛苦、狂怒的面孔，使他看似他的偶像；一些裸体男子则使人联想到《创造亚当》中的裸男。中间的一面装饰屏上，这位福音书著者手持羽毛笔，受到从一条弯曲的褶皱中钻出来的来自上天的一个天使的启发，正在数自己的手指头。被拒绝的第一个版本上画的是用希伯来文写成的文章，而马太的头酷似苏格拉底。

那位温柔的阿列格里于1607年被任命为神父，他敢与这位腰挎佩剑的可疑又暴力的画家攀谈吗？1592年来到罗马后，卡拉瓦乔在此执行了他的第一个订单，为一座教堂作画。在红衣主教德尔蒙特的庇护下，卡拉瓦乔过了一段奢侈的生活。住在教堂附近的玛德玛宫里，他的身旁不乏贵宾，比如托斯卡纳大公——美第奇家族的费迪南一世。德尔蒙特从14岁起就被任命为红衣主教，后来建造了以他的名字命名的别墅。酷爱艺术和音乐、虔诚而极有教养的德尔蒙特红衣主教还对各门科学感兴趣，当然特别是在梵蒂冈附近一直流行的光学。卡拉瓦乔在与他的接触中增长了学识，研究光线和投影，学弹吉他。他是否邀请了圣路易教堂的一些乐师作为他1595年创作的油画《音乐会》(*Le Concert*)的模特？在这幅画中，他画了自己，站在一位鲁特琴演奏者身旁，画面的气氛充满狄俄尼索斯的风格。胜利的爱神得意扬扬地摆出了米开朗琪罗式的姿势，裸体站在散乱的乐器中间。这位画家如此折磨这位尴尬的乐师，是为了提醒他特伦托会议的法令吗？——这些法令为了宣传信仰，将音乐置于监控之下，而将绘画放在首位。这位乐师是否反过来影响了这位画家呢？卡拉瓦乔在《逃亡埃及途中的休息》中画上了一个拉小提琴的天使，当圣母一家的其他人昏昏欲睡时，他看着圣约瑟为他展开的乐谱演奏。

音乐的圣杯？阿列格里是否希望从那时起用他创作的乐曲来模仿这位用光辉的笔触刺穿了黑暗的画家？他是否梦想在他的礼拜堂与真正的米开朗琪罗面对面？他创作了大量弥撒曲、经文歌和其他《耶利米哀歌》，引起了教皇乌尔巴诺八世的注意，1629年，这位教皇把他收入了西斯廷唱诗班。他后来与来罗马教团教数学的德国耶稣会会士阿塔纳斯·珂雪（1602—1680）齐名。音乐与数字。作为皮科·德拉·米兰多拉的可敬的继承者，吸取了从与他类似的传教士和自古以来最伟大的智者带来的信息的“百科全书”，珂雪是基督教炼金术学说的最后代表。他好像与整个宇宙保持着一种联系，像莱布尼茨一样，他认为宇宙中的一切都有关联。他作品的卷首插图和他书中的大部分插图都是对记忆术（他本人拥有强大的记忆力）的真正致敬，叶芝夫人似乎没有注意到这一点。在研究知识的普遍基础的过程中，珂雪尝试了一种包括印度、中国、日本和美洲通用的方法。在他掌握的二十多种语言中，他热衷于研究阿拉米文和希伯来文，他首先从埃塞俄比亚和阿拉伯的手抄本出发，证明了科普特语是从法老埃及语派生出来的（有道理）。他把自己与俄狄浦斯做比较，试图要求教皇识破斯芬克斯和古埃及象形文字的谜题——他认为它们浓缩了神秘智慧……摩西和耶稣曾在埃及这个艺术和科学的摇篮里求学，普鲁塔克关于伊西斯和奥西里斯的著作后来成为他的枕边书。他的名字阿塔纳斯，就像他喜欢讲述的那样，在希腊语中是“永生”的意思。他后来得以避免遭受与伽利略或乔尔丹诺·布鲁诺同样的命运。他对磁学感兴趣，光线、光学、彗星、天文学和日晷也使他着迷。在珂雪的著作《磁学之光与影》中，他用自制的望远镜观察大宇宙。他介绍了土星环和太阳黑子。对于小宇宙，他发明了显微镜，并在罗马鼠疫患者的血液中看到了一些致病微生物。他研究木乃伊，谨慎地否定了灵魂转世和再生的观点，尽管他用了很长的篇幅来详细说明这些观点，并对起死回生的可能性感兴趣——他曾尝试让一棵植物死而复生。音乐和声学被他视为光明：珂雪的《光磁学》合理地分成十章，使人联想到大卫王里拉琴的十根琴弦。他的著名的鸿篇巨制《音乐总论》（*Musurgia Universalis*）于1650年出版。这是一部关于古希腊音乐的完整著作，包括这位耶稣会会士在西西里岛的一座修道院里发现的几首德尔斐的颂歌。然而，大卫仍然是最伟大的音乐家，在俄耳甫斯或毕达哥拉斯之前，故而珂雪后来试图发明那些能够弹奏出这位诗篇作者的理想音乐的希伯来弦乐器。他创作了一段很短的三声部乐段，通过连接8个音阶来表达不同的“情感”，描述了“被上帝感动的灵魂逐渐达到和谐”，并对意大利南部人们跳的塔兰泰拉舞的抗抑郁效果感兴趣！许多音乐家参与了他的鸿篇巨制的创作，这部著作描述并图解了每一种音乐和每个理论点。因此我们可以从中找到阿列格里创作的弦乐作品。但是读者最多的一章当然是介绍音乐魔法的那一章《魔法音乐》，在它的末尾创造了一台专供传教士用来使不信教的人皈依的可以自动创作神秘乐曲的机器。珂雪设计了一些扬声器、一些用来使雕塑“说话”的窍门、一些液压管风琴和其他风弦琴，以及一台猫琴——一群猫根据指令发出叫声来供资助者消遣。在他的《天外之旅》(*Itinerarium extaticum*)一书中，他在梦中聆听了一首鲁特琴三重奏后，在一个天使的陪伴下进行了一次奔向太阳的星际之旅。归途中，他进入了洋流的漩涡和维苏威火山的火山口。像罗杰·卡约一样，他收集了一些石头，上面有他认为源于“宇宙种子”的图形，装进他那令人惊叹的珍奇屋里，那里堆满了他的埃及藏品、来自新世界的耶稣会传教团赠送的礼物以及他自己的与磁学、声学和光学有关的工程发明，比如一盏神灯——电影的祖先。上帝是一位音乐家，他画出了他的管风琴，并用它创作了世界之曲。

光线、音乐、光学、磁学，正是在这种痴迷古埃及文化的氛围中，阿列格里——这位马车夫的儿子于1638年创作了他的《求主垂怜》，并于1650年接管了教皇礼拜堂，直至他去世。我们来一较高下吧，米开朗琪罗！

《求主垂怜》！

开头非常简单的《求主垂怜》重新使用了由它作为延音的“对唱的赞美诗唱法”：一种用于赞美诗的礼拜仪

式宣叙调，来自传统的格里高利圣咏，甚至无须记住乐谱；分立在礼拜堂两边的一个四声部合唱团和另一个五声部合唱团交替演唱复调诗句，就像摩洛哥的柏柏尔人那样，他们的夏季歌曲使人联想到植物的生长和自然的力量，但这里是帕莱斯特里纳的风格。只有最后一句诗由九个声部齐唱，结束了整首歌。复调音乐家们会时常保持音调，以便阉伶歌手们能够轮流“即兴发挥”，展示他们的本领和天使般精湛的技艺，就像在一段爵士乐中那样。梵蒂冈图书馆中保存着十来个不同版本的《求主垂怜》。它们可能总结了歌者们的最佳表现并且在当时引导着他们的后继者，除非这是为了故布迷阵：如此完美的乐曲，与这个地方绝配的真正的“芝麻开门”，它可能就是这里的钥匙，应该妥善保存。歌者被禁止在其他地方登台演出或传播这一作品，否则将被开除教籍，这个秘密因此得以保守！于是一场令人目瞪口呆的马拉松开始了，直至最后使阿列格里的初衷变了味儿：在他逝世60多年后，托马索·拜伊（Tommaso Bai）——他的后继者之一，大量“借鉴”了他的作品，重写了《求主垂怜》。1770年，莫扎特（天主教徒）在脑中盗用了这首曲子，他背信弃义地将为第二个合唱团所做的简化版本交给英国音乐学家查尔斯·伯尼（新教徒）看，却没有向他详细说明自己所做的修饰，伯尼出版了这个版本，毫不担心会被开除教籍——另外，眼看着这部作品逐渐远离它的最初演绎，梵蒂冈也放弃了它的垄断地位。1831年，热情崇拜歌德并受到他指导的费利克斯·门德尔松重写了这首乐曲，使它高了四个音，甚至增加了他自编的几个附加音，以便更接近天使的声音。九年之后，彼得罗·阿尔菲里（Pietro Alfieri）——音乐学家兼僧侣，因梵蒂冈拒绝出版他的作品而变得乖戾，给出了他自己的去掉了那些著名装饰音的版本（不消说是真迹！），但是阉伶歌手的技艺已经失传很久了，柏辽兹沮丧地离开了西斯廷礼拜堂。法利内里的后继者们嗓音刺耳，唱歌走调，还带颤音！一个誊写错误常常被原样抄写下来，最后由门德尔松的修改版固定下来，至今仍备受推崇！莫扎特因此保住了这个秘密，从未有人提起他曾亲手抄写过这首曲子。也不再有人提起阉伶歌手和他们像科普特人的音乐那样口口相传的即兴发挥。

“但是谁能看清在黑暗中唱出的乐谱，即使这首曲子是指引人们追求光明的？”

这些充满见识的话是那个一直陪伴我的小王子说的最后的话，我想起来了。我再也没有见过他。我不知道是否有一条黄色的蛇盘绕着他的腿肚子，但是如果是这样，我能肯定，那应该是条衔尾蛇。小印第安人是不是一个天使？就像陪伴珂雪去天外旅行的那个天使？

1770年4月11日，《求主垂怜》轻快地进入了莫扎特的大脑，[34]他的大脑经过完美的校准来迎接这首曲子，包括它的所有意义以及从它诞生时起穿越几个世纪促成了它的漫长创作的一切要素。在肥沃的土地上，它拥有了一个躯体，在这个躯体中，它只要求盛开、重新开花，来回答尼哥底母的问题。那台使人“复活”的机器——结合了激动人心的画面和光辉的音乐的炼丹炉，经过几代教士、学者和艺术家的幻想和冶炼，最终运转起来，莫扎特将在他的中音弥撒曲《化身为人》(*Et incarnatus est*)中歌唱它全部的辉煌灿烂！圣奥古斯丁认为，精神先于肉体。

注释

1 M. Masson, *La Chapelle Sixtine. La voie nue*, Le Cerf, 2004, p. 260.

2 http://www.therosslynmotet.com.

3 https://www.youtube.com/watch?v=e0J4lKPXf60#t=144.

4 R. Caillois, *Récurrences dérobées. Le champ des signes*, Hermann, 2008, pp. 40-41.

5 R. Simenel, *L'Origine est aux frontières*, Maison des sciences et de l'homme, 2010.

6 M. Rovsing Olsen, «Le musical et le végétal: essai de décryptage. Exemple berbère de l'Anti-Atlas», *L'Homme*, 2004, n° 171-172, pp. 103-124.

7 A. N. Sokolova, «Music as Medicine: The Adyghs'Case», *in* D. Aldridge, J. Fachner (éd.), *Music and Altered States*, Jessica Kingsley Publishers, 2005, pp. 74-81.

8 R. Wagner, *Lettre sur la musique* (1860), *in Écrits sur la musique*, Gallimard, 2013.

9 «Über das optische Formgefühl», 1872.

10 «Der ästhetische Akt und die reine Form», 1874.

11 «Über ästhetische Naturbetrachtung», 1890.

12 Ibid.

13 Ibid.

14 Robert Vischer, «Über ästhetische Naturbetrachtung», cité par G. Jorland et B. Thirioux, «Note sur l'origine de l'empathie», *Revue de métaphysique et de morale*, 2008, 58, pp. 269-280.

15 Voir G. Jorland et B. Thirioux, «Note sur l'origine de l'empathie».

16 R. A. Power *et al.*, «Polygenic risk scores for schizophrenia and bipolar disorder predict creativity», *Nature Neuroscience*, 2015; doi: 10.1038/nn.4040.

17 Cité par D. P. Walker, *La Magie spirituelle et angélique. De Ficin à Campanella*, Albin Michel, 1988, p. 23.

18 Voir A. Paravicini Bagliani, *Le Corps du pape*, Seuil, 1997.

19 Sous Boniface VIII, en 1299-1300.

20 A. Paravicini Bagliani, *Le Corps du pape*, pp. 248-249.

21 Voir P. Lemarquis, *Portrait du cerveau en artiste*, 2012.

22 F. Clabattoni, *Dante's Journey to Polyphony*, University of Toronto Press, 2010.

23 Dante, *La Divine Comédie*, «Le Paradis», XXXII, 11-12.

24 Ibid., «Le Purgatoire», XXXI, 131-138.

25 Hosha：拯救；na：请。

26 Dante, *La Divine Comédie*, «Le Paradis», XXXIII, 87-90.

27 I. Bossuyt, *De Guillaume Dufay à Roland de Lassus, les très riches heures de la polyphonie franco-flamande*, Cerf/Racine, 1996.

28 Pic de la Mirandole, *Conclusiones*, *Opera omnia*, Bâle, 1572, p. 105.

29 C. Cieri-Via, N. Blamoutier, «Characteres et figuras in opere magico. Pinturicchio et la décoration de la "camera segreta" de l'appartement Borgia», *Revue de l'Art*, 1991, 94, pp. 11-26.

30 A. Aggazzari, 1607, cité par V. Lafargue, *Palestrina*, Fayard, 2003.

31. J. -F. Gautier, *Palestrina ou l'esthétique de l'âme du monde*, Actes Sud, 1994.

32 D. A. F. de Sade, *Voyage d'Italie*, *in Œuvres complètes du marquis de Sade*, t. XVI, Editions Tête de feuilles, 1972, p. 162.

33 Voir D. Fernandez, *L'Arbre jusqu'aux racines, psychanalyse et création*, Grasset, 1972.

34 Voir B. Lechevalier, *Le Cerveau de Mozart*, Odile Jacob, 2003.

第九章

要有光："之间"

如果有一天您决定去勃艮第大区的弗泽莱，请您从清晨就开始爬山，一直爬到那座庇护着玛丽－玛德莲娜的遗骨、开启了通往圣地亚哥—德孔波斯特拉朝圣之路的罗马大教堂。那里还没有什么人，您或许可以观看由教徒们歌唱的日课；如果错过了，也能听到圣乐在半明半暗中传播，直至穹顶。之后，刹那间，升起的太阳通过唱诗班拥抱着教堂的中殿，穿过您的身体，使您感到眩晕，您会有片刻感觉自己正在准备起飞的挪亚方舟上。被震撼和照耀的您将欣赏柱头的雕塑，真正的“记忆机器”，它们证明了一种被遗忘的记忆术。从西门出来，您将瞻仰巨大的入口大门上方的一座光芒四射的耶稣雕塑，这些光芒形似闪电，照耀着他的使徒们，派他们去全世界传播福音。在环绕着“三角楣”的拱形曲线上，您会找到黄道十二宫的符号，中间是奥西里斯的雕像。[1]这座大教堂，聆听着宇宙的声音，驯服并指引着太阳的光芒，就像在一座埃及的神庙中，夏至那天，九个等距离的光斑出现在地面上；就像西斯廷礼拜堂里创世记的壁画，在一瞬间开辟了通往祭坛入口的道路。

Fiat lux，要有光！我们来到了我们漫游之旅的最后

一幅画（图30）面前，这是一切的开端：神分开光与暗，就有了光。米开朗琪罗认为太阳是上帝的影子。“永恒的光”是莫扎特写在他的《安魂曲》乐谱上的最后几个字。米开朗琪罗把造物主画成自己的模样，胳膊伸向空中，身体扭成螺旋形，就像他在穹顶上作画时的姿势。他最终把自己融入了他的作品中——那位拨开黑暗、赋予我们光明的造物主。

为圣母玛利亚建造的西斯廷礼拜堂是使我们转变的一个“子宫”。它把我们吸入其中，我们在它的内部溶解，然后它像母亲一样通过它的壁画和音乐来喂养我们，准备再次给予我们生命。正如一切艺术作品一样，它是尼哥底母问题的一个答案，这个问题始终以各式各样的解释，包括最物质的解释，纠缠着它的设计者西斯都四世和他的继任者们。“人老了以后能够重生吗？他能够再一次进入母腹生出来吗？这如何能做到？”如果那个恰如其分地位于我们旅程尽头的约拿帮助我们逃出了鲸鱼的肚子，我们将在那幅描绘肉体复活的名为《最后的审判》的壁画中，获得转变和新生。这是对尼哥底母的“瓦尔堡式”的回答：通过他具有创造者精神的作品在接

图30

收它的人身上延续，与之结合，并借助审美共情重新给予它生命。这个接收者不只是一个观众，他自己也通过对作品的幻想自我变形，无论是音乐、视觉艺术还是文学作品，就像神经系统科学今天为我们展示的那样——证实了我们在东方的旅程之初大会上搜集到的以及我们在本书开头被西斯廷礼拜堂吸引之前所提到的与此相关的信息：模仿世界的镜像神经元、从内心理解世界的共情回路，并在一件艺术作品——思想的化身面前活跃起来。西斯都四世在他对永恒的研究中赢了他的赌注：没有他献给圣母玛利亚的、造物主自己选择为化身的这座礼拜堂，谁还会记得他呢？每一个参观者都通过融入其中使他得以复活。我们的新生来自我们的审美体验，我们与西斯廷礼拜堂融为一体，它塑造了我们，很快就会给予我们第二次生命。

精神宣泄

“您刚才说的话并不使我惊讶，或者更准确地说，它像‘镜子’一样证明了我在……二千四百年前得出的看法的合理性！”这时走来一位身着古罗马宽袍的大胡子，右臂伸出，手掌朝地。他的胳膊下面夹着他的《诗学》(*Poétique*)，翻开到第四章。这是亚里士多德，径直从雅典学院走出来。他接着说："模仿行为是人类自孩提时就固有的天性；人类之所以与别的动物不同，是因为他最善于模仿：他将他所获得的最早的知识归功于模仿。"太棒了，古代的里佐拉蒂！亚里士多德已经预感到了镜像神经元和它们模仿世界的能力，远远早于帕尔马的研究人员！婴儿模仿他周围人的做法来学习说话，学习一门技术或一种乐器也是如此。

他继续得意扬扬地朗读他的文章："模仿行为，以及和谐和节奏，是我们的天性……人类对这些事物具有最多的本能，通过缓慢的进化，诞生了诗歌……最严肃的诗人模仿最美的行为……那些比较平庸的则模仿较低层次的人们的行为，谴责他们，正如其他人颂扬他们的英雄。"他补充道，"模仿是模仿一种行为，并且因为这种行为而模仿做出这种行为的人。"共情已经存在，对和谐的大自然的模仿，对振动的生命节奏及其重复和差异的模仿，对动作的模仿以理解内心的思想，所有这一切都通向艺术，通向罗杰·卡约预感到的广义诗学！

示范讲解之后，这位哲学家打开了他的《政治学》的第八卷："在尽可能真实地模仿愤怒、善意、勇气、智慧甚至灵魂的所有这些感觉方面，没有什么比音乐的节奏和歌唱更加有力……这些事实足以证明只是讲述这一类的事物就能改变灵魂的情绪；当面对简单的模仿时，人们任凭自己被痛苦、喜悦占据，人们在现实中很容易感觉到同样的情感。"审美共情！观者从内心体验到被记录、被模仿的感觉或者催生了艺术作品的那些感觉以及它们的来源，并因此发生了转变。

"所有人，无一例外，都会被音乐激发出怜悯、害怕和热情。有些人比另一些人更容易屈从于这些感觉；我们可以看到，在听到一首震撼灵魂的乐曲之后，他们是如何听着圣乐突然平静下来；这对于他们是一种治愈和精神的净化。这些突然的改变也必然发生在灵魂中，它们在音乐的魅力下，不知不觉地产生了怜悯、恐惧或其他情感。每一位听者都因这些感觉对他们或多或少的影响而有所触动；但是所有人，毫无疑问，都经历了一种净化，并因为他们所感受到的愉悦而放松下来。正是通过这一动机，净化灵魂的歌曲才为我们带来了纯粹的快乐。”请听阿列格里的《求主垂怜》吧！通过审美共情来治愈！听者或观者的灵魂投射在音乐中或视觉艺术中，就像投射在一部戏剧或一本小说的人物中，并融入其中，从而体验到一些情感，最终净化自己的情感，正如瓦尔堡与他的印第安人，这一现象在弗洛伊德之前被这位古希腊哲学家称之为“精神宣泄”。一支悲伤的乐曲，如果它很优美，也能够激活愉悦和奖赏系统。根据最近的一项研究，一次像Hellfest那样的硬摇滚音乐节的观众们在音乐会结束后感觉自己的所有攻击性都被清除了，这与此类音乐节的诽谤者们的抗议理由正相反。[2]的确，一场《伊底帕斯王》的演出不一定会导致乱伦或杀父弑母，也极少有观众在看过《美狄亚》之后会犯杀婴罪！一本科幻小说的作者或表现我们的冲动、焦虑和幻想的作品能够借助移情将我们从这些情绪中解放出来。

化身为人

审美共情有助于体现一种可能具有治疗作用的思想。智利神经生物学家弗朗西斯科·瓦雷拉预感到的“具体化的认知”或“精神的有形表现”建议了一条路径，它与斯宾诺莎和证明精神源于肉体的认知神经科学所建议的路径相反。后者把大脑看作一台简单的机器，一台人们可以拆卸其构件的电脑，一个实验室一般的大脑，这个区域分管语言，那个区域分管视觉，但是哪个区域分管音乐或爱呢？然而我们发现，这些区域之间互相关联，而在这个层面内，我们大脑不同区域“之间”的关联比它们自身的原点更重要。神经成像现在能够使我们看到这些内部联系，而通过重新研究那些主要的神经综合征，我们能够为它们给出更加合理的新解释。[3]自1949年以来，我们知道这些关联可以加强，这就是脑神经可塑性。20世纪末，镜像神经元告诉我们，我们在模仿我们周围的世界，但是如果没有与这些可以通过主体间沟通实现共建的共情回路的关联，这种模仿将是个缩影仪，世界和其他生物永久地塑造着我们，我们反常地由塑造我们的外部世界来构成，与此同时我们反过来又把自己投射在我们按照自己的形象创造的周围世界中，这就是瓦雷拉所说的“设定”。在不知道我们是谁也不能面对面看看自己的情况下被扔到了世上，我们只能通过观察我们在周围的世界里的映像，就像在一面镜子中一样，来得出关于我们内心的结论。因此，我们的内心主要是由映照我们自己形象的外部世界来构成的。我们于是反过来通过把外部世界与我们获得的经验做比较来解释它，也就是说与我们的内心做比较，并因此把它缩小到我们的尺寸——我们把我们的内心投射到外部世界中。我们的生命在这两个永恒改变着的世界“之间”的边界上发展，内部充满外部，外部充满内部。西班牙诗人安东尼奥·马查多说过，“世上本没有路，路是人走出来的”。我们在西斯廷礼拜堂的天顶之旅就是证明，它不停地改变我们的视角和我们的世界观，以及我们对自己的看法，并且使我们在每一刻都以不同的面貌重生。

行走

这位是巴西艺术家丽吉雅·克拉克(1920—1988)，她曾尝试将创作者与观者之间的这种联系和这条路径具体化。与博物馆的做法不同，她建议我们去触摸和操纵她的作品，她把这些作品视为向所有转变开放的生物——“动物”。她把其中的一个放在我们两手之间：这是一些用合页连接的铝制雕塑，人们可以根据自己的意愿和它们的机械应力来塑造它们。与变成创作者的观者之间建立的这种联系使得这些作品活了并发生转变，它们诞生并存在。在她展示之后，她拆下了她的“创造物”的合页，给了它们更大程度的自由。这些作品的题目总结了她的意图：《外即是内》《前即是后》。操纵它们所花的时间改变了它们的空间，她对我们说：“空间属于被行为持续改变的时间。”[4]她将我们引向下一个阶段，“行走”，通过一条与现象学的观点重合的道路：我们应该制作一条莫比乌斯带，方法是将一条长纸带沿宽度剪下一段，将它扭转后再把两端粘在一起，然后用剪刀沿着长度方向剪，剪下一圈的时候注意避开之前的剪口，以防将这条纸带剪成两段。她向我们解释道：“随着我们剪这条纸带，它逐渐变细，并变成了相互套着的两个圈。最后纸带变得很窄，以至于我们再也不能剪开它了。这就是这条路的尽头。”[5]我们理解，我们已融入其中的瞬息即逝的作品只存在于创造它的行为发生的那段时间中，它只是由时间和与它的创作者的关系构成的，正如我们的存在是在每一刻由外部世界和内心世界之间的互动来塑造的。“存在和时间”，海德格尔写道，强调了过程的动态性。

克拉克完善了她的设计，给予它们一个治疗的维度。她建议患有精神疾病的病人操纵用袋子、布、细线、石子或沙子制成的基本“关系物体”，试图通过消除观者和作品之间的距离来刺激他们的感官，使他们重新了解自己的身体，在《石头和空气》中，操作一个充满了空气的塑料袋可以使放在袋子上面的石头动起来。这个整体最终被吸收进了操作人的肉体和精神中，就像我们的大脑对它经常使用的一个工具或一个假体所做的，[6]从而实现感觉的重新调谐和发展的重复。在极端情况下，艺术家会建议“对象的虚化”，这不再是一个需要经历的完全开放的体验：只有运动、操纵、行为和艺术实践，而不是作品本身，成为意义的载体。患者的内心重建和回归生活要通过操纵一种使之重生的形式。作品不再是艺术家的映像，而是一种行为方式，引导观者踏上一段旅程，一条拯救之路，正如我们在西斯廷礼拜堂的天顶上所做的：通过剪她的莫比乌斯带，她的行走，丽吉雅·克拉克意识到这是她的自我通向世界的第一条通道。通过最终使初始物体消失的“雕塑”行为，她发现了“节奏的完整性，从沙滩足球直至莫扎特”，而我们想到了博尔赫斯，他通过在一个黑暗地下室的尽头看到的不可描述的阿莱夫理解了宇宙。“要有光”。肉体本身是一个导向外部世界的过渡点。在克拉克的作品《生物结构》中，参与者之间的关系具体体现为一些关系物体（金属丝、细线、塑料袋）。在《我和你：衣服—身体—衣服系列》中，互动具体表现为通过蒙住眼睛的两个主体之间的组合来触摸，就像在捉迷藏游戏中一样，每个人都变成了另一个人的对象。正如在作品《动物》中，肉体不再是一个有感觉的物体，而是一个自我展示并与另一种形式相连的有机形式：重要的唯有相互连接，它发生在两个躯体“之间”，它们互相融合并按照它们在事件和行为中发生的交流来转变。从这个角度上看，共鸣始终属于美学，即使是两个生物之间的联系。

《之间》

木村斌（Bin Kimura）是一个对德国现象学感兴趣的韩

国人，后来成为京都的精神病学教授。他对精神疾病的奇特分类参考了节庆（festum）的概念：精神分裂症患者永远不会受到邀请，躁狂症患者化身为节庆，而对于依恋过去的忧郁症患者，欢乐已经终结了。木村把成瘾和危险行为归入“festum”，但也包括癫痫，这个病促使他在那些双相情感障碍患者身上试验了抗癫痫药并获得成功（最近又使他考虑癫痫和抑郁之间的关系），证明了他最初的直觉的意义。尽管他是基督教徒，但是禅宗佛教始终没有远离他关心的问题，正如瓦雷拉。他写了一本很棒的书，名为《之间》（*L'Entre*），尽管篇幅不长，但需要花几年的时间研读，才能略解其中精义。

让我们试着抓住启迪我们的几束闪电，而又不太偏离他的说法，想象这样一段对话：“对基质和生命起源的研究和思考是最先进的当代科学的核心，但这在于发现生命自身的本质，超越生物的现象，因为本质超出了现象的范围，超越了个体死亡的观点，而且不可客体化。”[7]

“请看这幅图（图31），”大师问道，“这两部分中的一部分是不是比另一部分更重要？”

图31

“不是，”我们回答，“它们可能代表了白昼和黑夜，我们的内心世界和外部世界，或者巴赫的一首卡农中的两个声部；每一部分都有自己的重要性。”

“其中一部分能不能没有另一部分而存在？”

“不能，它们是相对的，但也是相互补充、相互渗透的，它们组成了一对儿，就像亚当和夏娃。”

“其中一部分是不是预先设定好的？”

“不是，它们是同时产生的，互相推导出来的。”

“这个圆是不是大于这两部分之和？”

“是的，整体大于部分之和，因为它们之间存在空间，即通过互动不断再生和重生的两部分之间随之出现的那条路。在生物学上，1+1=3，与算术不同，亚当和夏娃生了孩子。圆——日复一日的循环是两部分配合产生的‘新生财产’，正如孩子出自母腹。”

“我们的存在也是如此，”这位智者继续说道，“我们是由我们用我们获得的经验创造的外部世界构成的，生于‘之间’，即我们的内心世界和外部世界之间的永恒的互动；我们是由‘绝对的外来物’构成的，并用我们自己创造了我们周围的世界。这是位于一切的中心的‘空’间，它位于上帝的食指和亚当的食指‘之间’，生出了万物。创造物和他的造物主互相定义。‘之间’在日语中是‘あいだ’(aida)，还有一个意思可引申为‘生命流’，而审美乐趣就来自作品和观者之间的这个空间，作品的不完整性将促进这种永恒的交流，使观者能够按照自己的形象塑造它，同时又按照它来改变自己，就像操作丽吉雅·克拉克的物体。米开朗琪罗常常留下未完成的雕塑，而受到这种‘未完成’风格启发的罗丹也是如此；莫扎特不想完成他从内心害怕的那首《安魂曲》；巴赫的那首《赋格的艺术》也是如此；而赫拉克利特的哲学或毕达哥拉斯的教诲也只让我们了解到了公之于众的一些片段，我们可以操作它们，可以与它们对话，它们因为与我们的互动而得到永生，又反过来改变了我们，它们就这样在使我们重生的同时与永恒和无限眉来眼去。”

音乐先于一切？

音乐的上游是语言。语言只是冰山露出的一角，一点残余，一个本质躲过了语言表达和意识的事件的表象。当场即消散的音乐只存在于人们保存的记忆中，它使我们能够在某种生命的冲动下，愉快地预见后续的乐曲。正是两个音符“之间”的空间产生了旋律，并赋予它生命。比如，刚刚听到的“do”之后的空间产生了即将出现的“re”，它俩共同构成了一个旋律的开端，它比两个音符加起来更有价值。一个管弦乐队也是如此，通过演奏者之间、演奏者与指挥之间的关系以及与观众或音乐厅建筑之间的互动，乐队的价值要大于演奏过程中各部分价值的总和。在西斯廷礼拜堂之外唱出的《求主垂怜》就失去了它的效果。

我们的存在与随时间发展的音乐相似。我们以同样的方式，借助我们对过去的记忆，在每一刻自我塑造并创造世界，这记忆使我们能够在当下借助我们大脑的预见能力——源于我们想象力的“预言”来预见未来。当我们意识到这一点时，时间变成了空间，正如瓦格纳在《帕西法尔》（*Parsifal*, 1882）中喊出的。莫扎特记住一首乐曲，就像“看见”了它，仿佛看见一尊雕塑或一幅画。现在，我们以同样的方式注视我们的生命，就像注视西斯廷的天顶和它的所有细节，过去只通过它在当下的延续而存在。意识到时间和生命，正是空间化的时间给了我们的存在以一致性，就像丽吉雅·克拉克的物体。感知生命和世界需要运动和行为（因此需要时间），反之亦然。通过感知与运动之间的循环交织，将创造出一种“形态”，一种与外部活动互联的生命本质，在外部活动的边界上，我们像走钢丝的演员一般进化，不断重生，就像在上帝的手指与亚当的手指之间或在莫扎特与米开朗琪罗之间的那个创造空间里一样。

瓦格纳

在他的最后一部歌剧《帕西法尔》——其灵感来自

某个圣周五的记忆——寻找圣杯——的创作和上演过程中，理查德·瓦格纳在意大利的各个城市间奔波，直至在威尼斯耗尽了生命，还幻想着救赎和重生。作为帕莱斯特里纳和中世纪神话的铁杆粉丝，他前往梵蒂冈，在那里与西斯廷礼拜堂的唱诗班领队多米尼克·穆斯塔法——最后一位阉伶歌手见面。六声部版本的《求主垂怜》由阿列格里作曲，瓦格纳将该作品的一个完整版本外加他的秘密装饰音一起遗赠给了梵蒂冈图书馆，并要求教皇永远不要披露这个版本。威尔第，瓦格纳的“对手”，早在此前就已经把《求主垂怜》纳入了自己三十多年前出版的《游吟诗人》中。弗朗茨·李斯特从中抽取了一段，编成了钢琴曲。阉伶歌手用他那温柔动听的嗓音向这位拜罗伊特的大师揭示了什么？他是否向他展示了波吉亚高度赏识的命运之矛？他是否为他揭开了完整的神秘乐谱，以便使它仍能发挥神力，抚平刺穿耶稣肋部的长矛留下的创伤？

让我们回忆一下，帕西法尔，又名珀西瓦尔，刚刚在圣杯骑士的仪式中得知秘密的他无辜地射杀了天鹅，又去夺回了来自黑森林的魔法师——卑鄙的克林莎从他们的国王安福塔斯手中抢走并用它刺伤了国王肋部的那支著名的圣矛，救了这些天鹅。克林莎，抱着他最初纯洁的欲望，毫不犹豫地阉了自己，瓦格纳想让多米尼克·穆斯塔法来饰演这个不祥的阉人角色。在这部被他视为一个“神圣的舞台节日”的《帕西法尔》中，作曲家让我们在圣杯仪式中听到了他那受到《求主垂怜》启发的复调音乐。蒙萨尔瓦特镇城堡里的骑士教堂的灵感源于锡耶纳主教座堂，类似反过来的西斯廷礼拜堂，它的地板铺面上画着女祭司，入口处，赫尔墨斯·特里斯墨吉斯忒斯被画成与摩西同一时代的人。

《帕西法尔》第一幕结束时，骑士们在某种颠倒的圣餐中重生了，他们从圣杯中喝了鲜血变成的葡萄酒，这是以他们的国王安福塔斯的极度痛苦为代价换来的。他那与耶稣一样的伤口重新裂开了，仿佛有营养的血来自他自己的肉体。他那半死的老父亲狄都雷尔从墓中出来参加了这个仪式。在这个仪式中，年轻的帕西法尔得知了秘密：帕西法尔、安福塔斯、狄都雷尔，是生命的三个年龄段，就像在提香的《谨慎的寓言》中所表现的一样。[8]在瓦格纳的这部作品中，受到《求主垂怜》的影响，剧情在黑暗中逐渐展开，随后一道闪电般的光芒射进了圣杯。为血液变成葡萄酒这一变化过程伴唱的合唱团在三个层次上层层交替，因为正是在此处，“时间变成了空间”，音乐被空间化了：高音的童声（天使？），中音的成年男子，构成二声部合唱的低音的骑士们。结尾处，整个合唱团齐唱某种八声部的经文歌，使人联想到阿列格里或帕莱斯特里纳演绎的信仰主题，此时发生了使骑士们和狄都雷尔活下来的奇迹。按规矩，在终结第一幕的这个神圣仪式结束时，观众们不鼓掌。合唱团重新开唱，逐渐达到歌剧结束时的十一个声部。在这个重新展示的过程中，一只白鸽出现了，它是圣灵的象征，以祝贺帕西法尔的荣耀回归。“圣周五的魔力”预示了他的救赎、他的洗礼、安福塔斯的痊愈和这一作品对人类的救赎。救世者的救赎，既是对追寻而转变的帕西法尔，对痛苦终结的安福塔斯，也是对受到《求主垂怜》影响的瓦格纳。一部著名的电影[9]的海报把整部歌剧放在了瓦格纳的脑中，用他死时的面部模型作为象征。

瓦格纳，像瓦雷拉和木村一样，接近叔本华的哲学思想，对佛教感兴趣。或许这就是为什么帕西法尔选择了禁欲主义和享乐主义之间的“中间道路”，那条将佛引向光明的道路。根据东方智慧的观点，帕西法尔意识到，同情——一种共情的形式——和拒绝欲望是通往宁静的道路。他再也不会射杀天鹅，而这种动物后来在湖上牵引他儿子罗恩格林的小船。在受到《求主垂怜》启发的和弦中，他的同情把安福塔斯从他对耶稣的“迷恋”的痛苦中解放出来，而瓦格纳也希望能够同样救赎他的观众。

我们了解音乐对智力和情感的力量。最近的一项研究确认它还可以产生强有力的感觉，[10] 以明确的、有意识的方式，但也在不知不觉的情况下，影响听者的思想方式和行为。心理学实验证明了一种与力量的想法相关的词汇表的隐性选择，另外，它们还发现了导向事物整体观点的一种抽象思维的发展，这是一种理解整片森林而不是树木、理解社会而不是居民的感受。主体的幻想控制事件的过程——例如，他想要能够在他掷骰子而不是第三者掷骰子的情况下影响掷骰子的结果。总之，他希望在一次讨论或一次行动中得第一，哪怕冒风险。低音乐器的音量主要就是用于这个效果。采取一个快速的但有风险的行为，同时感觉能控制自己的命运，考虑一个国家而不是它的居民，通过从他的音乐中释放出的力量，瓦格纳真的会使人产生入侵波兰的欲望吗，正如伍迪·艾伦担心的那样？或者说他能够通过他的艺术使他的听众们像他的主人公那样重生，正如他所希望的那样？

然而，这位作曲家在他的最后一部作品问世后没活过几个月，而他的岳父弗朗茨·李斯特于1886年在拜罗伊特音乐节上听完这部歌剧后没几个小时就去世了。的确，他也听了《特里斯坦与伊索尔德》，而那致死多位乐队指挥的著名的和弦也没有饶过这位早已被干邑酒、心力衰竭和肺炎拖垮的老钢琴家。另外，他所说的最后一个词是："特里斯坦……""特里斯坦的和弦杀了我"吗？在他的葬礼上，奥地利作曲家安东·布鲁克纳，"上帝的吟游诗人"，扎根于古老的复调音乐宝库中的浪漫派，用管风琴即兴弹奏了帕西法尔的信仰主题。他绝没有想到，在他自己去世的那天，当人们决定根据他的遗愿，将用防腐香料处理过的他的遗体埋葬在圣弗洛里安修道院的地下墓室中林茨的旁边时，在他十分珍爱的那架大管风琴的下方发现了排列整齐的6000个匈奴士兵的头盖骨，它们秘密地观看了他的职业生涯中最伟大的部分——而且谁知道呢——可能还给了他灵感。过去的延续产生了现在?

《展示你的伤口》

安福塔斯那个既影响他的肉体又影响他的精神的创伤痊愈了:守护圣杯的骑士们的国王曾经受到奇怪的、矛盾的孔德丽——一个因嘲笑十字架上的耶稣而遭到天罚的女人——的诱惑。卑鄙的克林莎,利用了他片刻的疏忽,从他那里夺走了圣矛并刺伤了他的肋部。从那时起,他就活在身体和精神的双重痛苦中,而骑士们也变得虚弱。朱利安·格拉克在他的戏剧《渔夫国王》中指出,安福塔斯拒绝治愈,因为他的创伤已经变成了他活着的理由。这种行为在疑病患者身上也能见到,他们咨询的唯一目的是暴露他们的痛苦,仿佛这是一个艺术作品,[11]借此引起被他当作艺术专家而绝非治疗师的相关医疗机构的关注、欣赏和共情(审美?)。癔病患者,就像格拉克的渔夫国王一样,在任何情况下都不希望好转,甚至不希望得到可能会改变他的生存方式的补充检查或治疗。在伪装病的情况下，患者甚至会模仿或创造出一些疾病症状，特别是皮肤病方面的，如果石膏或绷带阻止他们故意自残，或一旦被揭穿，这些症状就会消失。他们自杀风险很高，因为他们的心理创伤更深。极端的例子是为纪念那位著名的患谎语症的男爵的奇遇而命名的曼科桑综合征。

我们总是希望治愈我们的创伤吗？我们的伤疤，我们蜷缩其上的那些永存的悲伤难道不是一种联系？一条关于创伤成因的记忆的或身体的痕迹，有时成为我们活着的理由，但如果没有绝对持续不断的痛苦，我们就将不复存在？复原难道不是一种自然结痂的现象，有时受到待定的原因或待战胜的抵抗的抑制吗？

《展示你的伤口》是德国艺术家约瑟夫·博伊斯的一件作品，它向我们展示了通过艺术治愈的途径，其“炼金术般”的作用与西斯廷礼拜堂或《帕西法尔》的作用类似。这件作品受到丢勒1512年创作的自画像的启发，这位培养自己与耶稣的相似性的画家在这幅自画像中用食指指着自己裸露的前胸上的伤口，准确地说是在左季肋上，制造黑胆汁的脾就在那个部位，那个忧郁的地方。

右边的伤口留给钉在十字架上的耶稣，他当众展示这个伤口是为了治愈和拯救人类。这幅画是用来启发艺术家的医生的，但这位铜版画《忧郁》的创作者，通过展示他的伤痛，通过他的作品，通过模仿，自己摆出了救世者耶稣的姿势。博伊斯——据他自己说在克里米亚战争中的一次飞机事故中奇迹般地幸免于难——也摆出了艺术家—医者的姿势。他认为，反复出现的十字架的动机是一种分形。它既象征着痛苦又象征着治愈，参考了红十字和耶稣实施的神迹。只有懂得将其毁灭的原则转变成生的动力，从而接近虚无和战胜死亡的人才能实现复活。[12]“看这个人。”尼采——在康居朗（和科诺克医生！）之前基于克洛德·贝尔纳哲学的“文明医生”，指出“正常现象的夸张、不相称和不和谐是病态”。因此经历病痛可以更好地理解健康，以病治病，甚至实现人类的救赎。1976年在慕尼黑展出的博伊斯的这个作品在整个一间大厅内展现了它作为雕塑的恰如其分——所有疑病患者的梦！它的作用反映了西斯廷礼拜堂或瓦格纳的蒙萨尔瓦特镇城堡的作用。每样物体都成对出现：左边两副并排的担架，上方挂着两份意大利共产党的报纸《不懈斗争》；后面墙壁中央有两块学校的黑板，它们与库布里克电影里的方碑差不多高；担架前面的两支长柄叉放在石板上，上面画着不完整的圆；在右侧的墙上，有两个标有红十字的剥树皮的工具……因此应该带着伤痛进入这个炼丹炉，把痛苦放在一副担架上展示它。但是，正如意大利报纸《不懈斗争》中所写，在这两个时代组成的系统中圆不是闭合的：剥皮工具可以疗伤。担架下方放着一个炼丹装置，放在两个镀锌的箱子里，使人联想到帕拉塞尔苏斯。装满油脂的两个箱子里装着两支用纱布封住的试管，试管口位于用来收集和过滤（如有必要）试管中流出的汁液的两个玻璃容器的上方。两支温度计控制着整个过程。这个装置中唯一一个不对称的小元件是它的关键，两支试管中各有一个乌鸦头盖骨，一个位于其中一支试管的底部，意味着死亡，另一个位于另一支试管顶部，即将被排出，意味着复活。最初创伤的积极表达和“展示”使人意识到并理解它，正如安福塔斯的那支可能治愈他的圣矛。刺伤耶稣的同一支矛，在打开肋部给予夏娃生命的亚当的错误被一笔勾销时，变成了救赎工具。“以形补形”，正如预见到顺势疗法的帕拉塞尔苏斯所宣扬的。病痛是药方，或者更准确地说，病痛和药方是类似的和相像的，但是有一个微小的偏差，即一个观念的差异，这是因为“展示”它们有助于治愈和摆脱一种致病的圆圈思维，它无休止地转圈，就像创伤后症状或抑郁症的情况。博伊斯认为，在镀锌箱子里变成液体的油脂加热试管，挤出死亡的头盖骨，重新带来了生命。太平间里的床变成了医院里的床；象征着牺牲的十字架现在让人联想到复活。从受伤的过去归来，因审美体验而转变，将使人产生不同的感觉，开始结痂的过程。

博伊斯是第一位以类似的布景让人联想到燔祭[13]的德国艺术家。他的作品《奥斯维辛展示》由玻璃橱窗组成，积极的表现（不同于简单地重复同样的事物！）激起了人们的意识，使他们去回忆炼金过程的嬗变和可能启动一个治愈过程的起因。“如果一把刀刺伤了您，那么应该治疗的正是这把刀。”这位艺术家一边说，一边给一把小折刀的刀刃缠绷带。创伤的起因也正是治愈它的良方；圣矛治愈了安福塔斯的伤口即是明证。“美是一道变成光明的创伤”，布拉克说。重新记起并重新表达旧时的回忆是一种创造性的活动，一种所有人都可以实践的艺术，它可以治愈人们认为已经忘记但总是不知不觉表现出来的创伤，您是在说弗洛伊德吗？

衰老和创造性

刺穿十字架上耶稣肋部的长矛和收集耶稣鲜血的圣杯的会合治愈了守护圣杯的垂死的骑士们。不一定只有心理分析学家才能在这个带来一次新生的象征性的结合中发现一种色情的含义……

85岁的毕加索在一次胆囊（右季肋部）手术痊愈后，就满怀热情地重新投入了工作。他的所有朋友都去世了，他终日致力于完善他的作品，蛰伏在他的洞穴——穆然镇的“生命之圣母”农场中，他的最后一任妻子杰奎琳守护着他。自从他于1946年来到瓦洛里后就迷上了陶瓷，除了给黏土吹气赋予它生命之外，这位造物主对亚麻油毡版画感兴趣也有一段时间了。1968年，他用了6个月时间完成了360件版画作品！然而，他远远没有从中发展出长老的智慧或孩童的天真，这个年老的牛头怪反倒沉浸于一种接近淫画的真正的色情爆发：被惊呆的世人看到了一些裸体女人——性器官显而易见——遭到年轻的西班牙火枪手们的攻击，手放在剑上，常常还有时刻准备着调戏妇女的窥阴癖者。这位艺术家自己有时也“抵挡不住”他的女人们的魅力，这时候他会把自己画成老画家与女模特们在一起，或者让这些女模特们无忧无虑地从他身体上经过，用她们的小推车碾压他。

作为与他提倡变革的要求模特们表现出情感的时尚摄影的永别，理查德·阿维顿创造了一个神话，1995年11月的《纽约客》杂志刊登了他拍摄的23幅照片：“已故者曾经的快乐回忆。”[14]这位打破习俗的肖像摄影师10岁时就开始了他的职业生涯，在纽约为他的邻居——作曲家谢尔盖·拉赫玛尼诺夫拍照，此后又拍摄了玛丽莲·梦露不朽的瞬间，之后是披头士，迷幻色彩版本或为《白色专辑》拍摄的更加朴素的版本。他的最后一组作品聚集了不可能的一对儿：一位杰出的模特和一具骷髅，他们都穿着最伟大的服装设计师们的杰作。这曲骷髅舞没有任何悲伤之处，而这具好色的骷髅露出了阴森的微笑，攥着几把美元钞票来诱惑这个美人。在她的冥间情人的臂弯里，这位美人尽情嘲笑已逝的时光和在他们周围逐渐解体的世界的虚空。性欲与死亡冲动再次结合，正如在毕加索的画中。为此着迷的服装设计师克里斯蒂安·拉克鲁瓦毫不犹豫地在2008年的阿尔勒摄影节上展出了这组照片。

尽管生产力可能削弱创造性想象力，但是找到独创的解决方案的能力和改变世界的愿望并不因年龄而改变。围绕着我们的米开朗琪罗的壁画中造物主的白胡子即是证明。里面甚至通过上帝按照他的形象创造亚当来展现了共情模仿，想象力的原动力。另外，我们应当承认，他的左臂搂着一位年轻的缪斯，展示了某种解放创造力的抑制解除，正如毕加索或阿维顿。

人们在肖维岩洞中发现，一些具有男性特征的钟乳石上画着女性的性器官，但是对过去的来源和延续的研究还应把我们引向拉斯科洞窟——史前的“西斯廷礼拜堂”。如果说这是一座教堂，我们不会惊异于在那里有一个中殿和一个后殿，而且我们知道我们的祖先已经把他们的图像放在了音响效果最好的地方，并了解了绘画和音乐之间以及时间和空间之间的联系对他们仪式的重要性。我们知道可能会取悦波吉亚的公牛大厅，“猫洞”，烘托壁画的奇怪符号，但更加令人好奇的是地下室：您得下到一口井里，才能在那里发现那幅画着一个男人抵抗不住他刚刚用长矛开膛的一头野牛的攻击的画。那时已经有一支长矛了！动物在进攻，肠子在空中。男人的阴茎勃起，每个人对此都有自己的解释：神经科医生认为这是因为他跌倒导致脊柱断裂，脊髓切断导致了继发性阴茎异常勃起；解梦专家会告诉您打猎的场景是熟睡的男人梦到的，他的勃起是催生梦的快波睡眠的典型表现，也是做梦的证明；人种学家会谈到阴茎套；人类学家则由此推断出，男人在制作他的矛时，已经知道他来自自然状态：他的死和性高潮使他想起了他的起源；而伦理学家认为，这使他从空虚中得到了净化。而一位随笔作者，如果受到库布里克和希望在地狱中度过来世的伍迪·艾伦的影响，一开始就摆脱了死亡的创伤，他会想到，这个躺在地上的男人最终会回到他开始的地方，也就是说回到一次性高潮中。在这个“缓解期”，这个下地狱的过程之后，我们只剩下从这口窄井——大地母亲赠予我们的这个子宫中重新爬出来。在所有奥义传授仪式中，新信徒必须“死去”并重新回到胚胎状态，然后在一种更高级的“精神”状态下“重生”——我们从我们的漫游之旅开始时就试图完成的任务，现在我们深入了这个子宫般的名为西斯廷的洞窟，我们试着破解它的信息，而它也使我们发生了转变。

冥界之旅

冥界之旅从远古时代就充满迷惑力。埃及人有托特——引导亡灵去阴间的赫尔墨斯——写的死亡之书，他们将它带到自己的石棺中，以便在下界为他们指路，确保他们的重生，回归光明。柏拉图和几个世纪以后的西塞罗完成了他们的《理想国》，讲述了人死后灵魂的长途旅行，展示了阳间和阴间是如何令人惊奇地混为一体的。他们的观点是明确的：无论选择什么样的整体，最主要的是个人的净化——学会更好地活着，才能更好地死去。

柏拉图故事中的潘菲利亚人伊尔是一个骁勇的战士，他在死后12天——当人们准备火化他时，复活了。被神赦免的他是一个冥界的使者，被允许回到生者当中，讲述他的旅程。他参与审判灵魂，见过天堂之门和地狱之门，穿越在混合着声音和色彩的呼啸声中生气勃勃的天球。结尾，每个灵魂将自由地选择自己新的命运：俄耳甫斯记起他在被揭露为同性恋后，尸体被酒神手下的狂女撕碎，希望在一只天鹅的身体中转世。他会遇见帕西法尔或罗恩格林吗？尤利西斯谨慎又疲累，选择过一个普通人的生活。忘川之水使人忘记了这次天堂之旅，但是柏拉图将在别处讲到，我们回到人间的灵魂将保持对美的敏感。美将使灵魂记起它们最初的理想世界，使禁锢着如痴如醉的灵魂的肉体不能自持。

西塞罗认为，年轻的军团指挥官小西庇阿是在梦中升上了天堂，在那里他受到了他祖父大西庇阿和他父亲的迎接。他们带他探索宇宙，与他谈论天体的音乐，世俗之人觉得这音乐震耳欲聋，就像觉得太阳的光芒刺眼。他们教导他要谦虚，向他展示从天上看下去，地球和他的征服者们是多么渺小，为他揭示了高尚生活和提高精神修养的重要性，以便打破灵魂转世的循环，享受永恒的真福。后来，普鲁塔克，在库布里克之前，再次描述了睡梦中的影子国之旅，让我们重新记起了在星辰上的其他令人心醉神迷的经历。长途旅行归来，我们会记起什么？

这些幻想影响了但丁，但这个爱思考的男人坐在床边盯着他脚下的一个光亮的矩形，身边有一本打开的书，身后有一位身着玫瑰红色轻薄短睡衣的女子背对着他躺着，他正在我们的时代进行一次“哲学远足”。他读过所有的书吗？那位女子在悲伤吗？不，那本书是柏拉图的《盛宴》(*Le Banquet*)，那幅油画是对光线着迷的78岁美国画家爱德华·霍普画的。那是在暗示一个著名的空洞，这个被束缚的人只能看到影子和投射的光，就像在电影中，而真实世界则在画外。从水手身上，他只听到了歌声。第二年，1960年，霍普小心翼翼地完成了《阳光下的人们》：左边，一些人坐在折叠椅上，面对右边画框外正在落下(或正在升起)的阳光。男性人物令人惊异地貌似画家本人。他们的位置不能不让人想起西斯廷礼拜堂壁画中的先知和女祭司们：最年轻、离太阳最远的那个正在专心读一本书；随后是一对中年夫妇，之后是退休的老人。一个老年男子，靠在倾斜的椅背上，被阳光所吸引。他不再需要书，他的记忆已足够令他回味。现在重要的是那无法用语言描述的太阳：温暖使他留在世界上，而他准备重新融入世界。1965年，《空房间里的阳光》为我们展示了一个空房间。空洞，之间，只有光充满了霍普心中的空间，在墙上画出两个矩形，通往星辰的两扇门，大的留给画家，小的留给他的妻子，他们在最后一幅作品《两个喜剧演员》中谢幕了。窗帘是关闭的，他们的戏服让人想起了马赛尔·卡尔内导演、普莱卫编剧的电影《天堂的孩子们》。画家将他的秘密带到了坟墓里，他那束小小的微光，他以为自己将永远幸福的一天夜晚的记忆：1914年夏天那个“蓝色的夜晚”，还是那个白脸小丑，年轻50岁，在与他的巴黎时期告别，身边围绕着一个妓女，一个鸨母和两个有钱人。这幅霍普将自己作为年轻画家的所有希望都寄予其中的最伟大的作品，后来被美国拒绝。这件事作为一次痛苦的失望埋藏在他的记忆深处，使他幻想破灭，就像他十分仰慕并启发了他的华托所画的《小丑》(吉尔或皮埃罗)。

后退是为了前进？重生的秘密？毕加索的影响力超过了他那些有名望的前辈们，如格列柯、戈雅、苏巴朗、里贝拉、马奈、安格尔、塞尚、普桑或委拉斯凯兹，委拉斯凯兹的《宫娥》后来被分割成58幅油画，从而证明了加泰罗尼亚的食人妖想要征服整个艺术史。回归古代将创造罗马和佛罗伦萨的新荣耀。在锡拉库萨大教堂内部始终能看到雅典娜神庙的石柱。过去的延续是为了重生。

时间不存在吗？它由互相呼应的存在的碎片重叠而成，就像特洛伊城遗址内连续的各个堆积层。“圣贤就在此时此地，把所有的时代汇聚成了现在”，塞内克告诉我们，以求在“生命的短暂”中聊以自慰。“一天对于每个人都是平等的”，赫拉克利特宣称，也包括所有其他人吗？讲述自己的一生可以通过重新展示它来获得自我的“再创造”，给予自己的存在一种一致性，重新暴露到表面上的失望、伤口和创伤经历变成了教育载体。它们改变了自己的意识和社会关系。[15]我们很快就会发现，在我们的早期互动的指引下，我们走向了我们的过去，它控制着我们的路线。另外，考虑到过去的事件汇聚到我们现在所处的某一点，我们还会发现我们来自我们的未来。它就像一条消失线那样吸引着我们。我们因此逆转了时间的箭头，这曾是我们的目的，我们来自大自然，并像拉斯科壁画中的那个男人或影片《2001：太空漫游》中的那个宇航员一样，回到了那里。不回归古代，就没有文艺复兴。不可能离开我们的过去而存在的我们的未来，供我们用来不断地重新塑造过去。我们走向我们的过去，它指引着我们生命的方向；我们来自我们的未来，它塑造着我们的过去。

一条时空隧道

在人的一生中，音乐将帮助我们完成这段旅程：除了圣桑、弗兰克和佛瑞以外，受到瓦格纳影响的马塞尔·普鲁斯特也从《帕西法尔》的圣周五的魔力主题和《罗恩格林》的序曲中获得了灵感，用于他的樊特伊的奏鸣曲，在他的《追忆似水年华》中，斯万每次听到这首曲子都会勾起许多回忆，他的名字，即查尔斯……斯万，使人联想到那位天鹅骑士和他那杀死了天鹅的父亲！但是这条专属于审美共情的时空隧道也向我们中的每个人敞开，即使我们得了阿尔兹海默症——如果我们一生中曾听过这支乐曲，尤其是当我们在青少年时或在成年生活开始时就听过它。人们常常把这个时期描述为记忆的高峰，它包含一些幸福的事件——例如，第一次坠入爱河。这些音乐似乎总是比我们后来可能听到的音乐更能使我们愉悦，因为它们是我们的一部分，我们已经把它们织进了我们在这个时期为自己编织的那件戏服中。归属于一个社会团体对于自我建设是必要的——朋友胜于父母，但重要的是为了生存而与众不同，确立自己的身份。使我们缔造一个稳定的、持久的身份的情感记忆变成了我们存在的一个组成部分，后来听到的这些音乐构成了我们的生命最初的磁带。它们在我们脑中刻下一个熟悉的印象，使我们安心，刺激着我们的记忆——我们依恋它们。演奏者们的生活事件触动着我们，仿佛他们就是我们的家庭成员，而我们享用着他们的财富，因他们逝世而流泪，我们有时会给我们的孩子起一个纪念他们的名字。

在青少年时期，我们确立了我们的身份，它就像树干、主要路线，后来的所有信息都将路过这里。接下来只是可以开拓我们周围空间的粗干、细枝和花朵，但它们始终依附于树干和树根。这个在青少年时期大脑分管愉悦和奖赏的部分——专属于狄俄尼索斯的部分，较少受到属于阿波罗的更加“理智”的部分——特别是还不成熟的前额叶皮质——的控制。情感记忆因此更深、更容易地刻在其中，并且可以在多年以后，在曾经产生它们的那首乐曲的影响下，丝毫无损地重新喷发，就像一张密纹唱片上钻石唱针的针尖——甚至对于阿尔兹海默症患者也是如此，因为它们属于无须语言的内隐记忆。最后，愉悦和奖赏回路的激活是一个令人筋疲力尽的生理过程（蛋糕的第二部分令人恶心，性交之后需要一个抗感染期），与借道海马脑回和记忆通道的依附回路不同：童年莫扎特，在他的键盘上寻找"相爱的音符"，不停地希望人们对他表达感情，以证明他们爱他，从而使他安心。他在他一生中最幸福的时期之一——风华正茂的青少年时期里，听到了《求主垂怜》，对这首乐曲的记忆永远刻在了他的心里。其他的刺激也会促进这一旅程，正如普鲁斯特的小玛德莱娜蛋糕，一种气味、一个图像、一个面孔，自以为已经忘记的一个地方，我们发现，推开那扇狭小坏朽的门，一切都没有改变，玫瑰颤动，恍若昔日，像魏尔伦的诗中所写的那样。

在宇宙的范畴内，审美共情代表了记忆术的一种极端形式。它可以在一个有机图书馆里植入一个思想，这一思想本身源于其他思想或与周围自然界的一次对话，希望伴随它的众多符号能保证这场谈话，甚至传播它，期待能够解答尼哥底母的那个重生的问题。这是一个复制的过程，即从两个灵魂中产生的一个新的观念，最终结果只能是给予者和接收者的感知和同化方式带来的各种元素的混合，接收者的世界观将反过来发生转变，有时有一种治愈效果，或者，随机地产生一种“新生的过程”的喜悦，正如一种理论或一个新的莫扎特的诞生。

普洛斯彼罗

是的，我承认，我在这几页中为您跳的“肚皮舞”就是为了这个目的。随着我魔幻的旋转，我试图捕获您的注意力，取悦您，从而使您与我的形态结合，同时模仿您的形态。我现在在您的大脑中，如果您一直跟随我到这里，我已经有点能够通过共鸣来改变您大脑的结构，与此同时，准备我演讲的过程也改变了我的大脑结构。我请您务必原谅我的干扰，但是您已经自由地、主动地同意我入侵您的精神。但是现在通过我的自白，正如魔法师普洛斯彼罗，在莎士比亚的《暴风雨》的结尾所说：

我的魔法已被摧毁；踪影全无；

因此我求助于您……

我被夺走了所有的护身符，

法术和魔力……

以你们所有人希望的这一宽恕的名义，

您的宽容将我拯救。

我只是特洛伊的一匹卑微的马，一个普通的摆渡者：莫扎特和米开朗琪罗，还有但丁、荷马、莎士比亚、博尔赫斯和许许多多其他人很久以来都在盗用我的大脑，并且希望，随着时间的流逝，找到更安全的栖身之所。显然，这只是我的想象和我的记忆编造出来的一些化身，它们十分脆弱，是最初的想法、最初的起源的复制品的复制品，但是我希望它们反映了一部分真相，而且我肯定它们的光芒将继续漫射，或者继续衍射，穿过您自己的棱镜。除了我们一起走过的这条路以外，也可能有其他的道路。您只需要观察一朵花，发现一种珍贵的生物，或者陶醉地欣赏一次落日，就能感觉到自己仿佛获得了新生。让我们毫无畏惧地重回自然母亲的体内吧。她创造了我们，教会我们唱歌、计算、建造房屋并想象她的模样。她知道生命谜题的答案。“大地不属于我们，我们属于大地”，美洲印第安人向利用他们来掠夺他们的土地的殖民者宣告。他们认为宇宙是一个整体，在宇宙中，每个现在的、过去的或未来的元素之间都息息相关。

先知约拿已经在我们面前分开了双腿，仿佛我们将要通过他的两腿“之间”，逃出鲸腹（或者利维坦的腹部），离开礼拜堂的天顶，落入《最后的审判》——即肉体的复活的壁画中。（图32）他用自己的双手比出两只角，它们与硬摇滚的世界毫无关系，但是这个“动物（bête）的符号”也代表了那个同名的希伯来文字母，“Beth”，《摩西五经》中的第一个词：“开始”，世界就此诞生，而米开朗琪罗，在受到皮科·德拉·米兰多拉的启发之后，理解了其中的含义！

ב

我们回到了起源，我们旅程的终点，正如在《哥德堡变奏曲》中，或者在拉斯科洞穴的尽头，抑或是影片《2001：太空漫游》的结尾。犹太教神秘哲学家们认

图32

为，这个字母的意思是“上帝的居所”。所罗门圣殿？但是“Beth-el”或者圣石，又指雅各布在他的天梯前枕着的石枕，同一个词也指陨石——我们已经在我们长途旅行的开头遇见过它！这位族长是否睡到了天明，做完了他的梦？在埃塞俄比亚——生育人类的大地，“Bet”或“Bete”也指教堂。拉利贝拉的教堂是科普特人13世纪在岩石的深处建成的，目的是在那里重建黑色的天堂耶路撒冷。这是真正的石质圣经，装饰它们的绘画相当豪华，我们听到的音乐也是它们的遗产。与影片《2001：太空漫游》中来自天上并在出口处乖乖地等着我们的方碑相似的黑色的神秘独石！让我们向它伸出手臂，就像亚当或库布里克的影片中的宇航员那样。

在阴暗的隧道尽头，一道光，正如在耶罗尼米斯·博斯的一幅油画中，像是一次即将死亡（或者重生？）的体验——我们突然被强烈地震撼了！有一刻，我们感觉到自己在某个装着神谕的篮子里，一个占卜壶里，由一个非洲大巫师从里面摇晃出来的各种象征物体的最后布局预示了未来，唤醒了记忆，并根据一个连接神的世界和人类世界的视觉法则，确立了社会关系。我希望这不会太痛苦！我小心翼翼地从我的口袋里掏出《阿莱夫》，像一本护照一样出示它，以免遭到泥人哥连的命运！我们会不会像在一次自然分娩中那样被淹没在催产素——这种被认为能促进共情的爱情荷尔蒙中呢？

最后一根蜡烛被吹灭了，礼拜堂沉浸在黑暗中。音乐声漫延开来，占据了整个空间，反射到回忆起旧约和新约以及所罗门的智慧的墙壁上。它到达了穹顶，先知和女祭司们、大洪水和创世，它们是米开朗琪罗的灵魂。它反射到象征着太阳和肉体复活的耶稣—阿波罗身上，并反射回来，像一道闪电，射穿了莫扎特的身体：他产生了共鸣，与它一起振动，因为他们同属于一个自然、一个本质。音乐告诉他斯芬克斯和摩西的秘密，希伯来文字母和大卫诗篇的神力，与大教堂和冥界之旅的结构相似的复调音乐的神力。他沉浸其中，毫不费力地记住了每一个音符，仿佛他早已认识了它们。蜕变后的他很快就创作出自己的《求主垂怜》，就像约翰-克里斯蒂安·巴赫。他在他的下一部歌剧中还记起了西庇阿之梦、柏拉图和埃及王塔莫斯，在《魔笛》中变成了塔米诺王子，以颂扬奥西里斯。在布拉格——泥人哥连就沉睡在这座城市，莫扎特用音乐使大统领的雕像变活了，以惩罚他的唐·乔望尼，把他拖下了地狱。莫扎特在他死前几个月，创作了他的《圣体颂》，而成为梵蒂冈的亲信的李斯特后来在自己的作品《致西斯廷礼拜堂》中把这首歌曲与《求主垂怜》联系起来：他重新使用了这首经文歌开头的美妙和声，逐渐创作了一种魔鬼附身般的帕萨卡里亚舞曲，它那狂乱的制高点让位于一种莫扎特的清澈与宁静。《求主垂怜》的变奏重新响起，更加美妙、令人担心又充满力量，但是莫扎特再次重现，就像圣方济各走在汹涌的波涛上，平息了它们的狂怒，使它们渐渐远去，流向低音。柴可夫斯基在他的第四管弦乐组曲《莫扎特风格》中重新使用了这些变奏中的一个，作为回应——重复与差异，共情的模仿……尾声处，在最后时刻，莫扎特很小心地没有终结他的《安魂曲》，就像巴赫对待他的《赋格的艺术》，米开朗琪罗对待他按照尼哥底母的形象创作的最后的自画像，赫拉克利特对待他那留给我们只言片语的哲学思想：他们就这样向我们伸出了手臂，而我们牢牢抓住了这些凹凸不平的、粗糙的表面，以便更好地使自己与他们融为一体，就像在一个神谕中，试图使混乱变得一致，而这难道不是一切创造行为的目的吗？

在继承古代文艺复兴时期的神奇思想中，音乐是可以赋予图像、雕塑或死人生命的“芝麻开门”。米开朗琪罗影响了寻找音乐“圣杯”的西斯廷唱诗班领队格雷戈里奥·阿列格里的作曲，这是某种被投射在西斯廷礼拜堂天顶上能够赋予创世壁画以生命的神光穿透的“放映机”，像所有艺术作品或一切美的表现形式一样，西斯廷礼拜堂变成了一种柏拉图式的洞穴，反射着思想的世界，使听众有那么一刻通过和声理解了它们。这样一种意图只能被莫扎特察觉，因为他已与著名的《求主垂怜》融为一体，正如约翰-克里斯蒂安·巴赫、门德尔松、李斯特、古诺或瓦格纳，还有斯塔尔夫人、夏多布里昂、歌德……他们通过传递性与米开朗琪罗会合，达到了一种更高的和谐，一种由审美共情激发的共鸣和情感调谐的过程，在这个过程中，他们为我们引路。在这里，“时间变成了空间”，瓦格纳在《帕西法尔》中喊道，庆祝圣周五的魔力和安福塔斯的伤口因音乐而愈合！借助共情，我们可以在每一个时刻重生，既不完全相同，也不完全相异，通过一个微妙的重复与差异的游戏，一个在我们周围世界和我们内心生活之间往返的游戏。审美共情通过与美的相通使我们重生。它使创作者们在与他们一起幻想的我们身上复活。它为我们提供了自我转变和以不同的方式重新体验创伤经历的可能性，从而改变我们的视角，促进伤口结痂，正如安福塔斯、博伊斯或瓦尔堡。

暴风雨平静下来了，蜡烛重新照亮了礼拜堂。莫扎特抬起头来。他微笑着，把奥林匹斯诸神或朱庇特般的目光投向他刚刚盗用的米开朗琪罗的作品，投向他忧郁的自画像，投向他伸出的递出去火炬的那只手。在《费加罗的婚礼》中发现了共情的小天使记起了这些神秘的婚礼，唱道：

“你们可知道，知道爱情是什么，

请看它是否在我心中。

我要告诉你们我的感受。”

第二天，莫扎特将把他的第二个名字戈特利布改为阿玛多伊斯——上帝的宠儿，而他的愿望和他的意志已经像轮子一般，在爱神的推动下转起来，而爱神也推动太阳和其他的星辰。[16]

“弥撒礼成，会众散去。”

注释

1 C. Desroches Noblecourt, *Le Fabuleux Héritage de l'Égypte*, SW Télémaque, 2005.

2 L. Sharman, G. A. Dingle, «Extreme Metal Music and Anger Processing», *Front. Hum. Neurosci.*, mai 2015; http://dx.doi.org/10.3389/fnhum.2015.00272.

3 M. Catani, M. Thiebaut de Schotten, *Atlas of Human Brain Connections*, Oxford University Press, 2012.

4 Voir T. Davilla, «Lygia Clark, la relation thérapeutique», *L'Art médecine*, RMN, 1999, pp. 187-197.

5 Ibid.

6 G. Rizzolatti, C. Sinigaglia, *Les Neurones miroirs*, Odile Jacob, 2011.

7 B. Kimura, *L'Entre. Une approche phénoménologique de la schizophrénie*, Jérôme Millon, 2000.

8 2008年在巴士底狱歌剧院上演的克里斯多夫·瓦里科夫斯基的一部歌剧中，在第一幕的序幕中放映了电影《2001：太空漫游》的片尾曲，这部作品也参考了库布里克的这部电影中的许多情节。

9 德国导演汉斯-于尔根西贝尔贝格于1982年执导的《帕西法尔》。

10 D. Y. Hsu, L. Huang, L. F. Nordgren, D. D. Rucker, A. D. Galinsky, «The Music of Power: Perceptual and Behavioral Consequences of Powerful Music», *Social Psychological and Personality Science*, 2015, 6 (1), pp. 75-83; doi: 10.1177/1948550614542345.

11 A. Tatossian, *Phénoménologie de l'hypochondrie* (1981), *in Psychiatrie phénoménologique*, MJW éditions, 2014, p. 195.

12 M. Fréchuret, T. Davila, «Joseph Beuys, le remède dans le mal», *L'Art médecine*, RMN, 1999, pp. 171-186.

13 燔祭是《圣经·利未记》中提到的第一种献祭方法，用火烧全兽作为献祭。——译者注

14 «In Memory of the Late Mr. and Mrs. Comfort», *The New Yorker*, 6 novembre 1995.

15 Voir P. Lemarquis, *Portrait du cerveau en artiste*.

16 D'après Dante, *La Divine Comédie*, derniers vers du «Paradis».

结束语

机舱里的灯重又亮起；一个小时后，我们将抵达鲁瓦西，离星辰有点儿远。睡意惺忪的空姐们将在这个十分漫长的夜晚结束后分发早餐，乘务长抱歉说我们刚刚遇到了气流。我的太太睡醒了，她的微笑和她闪亮的眼睛向我传达了她的思想。然而轻轻吻了我一下之后，她就立即读起了她的西吕尼克，重生与心理韧性，真是近亲啊！在我左边，伯诺瓦·卡尔曼有点儿让我担心，他从昨天晚上就没有挪窝，我怀疑他是不是睁着眼睡的。他的手摸上去冰凉，我记起在上科西嘉省古典音乐节期间，他不得不接受冠状动脉搭桥紧急手术，当时我吓坏了。他总是戴着耳机，我焦躁地想在飞机的音频库中找到一个治疗方法。看，当然是摇滚！啊，滚石的音乐。这里有能够撼动石头的音乐，*I Can Get Now, Satisfaction*——听吧，这是一首能够唤醒死人的绝妙好歌。伯诺瓦的脸色恢复了，吸了口气，朝着我微笑！我是不是让他记起了青少年时期的热情，救了他一命？他对我说他整夜都在工作，并用瓦雷拉般的热情重新与我谈论起具体化的认知。

他的声音让我感觉很舒服，我回答他说，我也利用这次飞行完成了我的现象学论文，并找到了我所有问题的解决方法。然而我的脑袋想起了伏特加，这确认了酗酒对于健康是危险的。另外，我的左肋部感觉到阵阵剧痛，仿佛有人在夜里抽走了我的一根肋骨，而如果是我的肝，则应该在右边提出抗议。

关在卫生间里，我用水抹了把脸，稍稍撩起我的套头衫，一块红色斑痕穿过我的胸下部，具体说是左季肋部起了一些小泡。诊断很清楚：带状疱疹。这是对我的奥德赛之旅和时常接触拉奥孔的记忆吗？被长矛刺伤的？瓦格纳病？精神的有形体现？

∞

那之后不久，我的母亲去世了——按照她的遗愿，在焚尸炉的浓烟中走了，以天空为坟墓，就像瓦尔堡和弗洛伊德一样，带走了我的回归的全部希望。我在她家的地窖尽头找到了用录像机拍下的几条家庭录像和一盘旧的K7磁带。一个黄色的柯达小盒子上写着“皮埃尔”。

这盘录像带是在我10岁生日时拍的，我当时正和一群朋友一起声嘶力竭地（无伴奏）唱理查德·安东尼的《台风糖浆》：“万能的灵药，嗨！嗨！在勺子里，或者在杯子里，什么也不能阻挡我们！”我打开了金黄色的小盒子，戴上眼镜，拿起一个放大镜，展开胶卷。我看着我母亲在50年前拍下的这些画面。在放映机一般的阳光照射下的画面几乎是一样的，但是它们逐渐呈现的差异给人一种运动的错觉。重复与差异，一些运动的画面：在他听着管风琴的演奏做弥撒的教堂和美术学院（他在自己的母亲必须去疗养院时能在那里找到一些保姆）之间，我终于认出了那个装扮成印第安人的6岁男孩，他骄傲地朝我们走来，身边跟着他的白狗，一只博美犬……实际上，一切都是从那里开始的！

罗马，2015年复活节

致谢

感谢奥迪勒·雅各布夫人和玛丽-洛林·科拉夫人以及鲍赫斯·西吕尼克，他们使这个梦诞生并变得可信。

感谢我的儿子马克西姆和我的同事马尔科·贝罗尼博士，还有我的太太和我的女儿，他们在日常生活中带着善意和洞察力关注我的写作。

感谢伯诺瓦·卡尔曼，多米尼克·普兰盖教授和弗朗索瓦·德·甘特教授和整个现象学家团队，以及在尼斯举行的神经心理学研讨会。

感谢马克西米利安·弗罗肖，莫扎特的粉丝，还有“俄耳甫斯和声”管弦乐团。

感谢安东尼奥·勒热纳和“心理韧性与衰老”小组的“异教徒们”，米歇尔·德拉热和土伦大学的依附心理研究者们，洛朗斯·瓦南和我在UTL的勤奋的学生们。

感谢保罗·夏尔比、让-皮埃尔·波利多尔和在穆昂-萨尔图举行的“艺术、科学、思想”研讨会。

感谢昂热-弗朗索瓦·梵尚德利和圣雷帕拉达“和平与健康”古典音乐节的整个团队。

感谢杰拉德·阿布里亚尔和“音乐爱好者们”，布都莱斯科一家和在帕拉杜度过的日子，善良的吉诺博士和他的十分有感染力的瓦格纳病，朱塞佩·卡罗索和美声唱法，让－德尼·图尔克和探戈，帕斯卡·马尔索和约翰－塞巴斯蒂安·巴赫，卡罗琳娜·赛罗和乔治·K.，弗朗索瓦兹和弗朗索瓦·T.，埃里克·德努吉，马克·布沙古尔的后勤工作……

感谢梵尚·尼格和法国音乐青年协会，蒂娜·斯科特和她的音乐家们，佩德罗·阿莱多、曼弗雷德·斯蒂尔茨和吉尔·艾尔比翁对音乐圣杯的追求。

图书在版编目（CIP）数据

美学的共鸣 / (法) 皮埃尔・勒马尔奇著 ; 祝华译
. -- 北京 : 生活书店出版有限公司, 2019.11
ISBN 978-7-80768-302-5

Ⅰ. ①美… Ⅱ. ①皮… ②祝… Ⅲ. ①美学 – 研究
Ⅳ. ①B83

中国版本图书馆 CIP 数据核字 (2019) 第 128872 号

策　　划　李　娟
责任编辑　陈富余
装帧设计　潘振宇
封面插画　潘若霓
责任印制　常宁强
出版发行　**生活書店**出版有限公司
　　　　　（北京市东城区美术馆东街 22 号）
图　　字　01-2016-2773
邮　　编　100010
经　　销　新华书店
印　　刷　万卷书坊印刷（天津）有限公司
版　　次　2019 年 11 月北京第 1 版
　　　　　2019 年 11 月北京第 1 次印刷
开　　本　880 毫米 × 1230 毫米　1/32　印张 14.75
字　　数　216 千字
印　　数　0,001-8,000 册
定　　价　58.00 元
（印装查询：010-64052066；邮购查询：010-84010542）